AF861638

Tablettes Android

Nouvelle édition

Y A PAS PLUS SIMPLE

MÉDIATHÈQUE DÉPARTEMENTALE DE LA DRÔME

Servane Heudiard

FIRST Interactive

Tablettes Android – Y a pas plus simple – Nouvelle édition

© Éditions First, un département d'Édi8, Paris, 2016
12, avenue d'Italie
75013 Paris – France
Tél. 01 44 16 09 00
Fax 01 44 16 09 01
Courriel : firstinfo@efirst.com
Internet : www.editionsfirst.fr

ISBN : 978-2-412-01611-4
Dépôt légal : octobre 2016
Imprimé en France

Mise en page : Catherine Kédémos
Avec la collaboration de : Servane Heudiard

Tous droits réservés. Toute reproduction, même partielle, du contenu, de la couverture ou des icônes, par quelque procédé que ce soit (électronique, photocopie, bande magnétique ou autre) est interdite sans autorisation par écrit d'Édi8.

Limites de responsabilité et de garantie. L'auteur et l'éditeur de cet ouvrage ont consacré tous leurs efforts à préparer ce livre. Édi8 et les auteurs déclinent toute responsabilité concernant la fiabilité ou l'exhaustivité du contenu de cet ouvrage. Ils n'assument pas de responsabilités pour ses qualités d'adaptation à quelque objectif que ce soit, et ne pourront être en aucun cas tenus responsables pour quelque perte, profit ou autre dommage commercial que ce soit, notamment mais pas exclusivement particulier, accessoire, conséquent, ou autres.

Marques déposées. Toutes les informations connues ont été communiquées sur les marques déposées pour les produits, services et sociétés mentionnés dans cet ouvrage. Édi8 décline toute responsabilité quant à l'exhaustivité et à l'interprétation des informations. Tous les autres noms de marques et de produits utilisés dans cet ouvrage sont des marques déposées ou des appellations commerciales de leur propriétaire respectif. Édi8 n'est liée à aucun produit ou vendeur mentionné dans ce livre.

Table des matières

Ce livre est un don de la médiathèque départementale de la Drôme
Une 2e vie pour les livres

Chapitre

6 Voguez de page en page sur l'Internet 115

Chapitre

7 Des courriels pour vous divertir et vous servir 139

Chapitre

9 Une tablette 100 % pratique 179

Chapitre

10 Gros plan sur vos photos 197

Présentation

Après vous être offert une tablette Android, vous avez acheté ce livre *Tablettes Android - Y a pas plus simple - Nouvelle édition* pour vous familiariser avec ce petit bijou de technologie et apprendre à bien l'utiliser : excellent choix ! Car cet ouvrage très pratique vous fait découvrir en douceur les principales fonctions et caractéristiques de votre machine et du super système à sa tête : Android 6, aussi joliment surnommé « Marshmallow ».

Pour cela, il s'appuie sur de nombreuses procédures illustrées pas à pas, vous propose une multitude d'astuces et vous explique clairement et simplement les termes essentiels à connaître : de quoi réussir à coup sûr votre apprentissage !

12 chapitres pour une prise en main réussie

Qui va doucement va sûrement : avant de mettre en route votre Nexus au *chapitre 2*, le *chapitre 1* vous proposera une plongée théorique dans le monde des tablettes et d'Android 6.

Une fois familiarisé avec cet univers et aux commandes d'une machine ronronnante, vous pourrez prendre concrètement vos repères dans ce nouvel environnement et ajuster les aspects essentiels de votre tablette (comme sa connexion Internet et la luminosité de l'écran) grâce au *chapitre 3*. Les *chapitres 4 et 5* vous donneront ensuite la maîtrise de trois composants phares : le clavier tactile, les applications et les widgets.

Fort de toutes ces compétences, vous pourrez alors prendre le large avec le *chapitre 6* en partant en balade sur l'Internet. Sur cette lancée, le *chapitre 7* vous expliquera comment échanger des courriels et des photos avec vos parents et amis du monde entier, et comment vous créer un solide carnet d'adresses

Retour ensuite à des tâches plus « administratives », puisque les *chapitres 8 et 9* vous apprendront notamment à empêcher le vieillissement d'Android 6, à résoudre les petits dysfonctionnements et à gérer vos photos, documents et chansons de main de maître : de quoi conserver votre tablette au meilleur de sa forme pendant longtemps !

Pour varier les plaisirs, les *chapitres 10 et 11* vous permettront de prendre du bon temps en vous adonnant à la photo, la vidéo, la musique et la lecture d'ouvrages numériques ou de la presse.

Et pour finir en beauté, le *chapitre 12* sera tout entier consacré à l'enrichissement et la personnalisation de votre tablette, notamment avec l'ajout de nouvelles applications.

Des rubriques pour progresser et pour vous guider

Pour que vous puissiez vous repérer facilement dans ce livre, j'utiliserai toujours les mêmes conventions typographiques : les mots nouveaux seront introduits *en italique* ou **en gras et en violet**, et les noms de commandes inscrits **en gras**. Mais surtout, vous retrouverez au fil des pages les trois rubriques suivantes, un trio de choc pour acquérir par la pratique (avant tout) et par la théorie (juste ce qu'il faut !) l'essentiel de votre tablette et d'Android 6.

Y a pas plus pratique !

Des procédures détaillées étape par étape et illustrées pour apprendre à utiliser votre tablette et Android 6.

Y a pas plus clair !

Des définitions claires pour comprendre les mots nouveaux, introduits quelques lignes auparavant.

Y a pas plus malin !

Des astuces pour aller encore plus loin et devenir un vrai pro de votre tablette et d'Android 6 !

Chapitre 1

Craquez pour une tablette Android

Si vous recherchez un appareil poids plume et compact pour garder un accès permanent à l'Internet et à vos courriels, sans avoir besoin d'une loupe pour déchiffrer l'écran, une tablette fera vraiment votre bonheur. Car vous pourrez aussi en profiter pour regarder vos photos ou un film, gérer votre agenda, et plein d'autres choses !

Reste à choisir le bon modèle... Une tablette Android, assurément ! Ainsi, vous disposerez d'une sorte de miniordinateur puissant, polyvalent et convivial à emmener partout. Découvrons cette perle ensemble, et vous serez séduit !

- Découvrez les nombreux atouts des tablettes
- Différenciez les grandes catégories de tablettes
- Identifiez les composants externes d'une tablette Android
- Comprenez le rôle d'Android 6

Impossible de résister à l'appel des tablettes

Mais pourquoi donc une tablette ? Pourquoi pas un smartphone, simplement, ou carrément un ordinateur portable ? Parce que la tablette constitue un excellent compromis entre les deux ! Par exemple, son écran plus grand vous offre un meilleur confort de lecture qu'un smartphone pour vos courriels, tandis que son côté compact la rend beaucoup plus facile à emmener partout qu'un portable.

Voyons tous ses avantages en détail.

- **Mobilité.** Votre tablette peut vous suivre partout. En effet, pas plus grande qu'une feuille A4 ni plus épaisse qu'un magazine classique, elle trouvera toujours bien un sac où se glisser, sans même l'alourdir, puisqu'elle ne pèse que quelques grammes !

  Et grâce à sa batterie très performante, votre tablette pourra fonctionner une dizaine d'heures sans être branchée sur le secteur : aucun risque qu'elle ne vous lâche pendant votre trajet Paris-Bordeaux en TGV, donc. Et bien sûr, par une belle journée d'été, cette grande autonomie vous permettra de traiter vos courriels plutôt sur votre balcon qu'enfermé dans le salon...

- **Convivialité.** Dépourvue de souris et de clavier, votre tablette se commande exclusivement depuis son écran tactile : un simple contact pour afficher une photo, un petit glissement de doigt pour passer à la suivante, et le tour est joué !

  Par ailleurs, pour optimiser vos activités, vous pouvez faire pivoter votre tablette dans n'importe quelle orientation. Par exemple, vous la tiendrez plutôt à la verticale pour lire un roman, afin de ne pas avoir des lignes de texte trop longues, mais l'utiliserez à l'horizontale pour regarder un film et disposer ainsi d'un format de diffusion classique.

- **Polyvalence et performance.** Vous pouvez tout demander (ou presque !) à votre tablette tant elle a de cordes à son arc : écouter de la musique, consulter le trafic routier en temps réel, trouver un restaurant végétarien, corriger les petits défauts de vos photos, bavarder avec vos amis du monde entier en les voyant, jouer, et mille autres choses.

  Par ailleurs, comme elle possède une capacité de stockage importante, vous pouvez emmener des dizaines de livres numériques et de chansons en vacances sans encombrer vos valises. Et lors d'un voyage, elle vous permet de libérer de la place sur votre APN, votre caméscope ou votre GoPro : il suffit de copier vos photos ou vos vidéos sur votre tablette.

En résumé, donc, rien de mieux qu'une tablette pour garder le contact avec vos amis, vous balader sur l'Internet, profiter de vos photos ou savourer un bon livre pendant vos voyages et vos vacances, sans encombrer vos valises ! Mais soyons honnête : ne comptez pas sur elle pour remplacer un véritable ordinateur. Car si vous créez souvent de longs documents ou si vous voulez faire du montage vidéo, par exemple, vous aurez absolument besoin d'un vrai clavier, d'une souris et d'un grand écran.

Ne vous trompez pas de tablette

Vu de l'extérieur, et hormis quelques différences de couleur ou de taille, rien ne ressemble plus à une tablette qu'une autre tablette. Mais dès que l'on regarde sous le capot, trois catégories bien distinctes se dessinent.

- Les **tablettes Windows**, équipées, en toute logique, du *système d'exploitation* Windows et produites pour la plupart par Microsoft. Les Surface sont assurément les plus connues d'entre elles.

Y a pas plus clair !

Système d'exploitation

Programme très puissant et polyvalent qui dirige un ordinateur ou une tablette, assure le fonctionnement conjoint de ses différents composants et vous permet d'utiliser la machine.

- Les **tablettes Apple**, c'est-à-dire les **iPad**, fabriquées exclusivement par la marque à la Pomme et commandées par le système d'exploitation iOS.

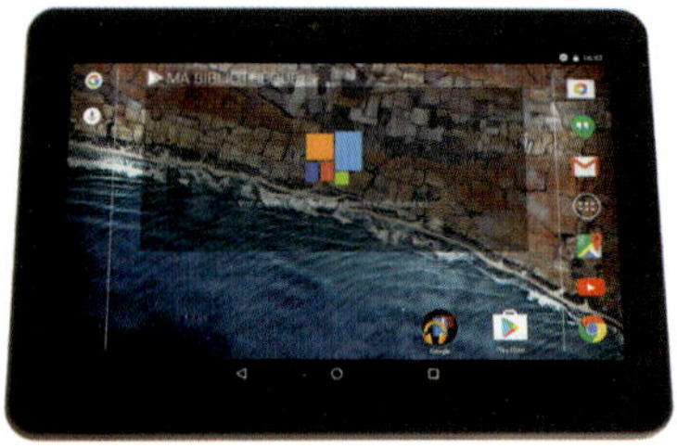

- Les **tablettes Android**, tout naturellement dirigées par le système Android, mais produites, cette fois, par divers fabricants, comme Archos ou Samsung, et surtout Google, avec sa célèbre Nexus. Celle-ci constituant la plus classique et la plus authentique tablette Android qui soit, c'est à elle que sera consacré ce livre.

Y a pas plus clair !

Android

Système d'exploitation conçu par la société Google pour différents types d'appareils mobiles, équipés d'un écran tactile, notamment des tablettes et des smartphones, et diffusé gratuitement.

Déroulez le tapis rouge pour votre tablette Android

Qui dit « **Nexus** » dit forcément « appareil Google équipé d'Android ». Mais attention, ce nom désigne aussi bien des smartphones que des tablettes.

Pour vous repérer, regardez le nombre qui suit le mot « Nexus », car il désigne la taille de l'écran. Ainsi, le Nexus 5 est un smartphone doté d'un écran de 5,2 pouces (soit une taille globale de 147 × 72,6 mm pour un poids de 136 g), mais *la* Nexus 9 est une tablette équipée d'un écran de 8,9 pouces (153,68 × 228,25 mm ; 425 g).

Néanmoins, la technologie évoluant très vite, il est possible qu'un produit disponible à l'heure où j'écris ce livre ne le soit plus quand vous me lirez. Et, à l'inverse, qu'un nouvel appareil dont je ne peux évidemment pas vous parler ici ait vu le jour. Par exemple, Google nous promet pour très bientôt sa première tablette équipée d'un vrai clavier : la Pixel C. À surveiller de près !

Par chance, toutes les Nexus ont à leur tête le brillant chef d'orchestre Android et comportent certains composants de base en commun. Mais avant d'entrer dans le vif du sujet, passons rapidement en revue les accessoires fournis avec la plupart d'entre elles.

- Un **câble** terminé à l'une de ses extrémités par une fiche *USB* standard, à connecter sur un appareil (principalement un ordinateur), et à l'autre extrémité par une fiche *micro USB*, à brancher sur votre tablette.

Y a pas plus clair !

USB

Technologie identifiée par l'icône et qui permet de connecter des appareils informatiques même allumés, chacun étant immédiatement détecté et reconnu par l'autre.

Y a pas plus malin !

Tous les USB ne se valent pas

Depuis sa création, l'USB n'a cessé d'évoluer. Ainsi, sa version initiale a été supplantée par l'USB 2.0, elle-même dépassée ensuite par l'USB 3.0.

Chaque nouvelle norme est plus rapide et plus puissante que la précédente : par exemple, l'USB 3.0 fonctionne dix fois que vite que l'USB 2.0 ! Chacune est aussi *rétrocompatible* : autrement dit, la dernière norme en date vous permet d'utiliser des appareils qui fonctionnent avec les anciennes normes, mais pas l'inverse. Par exemple, vous pouvez brancher une souris USB 2.0 sur un port USB 3.0 ; en revanche, impossible d'utiliser une souris USB 3.0 sur un port USB 2.0.

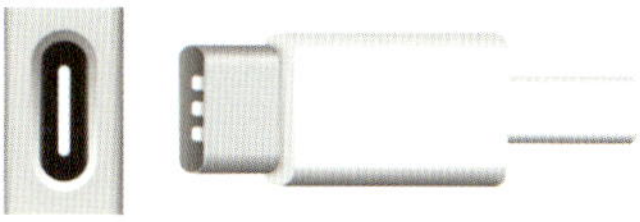

Mais l'histoire ne s'arrête pas là ! Car il existe plusieurs tailles et formats de connecteurs et ports USB, comme le micro USB de votre tablette et l'USB classique d'un PC. Sans parler du nouveau venu produit par Google, notamment pour ses smartphones : l'*USB Type C* ! Celui-ci a la particularité d'être *réversible* (et donc de pouvoir être branché dans n'importe quel sens) et de transporter indifféremment des données, de la vidéo ou du courant. On n'arrête pas le progrès !

- Un **adaptateur secteur USB** pour recharger la batterie ou utiliser votre Nexus branchée sur une prise murale : évitez néanmoins au maximum le second cas de figure, car il use prématurément la batterie.

- Un **livret de garantie** et une **carte de prise en main** si rikiki que ce livre et le site Web de Google seront vos meilleurs atouts pour bien utiliser votre tablette.
- Si vous avez acheté un *modèle LTE (Long Term Evolution)*, c'est-à-dire prévu pour accueillir une *carte nano SIM* et vous donner ainsi accès au réseau de téléphonie mobile *4G*, un **outil d'éjection**. Celui-ci correspond au petit objet métallique qui se présente le plus souvent comme un trombone ou un cercle avec un prolongement horizontal doté d'une extrémité très fine, conçue tout exprès pour ouvrir le lecteur de cartes.

Y a pas plus clair !

Carte nano SIM

Version « miniature » d'une carte SIM, c'est-à-dire d'une carte à puce stockant les informations propres à un abonné d'un réseau de téléphonie mobile et permettant donc à cette personne de communiquer *via* ce réseau.

4G

Norme de téléphonie mobile de 4ème génération, capable d'assurer du très haut débit, c'est-à-dire de transmettre de grandes quantités d'informations à une vitesse très élevée.

Et maintenant, honneur à la star : votre tablette !

❶ Écran tactile multi-touch qui occupe la quasi-totalité de la surface et permet d'exécuter toutes les commandes dont vous avez besoin d'un bref toucher du doigt.

Y a pas plus clair !

Multi-touch (ou multipoint)

Technologie qui confère plusieurs points de contact à une surface tactile et rend donc cette dernière réactive à votre doigt en différents endroits.

❷ Objectif de la webcam pour vous filmer en direct pendant que vous bavardez avec vos amis.

❸ Prise audio pour brancher un casque audio ou des enceintes.

❹ Objectif de l'appareil photo qui permet de prendre des clichés et de réaliser des vidéos grâce à l'application associée.

❺ Haut-parleur

❻ Bouton de marche/arrêt pour allumer, éteindre et verrouiller la tablette. Mais pas seulement ! Il possède une fonction cachée bien utile : démarrer instantanément l'appareil photo, quels que soient la tâche en cours et l'élément actuellement affiché à l'écran.

❼ Bouton du volume pour régler le niveau sonore.

❽ Sur les versions LTE de la Nexus, lecteur de cartes SIM pour accueillir une carte nano SIM fournie par votre opérateur de téléphonie.

❾ Micros pour utiliser les fonctions vocales de votre tablette et téléphoner, notamment.

❿ Port micro USB pour brancher toutes sortes d'appareils *via* un câble USB.

Android pour vous servir

Maintenant que nous avons examiné votre tablette sous tous les angles, plongeons sous le capot. Enfin... au figuré, seulement, car pas question de démonter quoi que ce soit !

Pour que ses composants physiques fonctionnent en bonne harmonie et qu'ils vous permettent de réaliser mille et une tâches, votre tablette est donc dirigée par un système d'exploitation que nous avons déjà évoqué plusieurs fois depuis le début de ce livre : **Android**.

Mis au point par Google spécialement pour les appareils mobiles et utilisé au départ principalement sur des tablettes et des smartphones, Android équipe maintenant d'autres types de dispositifs, comme les fabuleux *objets connectés*. De là à dire qu'il est partout... peut-être pas, mais il s'agit en tout cas du système d'exploitation le plus employé au monde. En prenant bien en main votre tablette Android, donc, vous aurez déjà un bagage conséquent pour maîtriser ensuite bien d'autres appareils. Génial !

Y a pas plus clair !

Objet connecté

Objet dont le rôle initial n'a rien à voir avec l'Internet, mais qui, en étant relié à celui-ci, acquiert des fonctionnalités supplémentaires. Par exemple, une montre connectée peut mesurer votre rythme cardiaque, vous indiquer la météo et vous donner accès à vos courriels : on en oublierait presque l'heure !

Android ayant été créé en 2005, vous imaginez bien qu'il a beaucoup évolué depuis. Ce livre sera consacré à la dernière version en date, sortie en octobre 2015 : **Android 6**, surnommée **Marshmallow** (Guimauve). Car pour rendre son système plus sympathique, Google donne toujours un nom de sucrerie à chaque mouture.

Malgré cette appellation, Android Marshmallow n'est absolument pas mou ! D'abord, il inclut tous les outils logiciels indispensables pour vous permettre d'obtenir monts et merveilles de votre tablette. Cela va des *applications*, bien sûr (comme Chrome pour vous balader sur l'Internet, Gmail pour échanger des courriels et Agenda pour gérer votre emploi du temps) à un panneau de réglages extrêmement complet pour configurer tous les aspects et composants de votre machine (clavier, connexions sans fil, affichage, *etc.*).

Y a pas plus clair !

Application

Programme informatique qui permet de réaliser différentes tâches, dont la nature dépend du type de l'application.

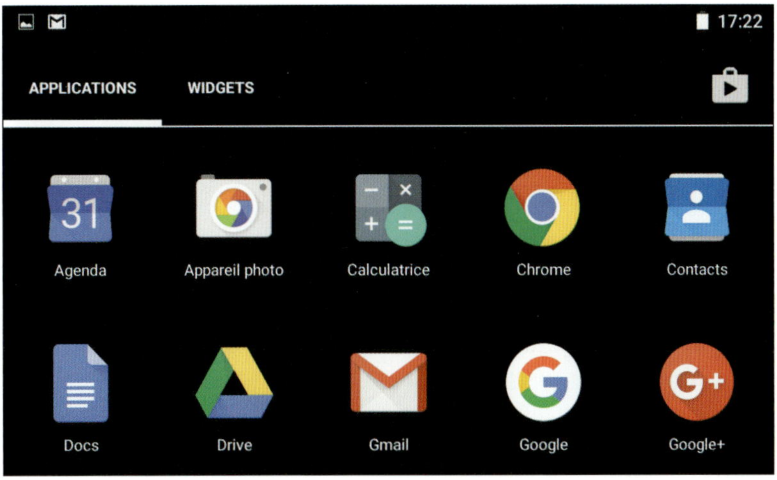

Ensuite, Android est un système multitâche qui vous permet donc d'utiliser plusieurs applications à la fois. Par exemple, vous pouvez tout à fait écouter de la musique pendant que vous tapez votre document, et vous n'avez pas besoin de fermer l'une ou l'autre des applications correspondantes quand vous voulez consulter vos messages. Super !

Enfin, cette version d'Android bénéficie d'améliorations particulièrement appréciables que vous découvrirez au fil des chapitres à venir, notamment concernant la gestion de la batterie et la personnalisation de votre tablette.

Chapitre 2

Mettez le contact

Finies les présentations théoriques : entrons maintenant dans le vif du sujet en faisant vrombir le moteur de votre tablette ! Juste avant, il vous faudra simplement faire le plein d'énergie et vous familiariser avec quelques gestes essentiels, tant pour préserver la batterie que pour bien utiliser l'écran tactile.

Une fois le contact mis, vous devrez encore effectuer deux réglages essentiels pour profiter pleinement d'Android ; mais les quelques minutes que vous consacrerez à l'établissement de votre connexion Internet et à la création de votre compte Google ne sont vraiment rien à côté des heures, jours et mois de bonheur qui vous attendent ensuite !

- Maîtrisez les techniques tactiles
- Chargez et économisez la batterie
- Installez la carte SIM
- Configurez votre connexion Wi-Fi et votre compte Google
- Démarrez, mettez en veille et éteignez votre tablette

Donnez des forces à votre tablette

Que vous achetiez une nouvelle télévision, un drone ou une montre connectée, impossible de vous en servir sans effectuer d'abord quelques réglages et autres manipulations. Il en va exactement de même pour votre tablette. En l'occurrence, en tout premier lieu, vous devez charger sa batterie ; car si elle ne l'est pas assez, votre machine s'arrêtera au cours de sa première mise en route, faute d'énergie, risquant alors d'entraîner des problèmes au redémarrage.

Y a pas plus pratique !

Chargez la batterie depuis le secteur

1. Trouvez une prise murale dont vous êtes sûr de ne pas avoir besoin pendant au moins une heure, dans une pièce où il règne de préférence une température plutôt élevée, car le froid ralentirait le chargement.

2. Branchez le câble USB sur l'adaptateur USB, d'une part (photo de gauche), et sur le port USB de la tablette, d'autre part (photo de droite). Les deux fiches sont si différentes que vous n'avez aucun risque de vous tromper.

3. Une grosse icône apparaît au centre de l'écran, très vite remplacée par une icône dont la hauteur du remplissage blanc traduit le niveau de charge de la batterie. Laissez ainsi cette dernière faire le plein d'énergie (comptez une bonne heure), puis débranchez le câble de la tablette et de la prise de courant.

Y a pas plus malin !

Trouvez de l'énergie même en déplacement

Votre tablette étant un objet nomade par excellence, deux techniques permettent heureusement de la recharger même si vous n'avez pas accès à une prise murale.

- La première consiste à la brancher sur un ordinateur grâce au câble USB fourni avec elle. Facile, mais à condition que l'ordinateur en question soit assez puissant ; sinon, il ne fournira pas la moindre énergie à votre tablette.
- La seconde (très injuste à l'égard des écologistes !) s'adresse uniquement aux automobilistes. En effet, votre voiture peut alimenter votre tablette de deux manières. Si elle est équipée d'un port USB, il suffit de brancher votre Nexus dessus grâce au câble USB. Sinon, vous pouvez alimenter votre tablette *via* l'allume-cigare : il vous faudra juste acheter un chargeur spécial, mais il ne vous en coûtera qu'une dizaine d'euros.

Dans tous les cas, laissez absolument votre tablette éteinte pendant le processus. Sinon, le chargement risque d'être plus long, voire de ne pas s'effectuer du tout.

Par la suite, répétez cette procédure à chaque fois que la batterie est presque vide. Car si votre tablette s'arrête brusquement par manque d'énergie, vous risquez de perdre une partie de votre travail en cours, comme les dernières retouches apportées à une photo ou la fin d'un document que vous êtes en train de taper.

Pour ne pas en arriver là, guettez l'icône dans l'angle supérieur droit de l'écran : complètement blanche quand la batterie est pleine, elle se vide progressivement pour matérialiser la baisse du niveau de charge. Quand celui-ci se réduit dangereusement, la partie pleine vire au rouge : vous avez encore un peu de temps devant vous... Mais lorsqu'un point d'exclamation rouge apparaît dans l'icône, ne tardez plus !

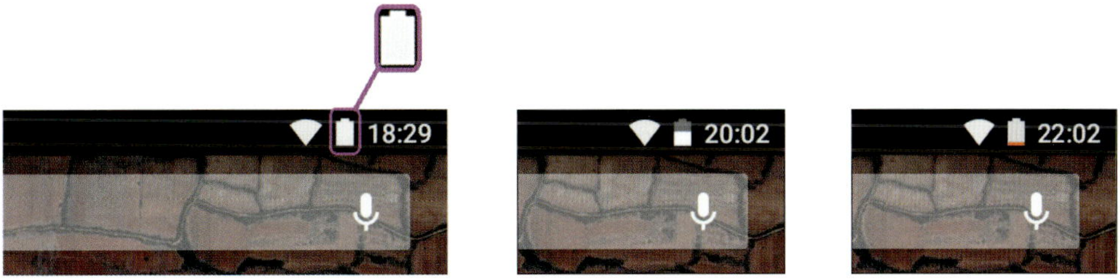

Par chance, si vous oubliez de regarder ce précieux indicateur, la tablette vous rappelle à l'ordre en émettant un signal sonore et en affichant un message d'avertissement dès que la batterie est presque vide. Ouf !

Économisez les forces de votre tablette

Quel que soit l'appareil mobile, la batterie constitue vraiment le nerf de la guerre. Google l'a si bien compris qu'il a enrichi Android 6 d'une nouvelle fonctionnalité dont le seul but est d'économiser l'énergie de votre tablette (et qui porte très bien son nom !) : **Sommeil**.

Celle-ci analyse en permanence la manière dont sont exploitées les ressources de votre machine et adapte l'activité des applications en conséquence. Par exemple, si vous posez votre tablette sur une table, Sommeil détecte que la machine est inactive et met en pause les applications énergivores. Génial !

Mais tout sera réduit à néant si vous-même ne prenez pas les précautions d'usage. Voici donc quelques bonnes habitudes à prendre dès maintenant pour préserver la batterie au maximum. Et ne vous inquiétez pas si je n'entre pas dans les détails : la plupart des techniques évoquées ici seront abordées dans la suite de ce livre, au chapitre indiqué entre parenthèses.

- N'utilisez pas votre tablette pendant qu'elle est en charge, même sur le secteur, car cela use la batterie prématurément.
- Éteignez votre tablette lorsque vous ne l'utilisez plus et programmez sa mise en veille après un très court délai d'inactivité (procédures traitées à la fin de ce chapitre).
- Désactivez l'ajustement automatique de la luminosité de l'écran et réduisez cette dernière (chapitre 3).
- Choisissez un fond d'écran fixe, de préférence dans des tons foncés (chapitre 12).

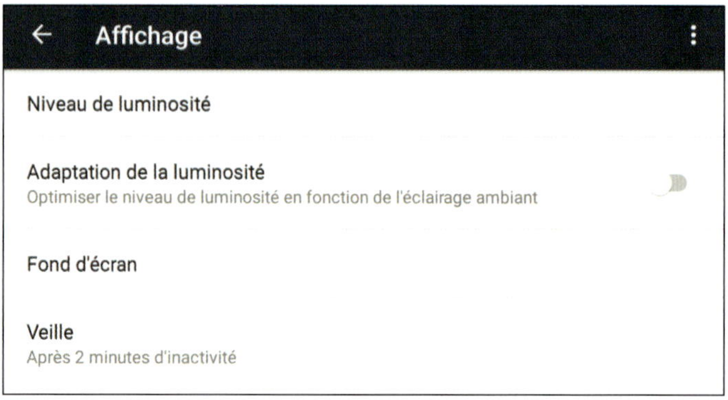

- Fermez toutes les applications dont vous n'avez plus besoin, surtout celles dont le contenu évolue sans cesse, comme Facebook (chapitre 5).
- Désactivez toutes les fonctions gourmandes en énergie dont vous ne vous servez pas, comme les connexions sans fil, la géolocalisation et le GPS (chapitre 3).

- Si vous possédez une version LTE de la Nexus, privilégiez le Wi-Fi à la 3G ou 4G pour vous connecter à l'Internet.
- Quand vous serez familiarisé avec l'environnement Android et les techniques tactiles, activez l'Économiseur de batterie en réalisant le prochain « Y a pas plus pratique ! ». Certes, cet outil réduit un peu les performances de la tablette, mais comme il permet de gagner jusqu'à 90 minutes d'autonomie, cela vaut le coup de faire contre mauvaise fortune bon cœur !

- Si vous prévoyez de rester plusieurs jours sans utiliser votre tablette, laissez-la plutôt dans un endroit frais, voire froid, afin que la batterie se décharge moins. Enfin... n'allez tout de même pas jusqu'à l'enfermer dans le congélateur, ni même le réfrigérateur, d'ailleurs !
- Dernière précaution : tous les 2 ou 3 mois, efforcez-vous de laisser votre tablette se décharger complètement et rechargez-la ensuite intégralement, afin de réinitialiser l'indicateur de niveau de batterie. Sans cela, il risque d'accuser une marge d'erreur de plus en plus grande au fil du temps.

Y a pas plus pratique !

Activez l'Économiseur de batterie

1. Comme indiqué à l'instant, attendez vraiment d'avoir pris vos marques dans Android pour réaliser cette procédure ; sinon, vous risquez de ne pas savoir identifier certains composants qui y sont cités. Une fois un peu aguerri, donc, touchez l'icône **Toutes les applications** au bas de l'écran d'accueil.

2. La liste de toutes les applications apparaît : touchez l'icône **Paramètres** .

3. Le panneau **Paramètres** s'affiche : dans la section **Appareil**, touchez **Batterie**.

4. La rubrique **Batterie** apparaît : touchez l'icône de menu en haut à droite, puis **Économiseur de batterie**.

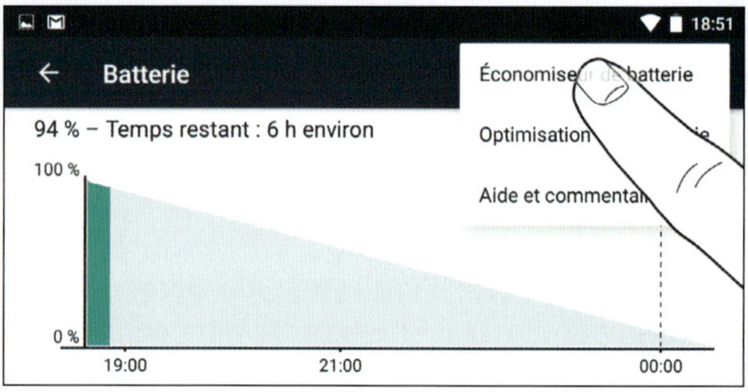

5. L'Économiseur de batterie s'ouvre : touchez le curseur (il devient) pour activer l'économiseur de batterie.

6. La barre d'état (en haut) et la barre des trois icônes phares (en bas) virent du noir au orange, et l'icône s'installe au début de la barre d'état : aucun doute, l'économiseur de batterie est bien activé ! Mais une dernière manipulation s'impose pour l'optimiser : ainsi, pour qu'il prenne ses fonctions dès que le niveau de charge de la batterie passera en-deçà du seuil critique de 5 %, touchez **Activer automatiquement**, puis **lorsque la batterie atteint 5 %**.

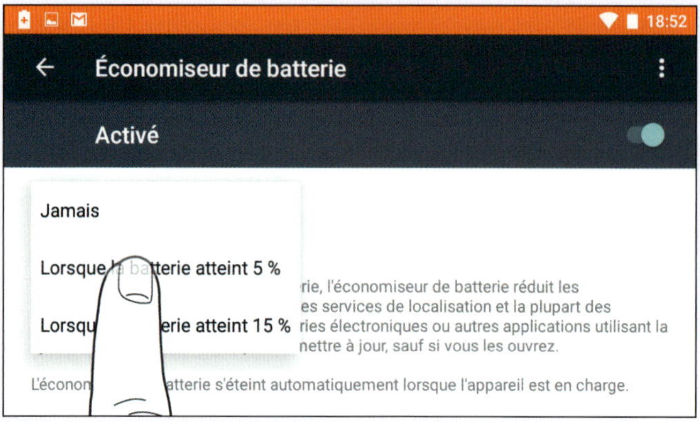

Ouvrez votre tablette à la 4G

Ne nourrissez pas de faux espoirs : votre tablette ne pourra profiter de la 3G ou 4G que s'il s'agit d'une version LTE, équipée donc d'un lecteur de cartes SIM. Et encore, il vous faudra acheter une telle carte auprès de votre opérateur de téléphonie, car vous n'avez aucune chance d'en trouver une fournie avec votre Nexus !

À défaut, vous pouvez néanmoins utiliser la carte SIM de l'un de vos autres appareils mobiles.

Y a pas plus pratique !

Installez la carte SIM

1. Détachez votre carte SIM de son support plastique.

2. Enfoncez délicatement la pointe du petit outil d'éjection métallique fourni avec votre tablette dans le minuscule trou à côté du lecteur de cartes SIM, sur le bord de la tablette, puis appuyez fermement, jusqu'à ce que le tiroir s'ouvre.
3. Tout aussi précautionneusement, sortez complètement le tiroir de son logement, placez-y la carte SIM en orientant sa puce vers le bas, puis remettez doucement le tiroir « rempli » en place.

Le moment venu, votre tablette vous invitera à effectuer les réglages nécessaires, notamment taper les identifiants remis par votre opérateur de téléphonie. Exécutez-vous gentiment en suivant les instructions affichées à l'écran, et vous pourrez profiter pleinement de l'Internet grâce à la 4G !

Des doigts agiles sur votre écran tactile

Les appareils équipés d'un écran tactile sont désormais tellement répandus que vous vous y êtes forcément déjà frotté, ne serait-ce que pour commander un billet de train ou envoyer un colis par la Poste. Mais peut-être avez-vous juste eu besoin jusqu'à présent de toucher des éléments. Découvrons donc ensemble tous les gestes à connaître pour bien utiliser votre tablette.

- **Toucher**. Aussi facile que fondamental, puisque vous n'avez qu'à poser brièvement le bout de votre doigt sur un élément à l'écran, le plus souvent pour l'activer. Par exemple, vous touchez un bouton pour exécuter la commande associée, ou une touche du clavier tactile pour produire le caractère dont elle est marquée.

  Parfois, néanmoins, vous devez prolonger le contact en laissant le bout de votre doigt plusieurs instants sur l'élément à manipuler et donc **toucher longuement** celui-ci. Avec certaines touches du clavier, par exemple, cela révèle une palette de caractères supplémentaires, comme vous l'apprendrez au chapitre 4.

- **Tapoter**. Ici, vous devez poser le bout de votre doigt deux fois de suite très brièvement sur l'écran. Généralement, cela permet d'agrandir et/ou de réduire l'affichage. Par exemple, vous pouvez tapoter dans une page Web écrite en petits caractères pour améliorer sa lisibilité, ou dans une photo pour zoomer sur un détail, puis répéter cette action pour retrouver la taille d'origine des caractères ou une vue d'ensemble du cliché.

- **Balayer**. Pas besoin d'être une fée du logis pour réussir cette action (!), puisqu'il suffit de poser au moins un doigt sur l'écran et, sans perdre le contact avec celui-ci, de faire glisser votre doigt rapidement horizontalement ou verticalement.

Le plus souvent, balayer sert à faire défiler le contenu affiché à l'écran, comme une série de photos ou un document trop long pour être visible en intégralité. Mais vous y aurez aussi recours bien des fois pour faire apparaître un composant masqué, tel un panneau de commandes. Sachez simplement que dans certaines situations, le résultat diffère selon que vous utilisez un seul doigt ou plusieurs.

- **Écarter** et **pincer**. Deux actions complémentaires tant dans leur réalisation que leur effet, puisque la première consiste à poser deux doigts côte à côte sur l'écran et à les éloigner l'un de l'autre tout en gardant le contact avec la surface tactile, tandis que la seconde consiste à les rapprocher, toujours sans quitter l'écran.

  Et alors que la première sert presque toujours à agrandir l'affichage, la seconde le réduit. Par exemple, après avoir affiché une carte de ville dans l'application Maps, vous pouvez zoomer sur un quartier en écartant vos doigts dessus, puis retrouver l'affichage de départ en pinçant le plan.

Y a pas plus malin !

Faites bonne mine

Bien que les Nexus ne soient pas livrées avec un stylet, vous pouvez en acquérir un ensuite pour moins de 10 €. Évidemment, vous apprécierez tout particulièrement ce crayon électronique si vous voulez écrire ou dessiner directement à l'écran. Mais il se révèle aussi bien utile pour gagner en précision et préserver la propreté de votre écran, car vous pouvez exécuter n'importe quelle commande en touchant juste leur nom ou leur icône avec la pointe du stylet. Que des avantages, donc !

D'autant que si vous possédez un ordinateur, vous pouvez aussi utiliser ce crayon avec une *tablette graphique*, dispositif informatique qui permet d'enregistrer essentiellement des dessins et du texte tracés à main levée.

En route !

Voici enfin venu le moment que vous attendiez tant : mettre en route votre tablette. Un vrai jeu d'enfants ! Néanmoins, le premier démarrage vous réclamera un peu plus de temps, car vous devrez effectuer trois grands réglages. Mais puisqu'ils vous permettront d'exploiter toutes les ressources de votre tablette dans des conditions idéales, accomplissez-les sans broncher.

① **I do not speak English !** À la première mise en route de votre tablette, Android vous accueille en anglais. Mais même si vous maîtrisez la langue de Shakespeare, pas question de renoncer à celle de Molière pour l'utilisation quotidienne de votre tablette !

② **Une connexion Wi-Fi, sinon rien !** N'espérez pas obtenir quoi que ce soit de votre tablette sans l'Internet : c'est perdu d'avance ! Donc rassemblez toutes les informations de configuration fournies par votre *Fournisseur d'accès Internet*, à commencer par la *clé de sécurité* de votre *box* pour pouvoir établir la précieuse liaison Internet le moment venu.

Y a pas plus clair !

Wi-Fi

Technologie sans fil, de grande portée et très souvent représentée par l'icône , qui relie des appareils informatiques entre eux et/ou à l'Internet grâce à des ondes électromagnétiques.

Fournisseur d'accès Internet (FAI)

Prestataire de services (comme Orange ou Free) qui assure votre accès à l'Internet moyennant paiement.

Box

Boîtier (comme la Livebox ou la Freebox) qui assure une connexion *haut débit* (très rapide, donc) entre votre FAI et votre ordinateur, tablette ou autre pour bénéficier de l'Internet et, *via* celui-ci, de la téléphonie et de la télévision.

Clé de sécurité

Long code composé de chiffres et de lettres, qui constitue une sorte de mot de passe pour accéder à une connexion sécurisée de type Wi-Fi. Cette clé est aussi souvent appelée *clé WEP* ou *clé WPA*, selon son niveau de sécurité (la seconde étant plus sûre que la première).

③ **Un compte Google pour accéder à la richesse.** Enfin... celle de votre tablette, pas de votre porte-monnaie, car un compte Google ne vous rapportera pas le moindre centime ! (Mais il ne vous en coûtera pas un seul non plus, d'ailleurs.) Néanmoins, il est indispensable pour pouvoir exploiter toutes les ressources de votre machine, d'où l'intérêt de le configurer le plus tôt possible.

Heureusement, si vous en possédez déjà un (par exemple sur votre smartphone), vous pourrez le récupérer, peut-être même sans taper quoi que ce soit, grâce à la technologie *NFC*. Dans tous les cas, votre tablette récupérera automatiquement tous les courriels, contacts, rendez-vous, *etc.* associés à votre compte : le pied !

Et si vous ne détenez pas encore de compte Google, vous pourrez vous en créer un quand Android vous y invitera. Seulement, la procédure a beau être simple, elle implique pas mal de saisie, ce qui n'est pas le fort des tablettes. Donc si vous possédez un ordinateur avec un vrai clavier, je vous conseille d'y créer votre compte avant de démarrer votre Nexus en vous rendant sur le site `www.gmail.com` ; ainsi, vous n'aurez presque plus à rien à taper sur votre tablette.

Y a pas plus clair !

Compte Google

Ensemble d'informations personnelles (notamment une adresse de courrier électronique associée à un mot de passe) qui vous permet de bénéficier des différents services de Google, à commencer par la messagerie Gmail et le réseau social Google+.

NFC (Near Field Communication)

Technologie sans fil qui permet à des appareils extrêmement proches de communiquer entre eux. Par exemple, cela peut permettre à une montre connectée d'échanger des informations avec une tablette, ou à un smartphone de transférer des données sur un terminal de paiement.

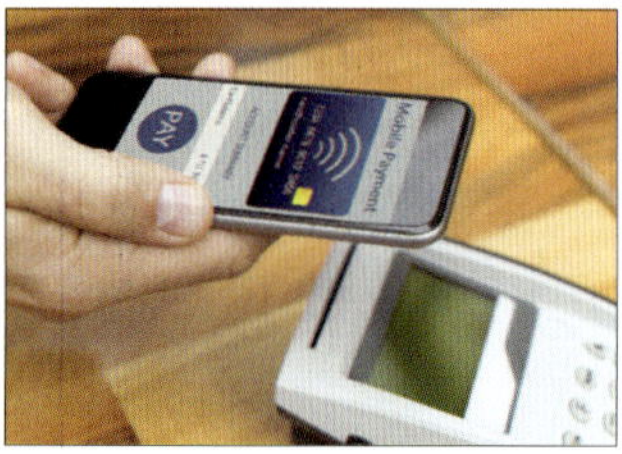

Y a pas plus pratique !

Démarrez votre tablette

1. Même si votre tablette comporte peu de boutons, il ne faudrait pas se tromper dès le départ ! Donc commencez par inspecter ses bords : selon que vous tenez votre Nexus à la verticale ou à l'horizontale, le bouton de mise en route se trouve soit sur le côté droit, en haut, soit sur le bord supérieur, à gauche.

Saisissez fermement votre tablette sans mettre les doigts sur l'écran (!), puis enfoncez longuement ce bouton et relâchez-le uniquement quand le mot « Google » apparaît à l'écran.

2. Des petits ronds colorés animés s'affichent, bientôt suivis du mot « android ». Toutes les autres fois, vous arrivez alors au stade de l'étape 10, devant une photo avec l'heure au centre qui constitue l'**écran de verrouillage**.

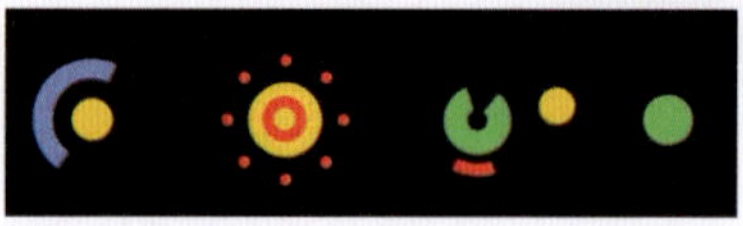

Mais lors du tout premier démarrage, un écran de bienvenue s'affiche, et vous devez alors accomplir les quelques réglages détaillés ci-après pour vous concocter une tablette de rêve.

- Si un joli « Bienvenue » vous accueille, touchez directement le gros rond jaune central, marqué d'une flèche ➔.
- En revanche, si vous êtes accueilli par « Welcome », touchez **English** au centre de l'écran, puis **Français** dans la liste qui apparaît (vous devrez sans doute la balayer vers le haut pour accéder à notre belle langue) et finalement ➔.

3. Preuve irréfutable de l'importance de l'Internet pour votre tablette, Android vous invite déjà à vous connecter à ce monde virtuel et répertorie même toutes les connexions Wi-Fi qu'il a détectées. Parcourez donc la liste des yeux en la balayant vers le haut si besoin et, dès que vous repérez le nom de votre box (indiqué dans la documentation fournie par votre FAI), touchez-le.

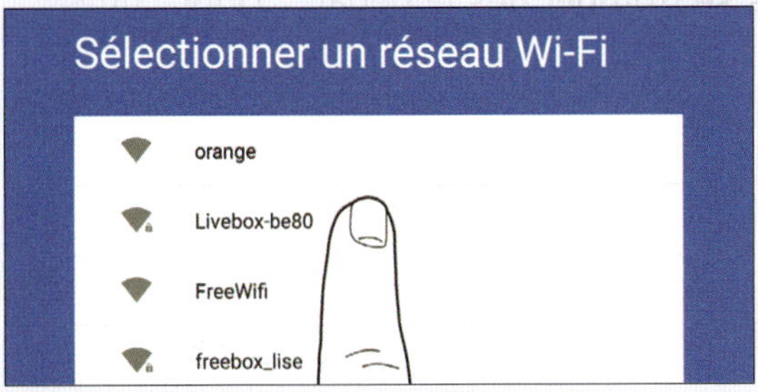

4. Une *boîte de dialogue* nommée à l'identique de votre box s'ouvre : touchez la zone **Mot de passe** et tapez la clé de sécurité fournie par votre FAI. Pour être sûr de ne pas vous tromper, vous pouvez toucher la case **Afficher le mot de passe**, afin de la cocher et de voir ce que vous tapez. Et si vous avez besoin d'un petit coup de main pour l'utilisation du clavier tactile, faites un petit détour par le chapitre 4.

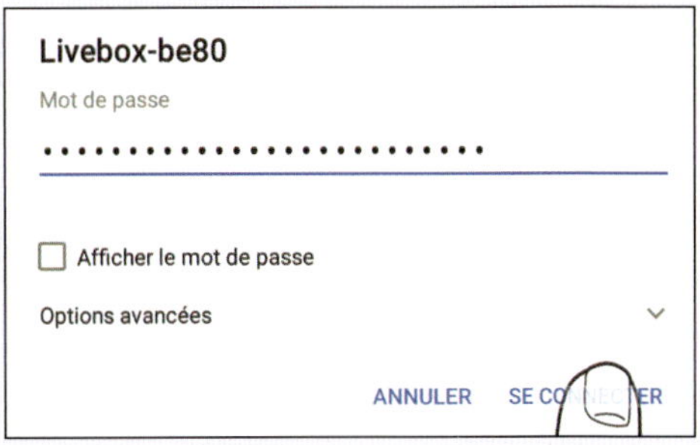

5. Touchez **Se connecter**.

6 Android vérifie votre connexion et, quelques instants plus tard, l'icône dans l'angle supérieur droit de l'écran devient , prouvant que vous êtes connecté à l'Internet ! Vraie mère poule, Android vous propose de configurer votre tablette à l'identique d'un autre appareil en votre possession, comme un smartphone, notamment en récupérant les applications que vous auriez achetées sur cette autre machine.

- Si vous êtes effectivement dans une telle situation, touchez **Copier** et suivez les instructions données à l'écran.
- Sinon, touchez **Non, merci**, puis **Suivant**.

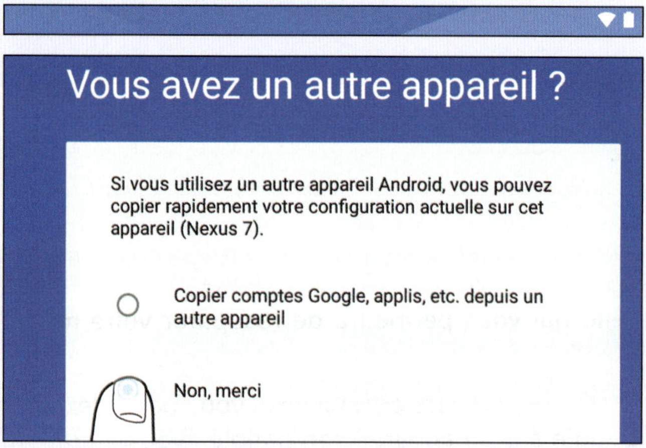

7 Nouvelle demande d'Android ô combien essentielle : fournir votre compte Google.

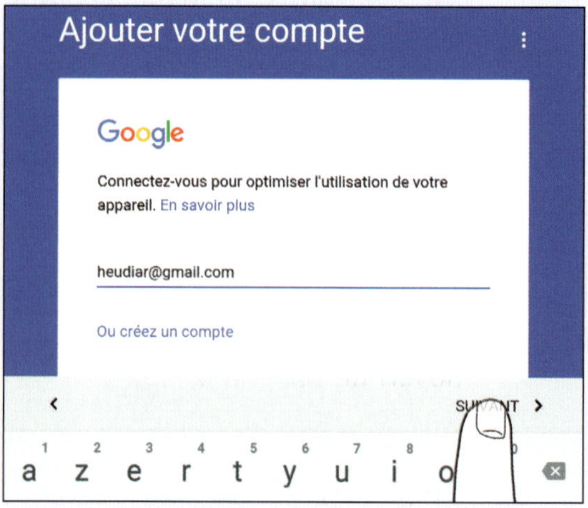

- Si vous en possédez déjà un, tapez son adresse et touchez **Suivant**. Cette étape passée, tapez le mot de passe de votre compte et touchez de nouveau **Suivant**. Face à l'écran qui vous demande d'accepter les conditions d'utilisation, touchez forcément **J'accepte**, sans quoi vous ne pourrez pas aller plus loin. Enfin, quand Google vous propose ses services, laissez toutes les cases cochées et touchez successivement la flèche en bas à droite, puis **Suivant**.

- En revanche, si vous ne possédez pas encore de compte Google, remédiez de suite à cette situation en touchant **Ou créez un compte**. La procédure étant globalement la même que pour n'importe quel service de messagerie en ligne, vous ne serez pas dépaysé.

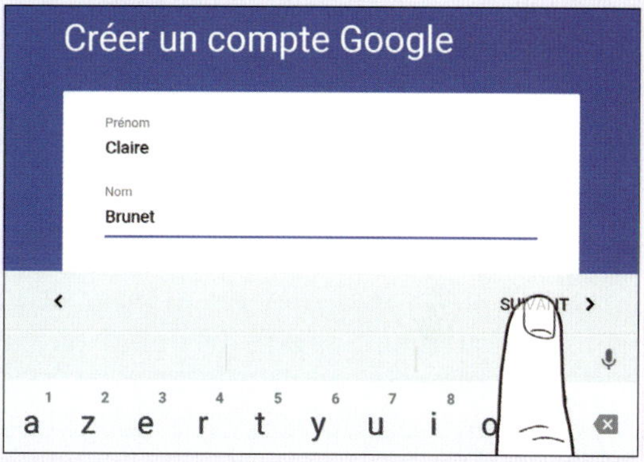

En effet, pour l'essentiel, vous devez indiquer vos nom et prénom, proposer une adresse de messagerie (si elle est refusée parce déjà attribuée, ajoutez juste quelques chiffres à la fin ou au début : cela devrait faire l'affaire), indiquer une information personnelle qui vous permettra de récupérer votre mot de passe en cas d'oubli et, là encore, accepter les conditions d'utilisation.

- Reste une dernière possibilité si vous possédez déjà un compte Google sur un appareil compatible avec la technologie NFC et à côté de vous actuellement : le *Tap & Go*, présenté à la fin du chapitre 3. Si vous souhaitez y recourir pour n'avoir rien à taper, touchez alors **Ignorer**, et vous accomplirez les démarches qui s'imposent le moment venu grâce à l'aide du chapitre 3.

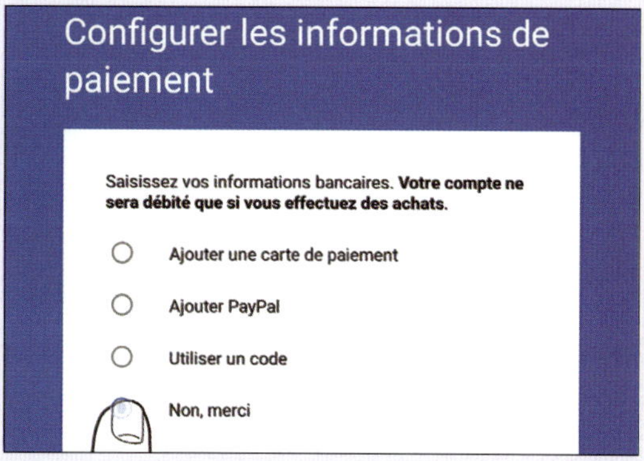

8 Non contente d'être maintenant connectée à l'Internet et en possession de votre compte Google, votre tablette vous réclame maintenant de configurer un moyen de paiement, comme votre carte bancaire ou votre compte PayPal. Mais ne vous laissez pas intimider et passez votre chemin en touchant **Non, merci**, puis **Continuer** : il sera toujours temps de donner les informations demandées lors de votre premier achat !

9 Votre compte Google est désormais activé et opérationnel, mais ce n'est pas fini : Android vous propose maintenant de fournir une autre adresse de courriel et de disposer ainsi de deux boîtes aux lettres distinctes sur votre tablette. Cela peut être utile pour en dédier une à vos échanges privés et une à votre activité professionnelle, par exemple.

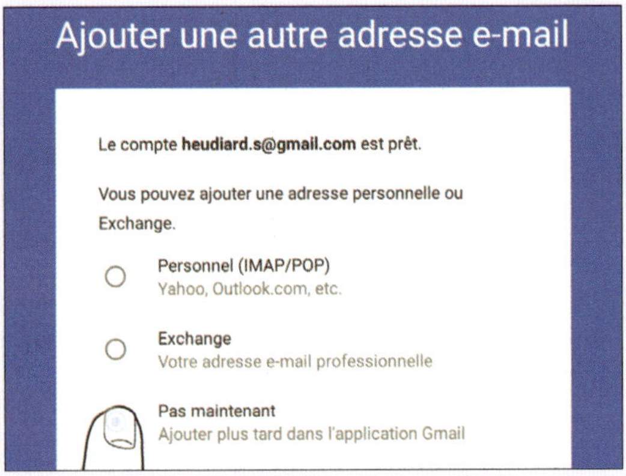

Néanmoins, rien ne presse, et vous avez déjà accompli moult démarches depuis le début de cette procédure. Donc dans l'immédiat, restez-en à votre compte Google en touchant **Pas maintenant**, puis **Suivant**. Si besoin, vous pourrez toujours vous créer un nouveau compte de messagerie au chapitre 7.

10 Vous êtes presque au bout ! En principe, vous vous retrouvez devant un grand fond « maritime » avec, au centre, l'heure affichée en très gros et, juste au-dessous, la date : l'**écran de verrouillage** : balayez-le alors verticalement vers le haut pour qu'il s'éclipse et vous laisse pénétrer vraiment dans Android 6.

Sinon, passez directement à l'étape 11.

11 Le même fond réapparaît, mais avec, cette fois, bien d'autres éléments au premier plan, à commencer par une barre noire débutant et finissant par quelques icônes, en haut, et une rangée de vignettes, en bas : vous voici au bout de votre périple de

démarrage ! En effet, cet arrière-plan enrichi constitue l'**écran d'accueil**, point de départ de toutes vos activités à venir avec votre tablette.

Y a pas plus clair !

Boîte de dialogue

Sorte de petit panneau qu'Android ou une application affiche après que vous avez touché certaines commandes, quand il ou elle a besoin d'informations complémentaires de votre part pour pouvoir exécuter correctement les commandes en question..

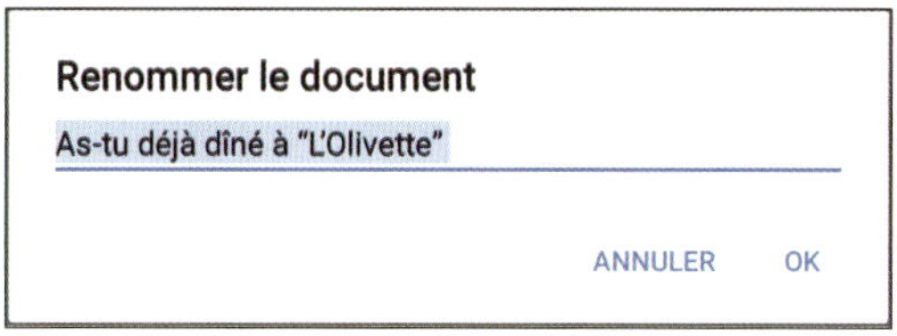

Écran de verrouillage

Grand fond imagé, avec l'heure au milieu, qui apparaît juste après le démarrage ou la sortie de veille de votre tablette, et qui bloque l'accès à cette dernière tant que vous n'avez pas accompli le geste requis ou fourni votre mot de passe.

Écran d'accueil

Arrière-plan permanent de votre tablette, au-dessus duquel s'ouvrent les applications et à partir duquel vous pouvez accomplir différentes actions et obtenir diverses informations.

Y a pas plus malin !

Restez au goût du jour

Pour garder Android au meilleur de sa forme, Google y apporte régulièrement des **mises à jour** que vous devez juste récupérer et installer. Le chapitre 8 vous expliquera comment procéder.

Pourquoi vous en parlez maintenant, alors, me direz-vous ? Parce qu'entre la commercialisation de votre tablette et le moment où vous l'allumerez, Google aura peut-être publié des mises à jour, justement. Dans ce cas, il vous invite à les télécharger juste après le premier démarrage de votre tablette : touchez alors **Télécharger**, puis, une fois la procédure terminée, **Installer** ou **Redémarrer et installer**, selon l'option proposée.

Dans le « pire » des cas, votre machine sera encore équipée d'Android 5 Lollipop, précédente mouture du système. Là aussi, très vite, vous serez alors invité à passer à la version actuelle. Même si la procédure est un peu longue, n'hésitez pas une seconde, car elle ne présente aucune difficulté… et sans Android 6, ce livre ne vous sera d'aucune utilité !

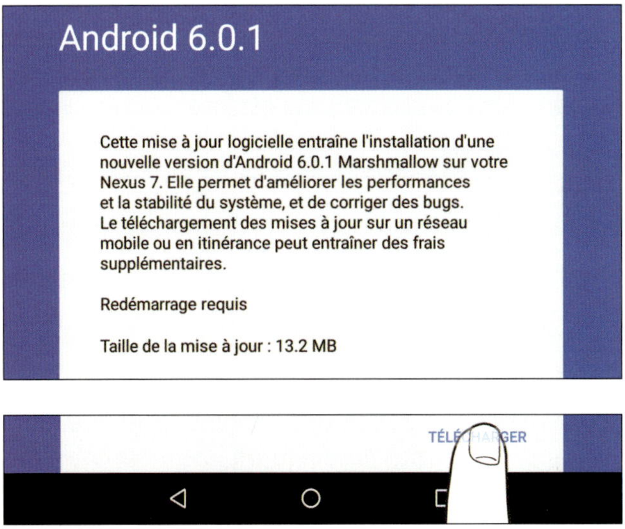

Y a pas plus clair !

Mise à jour

Petit bout de programme complémentaire, destiné à enrichir ou à corriger une imperfection d'Android ou d'une application (ou d'un autre système d'exploitation, application ou programme sur un ordinateur).

Extinction des feux

Il est tout aussi important de prendre un bon départ que de réussir sa sortie. Pour cette dernière, justement, vous avez deux alternatives : éteindre complètement votre tablette ou la *mettre en veille* simplement.

Y a pas plus clair !

Mise en veille

Basculement de votre tablette dans un état où elle reste allumée, mais en consommant un minimum d'énergie. Pour cela, Android arrête certaines fonctionnalités et fait tourner certains dispositifs au ralenti.

Préférez la première option quand vous allez rester plusieurs heures ou jours sans utiliser votre machine, mais contentez-vous de la seconde lorsque vous prévoyez juste une interruption de quelques dizaines de minutes. De la sorte, vous épargnez un redémarrage intégral à votre tablette, forcément plus sollicitant pour ses composants internes, sans pour autant la laisser fonctionner pour rien à plein régime.

D'ailleurs, Android active la mise en veille de son propre chef dès que vous restez un certain temps sans effectuer la moindre action.

Y a pas plus pratique !

Éteignez votre tablette

1. Enfoncez longuement le bouton de marche/arrêt de votre tablette.

2. Une commande **Éteindre** s'affiche dans un bandeau au centre de l'écran : touchez-la. C'est tout !

Néanmoins, sachez que si vous changez d'avis, vous pouvez souvent annuler l'extinction imminente en appuyant brièvement sur le bouton de mise en route ou en touchant l'écran ailleurs que sur le bandeau central.

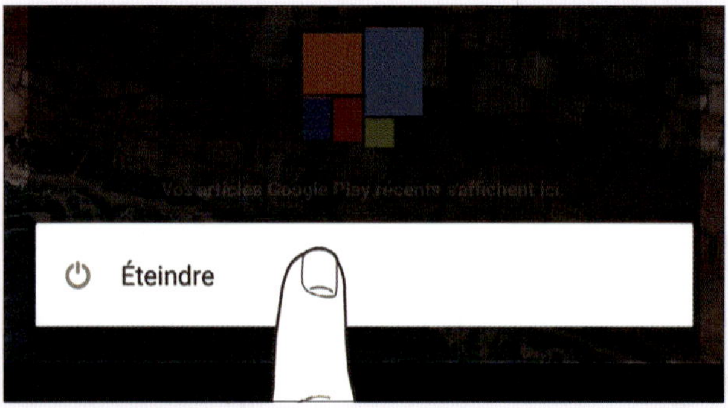

Y a pas plus pratique !

Mettez votre tablette en veille

1. Même point de départ, mais cette fois, n'appuyez que brièvement sur le bouton de marche/arrêt de votre tablette.

2. L'écran devient noir : voici votre machine endormie ! Pour la sortir de son sommeil le moment venu, répétez simplement l'étape 1.

3 L'écran de verrouillage apparaît : balayez-le vers le haut.

Le nom de cet écran prend ici tout son sens. Car mettre votre machine en veille revient en fait à la *verrouiller* : en plus d'économiser ses ressources, cela vous évite de déclencher une action involontairement, par exemple en touchant inopinément l'écran quand vous prenez une correspondance dans le métro. Et du coup, « réanimer » votre tablette équivaut à la *déverrouiller*, c'est-à-dire la rendre de nouveau réactive à vos sollicitations.

Y a pas plus malin !

Programmez la mise en veille automatique

Par défaut, Android déclenche la mise en veille de votre tablette au bout de 2 minutes : si cette durée ne vous convient pas, touchez l'icône **Toutes les applications** au bas de l'écran d'accueil, puis l'icône **Paramètres** au milieu de celles des applications, afin d'ouvrir le panneau **Paramètres**. Dans sa section **Appareil**, touchez **Affichage** pour accéder à la rubrique du même nom.

Touchez finalement **Veille**, puis la durée d'inactivité souhaitée avant le déclenchement automatique de la mise en veille, et le tour est joué !

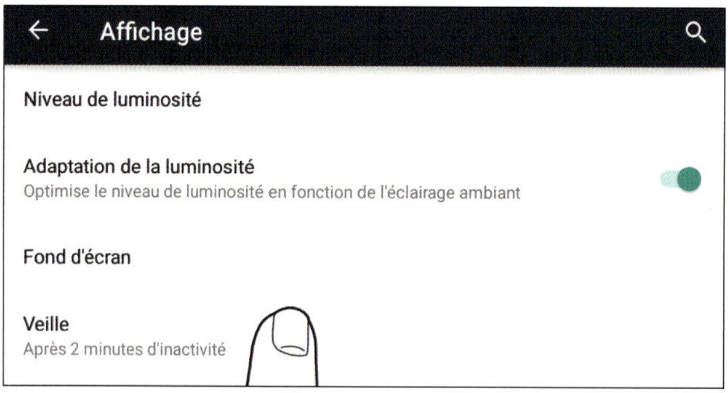

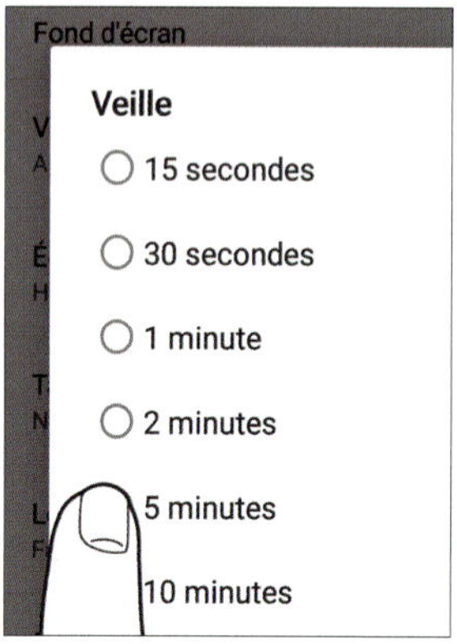

Chapitre

3

Prenez votre tablette bien en main

Pour être un bon cordonnier, avoir de bons outils ne suffit pas : vous devez aussi savoir exactement comment les utiliser. En l'occurrence, vous n'arriverez à rien si vous ne maîtrisez pas les écrans de verrouillage et d'accueil sur le bout des doigts (si j'ose dire !), puisque vous y serez sans cesse confronté.

Et il est tout aussi important que vous sachiez ajuster les aspects essentiels de votre tablette en fonction de vos goûts et de vos besoins. Imaginez que l'écran soit si foncé qu'il en devienne illisible, ou que vous soyez incapable d'établir votre connexion Wi-Fi hors de chez vous : l'horreur ! Grâce à ce chapitre, vous vous constituerez donc le bagage indispensable pour des mois et des années d'utilisation de votre tablette.

- Prenez vos repères dans l'environnement Android 6
- Utilisez le volet des notifications et la fenêtre de configuration rapide
- Exploitez toutes les ressources du panneau Paramètres
- Maîtrisez les réglages essentiels de votre tablette
- Gérez convenablement votre connexion Wi-Fi et votre compte Google

Bien plus qu'un écran de verrouillage, un écran d'ouverture

Impossible de commencer ce chapitre de prise en main par un autre composant que l'écran de verrouillage, puisque vous devez forcément le franchir à chaque démarrage de votre tablette. Et ce n'est que lui rendre justice, car il est bien plus qu'une simple barrière. En effet, il joue deux grands rôles supplémentaires.

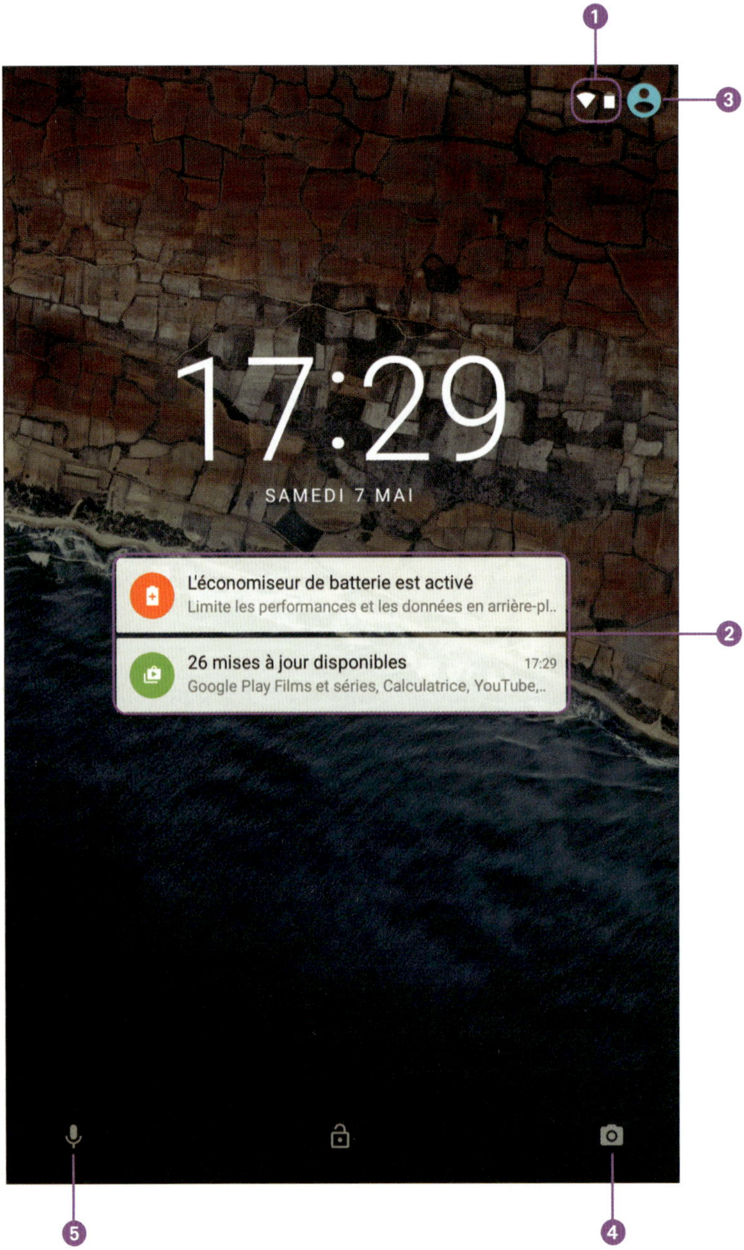

- Vous **informer.** En plus de l'heure et la date en plein centre, plusieurs icônes en haut à droite ❶ vous renseignent sur le statut de votre tablette ; par exemple, ▮ indique le niveau de charge de la batterie, et la présence de l'icône ▼ témoigne que vous êtes connecté à l'Internet.

  Mais évidemment, en matière d'information, ce sont surtout les *notifications* ❷ qui crèvent littéralement l'écran : affichées au centre, elles listent les derniers événements qui se sont produits sur votre tablette, comme l'installation d'une mise à jour.

Y a pas plus clair !

Notification

Icône ou message affiché automatiquement par Android au centre de l'écran de verrouillage ou en haut de l'écran d'accueil, notamment, pour vous prévenir d'événements imminents, en cours ou qui se sont produits récemment, comme un rendez-vous à venir ou un courriel juste reçu.

- Vous permettre d'**agir.** D'abord, grâce aux notifications ❷ dont nous parlions à l'instant, justement, car en tapoter une donne directement accès à la fonctionnalité correspondante. Par exemple, tapoter la notification d'un courriel réceptionné affiche ce dernier dans votre application de messagerie.

  Ensuite, grâce à trois icônes. La première en haut à droite, ● ❸, que vous pouvez toucher pour changer de compte, et les deux autres calées dans les angles inférieurs de l'écran : ainsi, balayer ◙ ❹ vers le haut active l'appareil photo de votre tablette, et balayer 🎤 ❺ vers le haut démarre la fonction de recherche vocale.

Y a pas plus malin !

Encore mieux que Miss Marple !

La Recherche vocale dont je vous parlais à l'instant est une telle perle qu'une fois passé l'écran de verrouillage, elle reste accessible à tout moment : il suffit de toucher l'icône **Toutes les applications** ⊞

au bas de l'écran d'accueil, puis l'icône dans le panneau des applications. Seulement, attention, la Recherche vocale fonctionne uniquement si vous êtes connecté à l'Internet.

Cela fait, dès son démarrage, elle affiche « Écoute en cours », et vous pouvez lui poser oralement n'importe quelle question, comme « Quand est né Vivaldi ? » ou « Quelle sera la météo demain ? », ou même lui demander un service, tel que « Ouvrir l'applications Photos ». Génial !

Un écran d'accueil pour vous sentir chez vous

Passé l'écran de verrouillage, l'écran d'accueil devient l'arrière-plan immuable de votre tablette. Certes, il se retrouve masqué dès que vous ouvrez une application, mais sitôt celle-ci fermée, l'écran d'accueil reprend ses droits, preuve qu'il n'avait pas quitté la scène. Heureusement, car il constitue bien plus qu'un simple décor ! Voyons d'ailleurs ensemble ses composants particulièrement utiles.

❶ **Barre d'état** qui indique l'heure et, surtout, informe en permanence sur l'état de la tablette par le biais de petites icônes. Celles de gauche correspondent à des notifications, tandis que celles de droite renseignent sur l'état du système. Par exemple, l'icône de notification de Gmail indique que vous avez reçu des courriels, et la présence de l'icône témoigne que vous êtes connecté à l'Internet en Wi-Fi.

❷ **Barre Google** pour lancer une recherche sur le Web et accéder au fantastique *Google Now*, que vous apprendrez à utiliser au chapitre 9.

❸ **Widget** Ma bibliothèque pour accéder à *Google Play* et à vos films, chansons, magazines, *etc.*

Y a pas plus clair !

Google Now

Application créée par Google et qui remplit le rôle d'un assistant personnel, pouvant notamment vous fournir des informations pratiques et personnalisées (comme des horaires de bus ou des adresses de musées proches de l'endroit où vous vous trouvez), et vous rappeler vos prochains rendez-vous.

Widget

« Gadget informatique » qui se présente le plus souvent sous la forme d'un petit panneau ou d'un objet graphique dont le contenu évolue sans cesse en fonction de la nature du widget. Par exemple, un widget consacré à l'actualité fait défiler les titres à la une, et un dédié à votre messagerie affiche les derniers courriels que vous avez reçus.

Google Play

Magasin en ligne de Google qui propose aussi bien des applications que des films, de la musique, des jeux, des livres, *etc.* Malgré son aspect commercial, certains produits sont gratuits, notamment parmi les applications et les livres.

❹ **Icône du dossier d'applications Google** qui, comme son nom l'indique, réunit de nombreuses icônes offrant un accès direct à divers services et applications Google, tels que Google+.

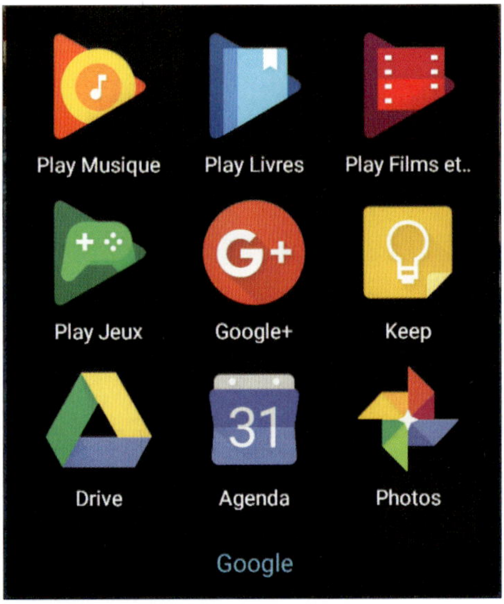

❺ **Icône de l'application Play Store** qui vous permet d'acheter toutes sortes de contenus (musique, jeux, livres, *etc.*) sur le magasin en ligne de Google.

❻ **Barre des favoris** pour démarrer instantanément l'une des six applications très employées en touchant son icône de part et d'autre de l'icône **Toutes les applications**, au centre, qui donne, elle, accès aux icônes de toutes les applications présentes sur votre tablette, ainsi qu'à l'ensemble des widgets disponibles.

Trois icônes de choc pour commander votre tablette

Malgré toute la place occupée par les deux écrans phares de votre tablette, sitôt l'écran de verrouillage passé, une barre noire bien calée au bas de votre tablette propose trois icônes aussi discrètes qu'essentielles.

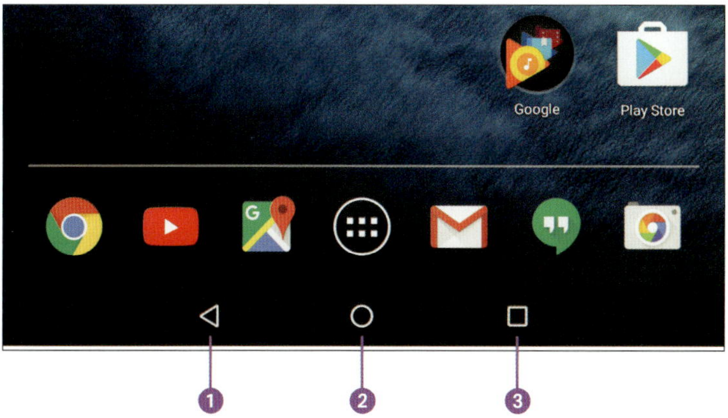

❶ **Retour** ramène au dernier écran affiché. Avec une limite, néanmoins : une fois revenu à l'écran d'accueil, vous ne pouvez plus faire marche arrière.

❷ **Accueil** affiche le sacrosaint écran d'accueil, voire son volet principal si vous consultez l'un de ses volets « secondaires », car l'écran d'accueil doit parfois se démultiplier pour afficher tout son contenu. Mais pas seulement ! Toucher longuement cette icône démarre Google on Tap, ou si celui-ci est indisponible, la fonction de recherche Google et le super Google Now.

Y a pas plus clair !

Google on Tap

Fonctionnalité à même de vous fournir des informations pertinentes en fonction de votre activité en cours. Par exemple, si vous composez un courriel où vous mentionnez un réalisateur et si vous touchez longuement , Google on Tap vous donnera instantanément des informations au sujet de cette personne ; et si vous recherchez un trajet, il vous indiquera plusieurs sociétés pour l'accomplir.

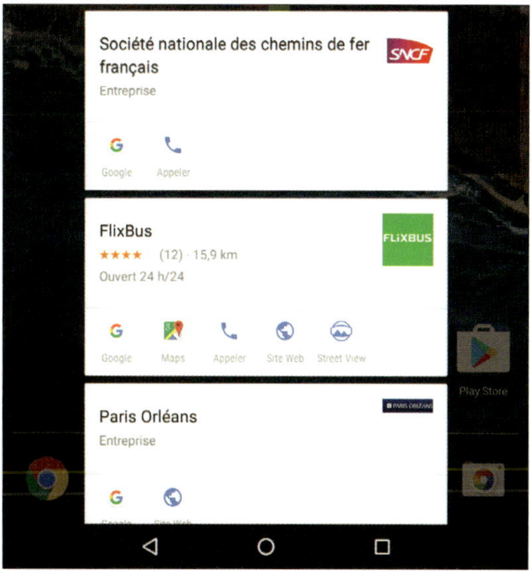

Un petit bémol, toutefois : Google on Tap ne donne vraiment le meilleur de lui-même que dans la version anglo-saxonne d'Android. Donc ne vous étonnez pas s'il vous semble parfois défaillant sur votre tablette 100 % française !

❸ **Applications récentes** ◼ présente une version réduite des applications ouvertes : comme vous l'apprendrez au chapitre 5, cela vous permet à la fois de basculer facilement de l'une à l'autre et de fermer celles dont vous n'avez plus besoin.

Y a pas plus malin !

Discrétion absolue, efficacité maximale

Lorsque vous restez un certain temps sans utiliser les icônes de navigation, elles finissent souvent par s'estomper, voire être remplacées trois points. C'est notamment le cas lorsque vous utilisez l'appareil photo, car votre tablette maximise l'espace disponible pour votre cliché. Sympa !

Dans les deux situations, il suffit de toucher l'emplacement habituel de ces icônes pour les faire réapparaître.

Deux associés discrets, mais toujours en alerte

Votre tablette possède de nombreux talents, mais certains sont bien cachés... Mémorisez bien les deux que vous allez découvrir ici, car ils vous serviront sans cesse en vous offrant un accès direct à des fonctionnalités essentielles, comme la gestion de votre connexion Wi-Fi.

Le volet des notifications

Non contentes d'occuper une place de choix au centre de l'écran de verrouillage et de vous alerter depuis la barre d'état, les notifications s'offrent également un volet complet. Pour l'afficher, peu importe que vous vous trouviez devant l'écran d'accueil ou dans une application : il suffit de balayer l'écran depuis son bord supérieur vers le bas.

Les dernières notifications apparaissent alors, classées de la plus récente à la plus ancienne. Mais elles ne se regardent pas qu'avec les yeux à titre informatif : vous pouvez aussi les toucher pour accéder au contenu correspondant.

Par ailleurs, si certaines vous semblent inutiles, il suffit de les balayer latéralement pour les supprimer du volet. À moins que vous ne préfériez une solution plus radicale ? Dans ce cas, touchez l'icône en bas à droite : d'une pierre deux coup, vous effacez toutes les notifications et fermez le volet ! Sinon, vous pouvez masquer celui-ci à tout moment en le balayant vers le haut.

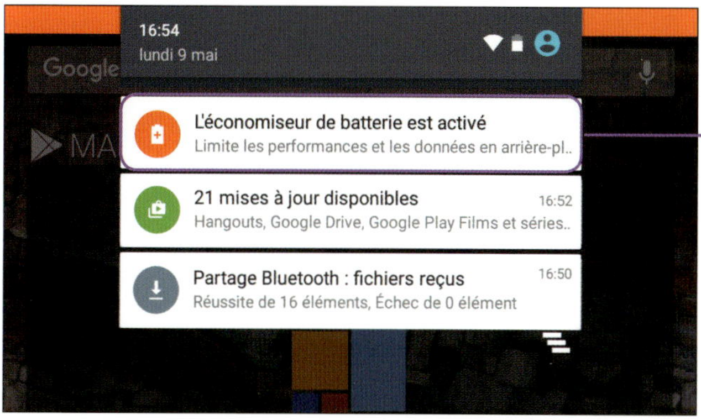

En touchant cette notification qui informe que j'ai bien activé l'économiseur de batterie (rappelez-vous le chapitre 2), j'accède directement à cette fonctionnalité.

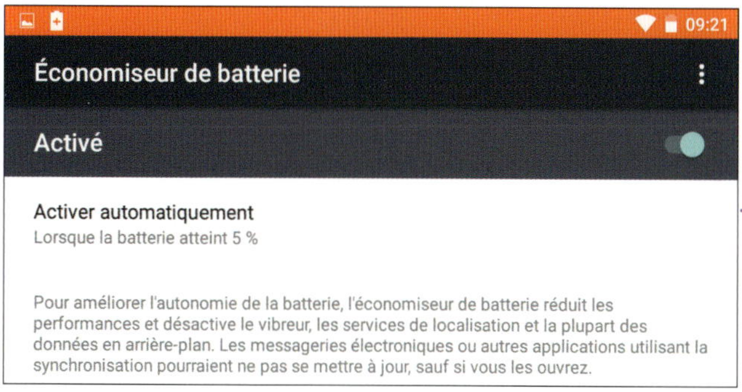

Y a pas plus malin !

Pas de notifications à tout va !

Contrairement aux apparences, vous disposez d'un contrôle extrêmement étendu sur les notifications. Pour accéder à toutes les options disponibles (ou presque...), ouvrez le panneau **Paramètres** en touchant l'icône **Toutes les applications** au bas de l'écran d'accueil, puis l'icône **Paramètres** parmi celles des applications. Dans la section **Appareil**, touchez **Sons et notifications**, puis explorez les réglages proposés.

Par exemple, vous pouvez régler le niveau sonore des alertes en faisant glisser le curseur **Volume des notifications**, et choisir un autre son en touchant la rubrique **Sonnerie de notification par défaut**. Il est aussi possible de masquer les notifications sur l'écran de verrouillage en touchant **Si l'appareil est verrouillé**, puis **N'afficher aucune notification**.

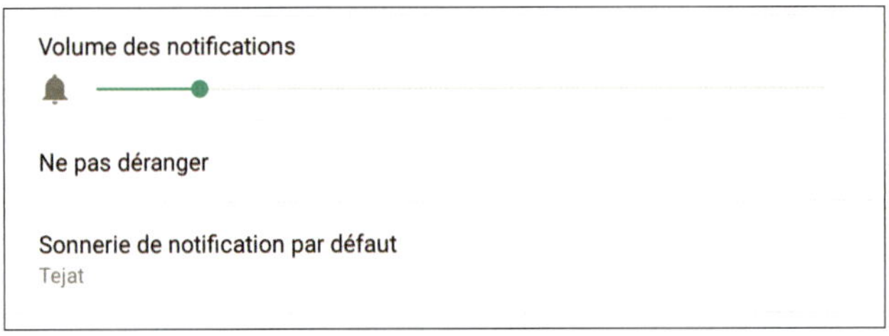

Dernière option sur laquelle je voudrais attirer votre attention : vous pouvez arrêter les notifications pour certaines applications en touchant **Notifications appli**, puis le nom de l'appli concernée et le curseur grisé **Tout bloquer**, afin de l'activer. Je vous conseille de le faire pour des applications que vous n'avez pas besoin de suivre à l'œil : cela économisera la batterie.

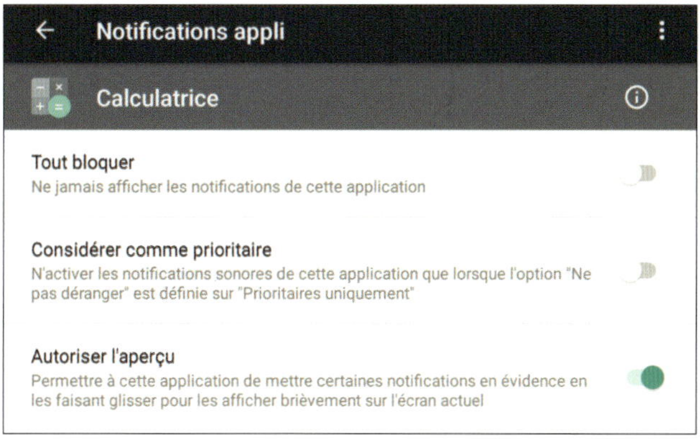

Mais le panneau **Paramètres** n'est pas le seul à vous permettre de configurer les notifications : la preuve à la section suivante…

La fenêtre de configuration rapide

Sorte de prolongement du volet des notifications, la fenêtre de configuration rapide se déroule également par un balayage vers le bas depuis le haut de l'écran, mais à deux doigts, cette fois. En revanche, elle se masque par un balayage vers le haut à un seul doigt !

Vous y trouvez alors différentes icônes pour réaliser illico presto des réglages essentiels sur votre tablette, relatifs notamment à vos connexions sans fil, à la géolocalisation et à la luminosité. Elles sont réparties en deux endroits.

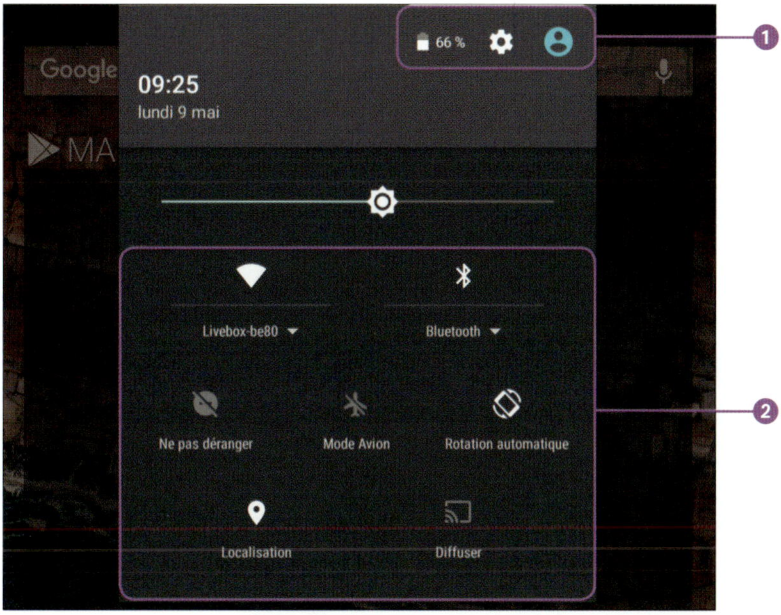

❶ En haut à droite : trois icônes offrent un accès direct au panneau d'informations de la batterie (), au désormais familier panneau **Paramètres** () et au panneau **Utilisateur** (), traité au chapitre 12 : il suffit de toucher celle souhaitée.

❷ Au centre, plusieurs icônes permettent de changer instantanément le statut de plusieurs fonctionnalités essentielles dans l'utilisation de votre tablette. Et pour connaître ce statut, justement, il suffit de regarder la couleur et l'état de ces icônes.

- Quand une icône est blanche, la fonction correspondante est activée et disponible.
- Lorsqu'elle est grise et barrée d'un trait oblique, la fonction associée est désactivée.
- Enfin, si elle est marquée par un point d'exclamation, vous pouvez en conclure qu'il y a un problème.

Pour utiliser l'une de ces icônes, touchez-la, simplement. Selon la fonctionnalité et son statut initial, l'icône se métamorphose immédiatement, ou vous êtes invité à effectuer quelques choix ou réglages.

Par exemple, toucher **Localisation** désactive instantanément la *géolocalisation*. En revanche, toucher **Ne pas déranger** ouvre un mini panneau qui vous permet de couper toutes les alertes sonores ou seulement certaines d'entre elles pour les notifications, et ce, pendant une durée déterminée ou jusqu'à ce que vous les réactiviez vous-même.

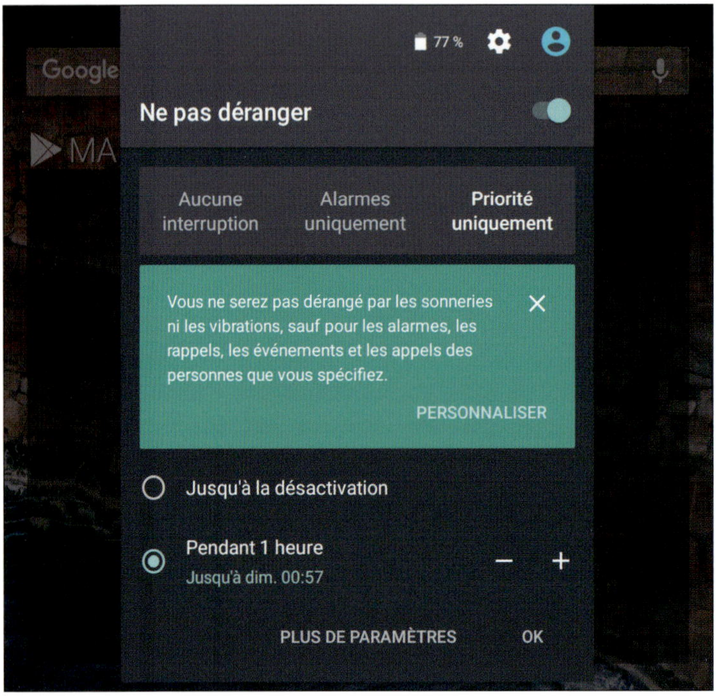

Dernière précision : méfiez-vous des icônes dont le nom est suivi d'une petite flèche ▼, car le résultat varie selon que vous touchez leur symbole ou leur nom. Ainsi, toucher active le *Bluetooth*, mais toucher le mot **Bluetooth** ouvre le panneau éponyme qui permet de gérer vos autres appareils Bluetooth à proximité.

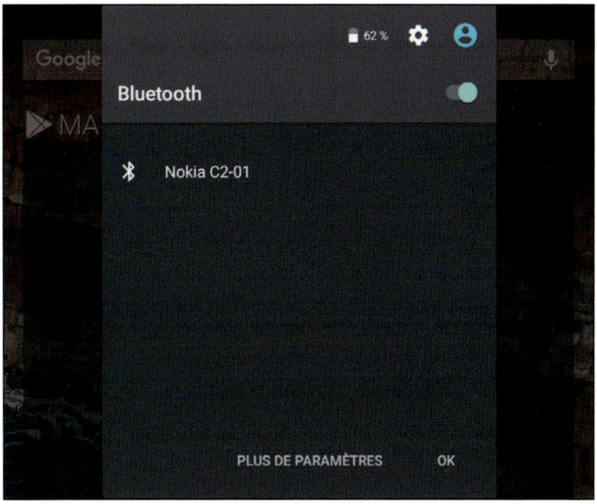

Y a pas plus clair !

Géolocalisation

Fonctionnalité qui permet à votre tablette de déterminer à tout moment votre position et, ainsi, à de nombreuses applications et à la Recherche vocale (présentée en début de chapitre) de vous proposer un contenu personnalisé.

Par exemple, si vous prenez une photo avec votre Nexus, l'endroit où elle a été réalisée est enregistré conjointement à des informations telles que la date et l'heure de la prise de vue. Et si vous demandez à la Recherche vocale la météo de demain ou le trajet pour Béziers, elle vous donne automatiquement la couleur du ciel là où vous vous trouvez actuellement et l'itinéraire à partir de ce même lieu.

Bluetooth

Technologie sans fil, identifiée par l'icône et de faible portée, qui permet de connecter deux appareils.

Y a pas plus malin !

Votre tablette nouvelle star de la télé !

Curieusement, la fenêtre de configuration rapide inclut dans sa partie inférieure une icône **Diffuser** qui n'a vraiment rien d'essentiel, puisqu'elle sert à afficher sur un téléviseur ce qui apparaît sur l'écran de votre tablette. Pratique pour voir les choses en grand, mais pas très sympa pour votre porte-monnaie, puisque pour en profiter, vous devez acquérir un petit dispositif appelé *Chromecast* qui coûte une quarantaine d'euros.

Mais si vous vous laissez tenter, branchez ensuite ce petit appareil sur votre téléviseur, puis téléchargez et installez l'application Chromecast (gratuite, elle, heureusement !), comme vous l'apprendrez au chapitre 12. Au final, connectez tout ce petit monde en Wi-Fi, démarrez l'application Chromecast et activez la fonction **Diffuser**.

Des réglages à foison

Android vous permet d'ajuster tant d'aspects de votre tablette qu'il faudrait presque un livre complet pour les explorer tous en détails ! Bien sûr, nous en découvrirons ensemble un grand nombre. Mais il est important que vous sachiez dès à présent où vous rendre lorsque vous voudrez modifier tel ou tel aspect de votre machine, en l'occurrence, le bien nommé panneau **Paramètres** !

Pour y accéder, touchez l'icône **Toutes les applications** au bas de l'écran d'accueil, puis **Paramètres** dans la liste complète des applications. De là, explorez les différentes rubriques devant vous et naviguez jusqu'à la section consacrée à l'aspect que vous souhaitez configurer.

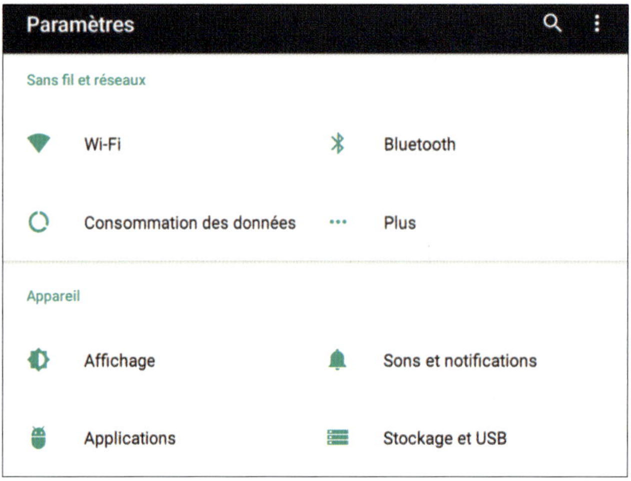

Pendant cette découverte, ne ratez pas la rubrique **Google**, dans la section **Personnel**, car elle ouvre la porte à une quantité faramineuse d'autres réglages liés aux activités et applications Google. C'est notamment là que vous pouvez ajuster le fonctionnement de la fonction de recherche de Google et Google Now.

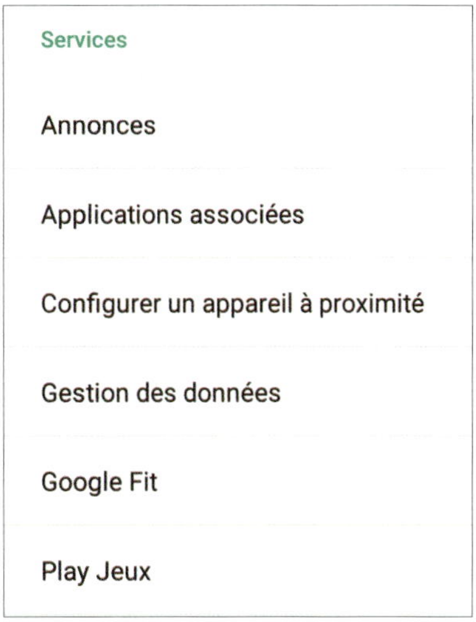

Dans tous les cas, lorsque vous ne savez vraiment pas où trouver le paramètre à modifier, effectuez une recherche ciblée depuis la partie supérieure droite du panneau : touchez l'icône de loupe, puis commencez à taper un mot-clé pertinent. Différents résultats a priori concordants s'affichent au fur et à mesure : touchez le bon pour accéder à la rubrique qui vous intéresse !

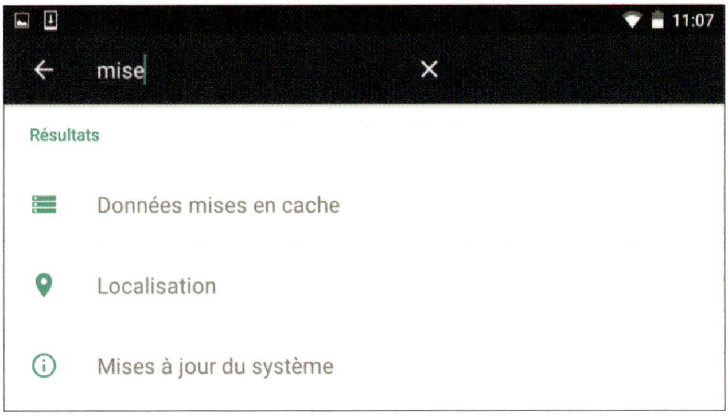

Bon nombre d'options ne peuvent être qu'activées ou désactivées : selon le cas, elles sont alors respectivement associées à un curseur ou . Dans les deux situations, il suffit de toucher ce symbole pour basculer d'un état à l'autre. Pour toutes les autres options, agissez en fonction de ce qui se présente devant vous : case à toucher, texte à taper, choix à sélectionner, ou que sais-je !

Y a pas plus malin !

Un ajusteur de l'ombre à votre service

Android 6 inclut une toute nouvelle fonctionnalité, appelée **System UI Tuner**, qui vous offre des possibilités de réglage supplémentaires, notamment choisir quels éléments afficher dans la barre d'état et la fenêtre de configuration rapide. Seulement, ne la cherchez pas : vous ne la verrez nulle part !

En effet, comme Google n'est pas certain de la maintenir à l'avenir, il réserve son accès aux initiés. Mais je vais vous donner ce précieux sésame ! Simplement, étant donné ce que je viens de vous expliquer, ne vous étonnez pas si cette fonctionnalité n'existe plus ou si elle a changé au moment où vous lirez ces lignes.

Pour accéder à System UI Tuner, donc, balayez l'écran depuis son bord supérieur vers le bas avec deux doigts pour dérouler la fenêtre de configuration rapide, puis touchez longuement l'icône **Paramètres** tout en haut.

Le panneau du même nom s'ouvre et un message vous indique que la fonctionnalité a été ajoutée : balayez l'écran vers le haut et regardez tout en bas : une nouvelle rubrique **System UI Tuner** est effectivement apparue ! Par ailleurs, si vous réaffichez la fenêtre de configuration rapide, vous constaterez que l'icône s'est enrichie d'une petite clé à molette .

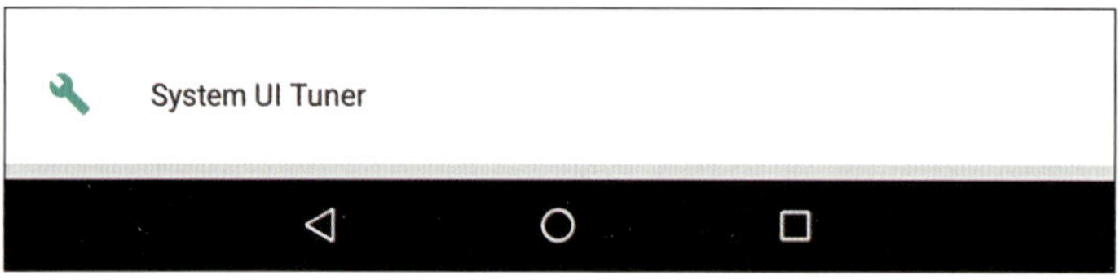

Ouvrez la nouvelle venue en touchant **System UI Tuner** et explorez les réglages à votre disposition !

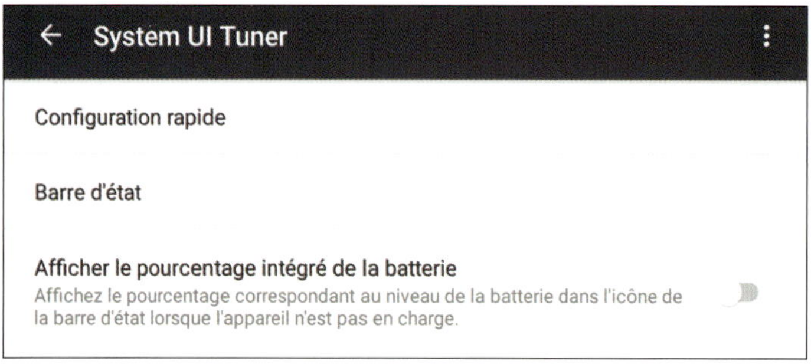

Orientez votre tablette dans le bon sens

L'orientation idéale de votre tablette varie en fonction de vos activités. Par exemple, si vous lisez un roman, vous apprécierez d'avoir les pages affichées à la verticale, comme pour un livre papier. Mais si vous regardez une vidéo, vous préférerez assurément un format plus large que haut, et donc une orientation horizontale. Pour passer de l'une à l'autre, il suffit de faire pivoter votre tablette, et l'affichage s'adapte !

Alors, pourquoi consacrer une section à cette action élémentaire ? Tout simplement parce que vous pouvez désactiver cette rotation automatique quand elle devient gênante. Par exemple, lorsque vous vous allongez pour lire un magazine électronique, votre tablette se fourvoie parfois dans la manière d'afficher la page. Pour éviter une rotation impromptue, donc, bloquez temporairement l'affichage dans le sens qui vous convient.

Y a pas plus pratique !

Verrouillez l'orientation de votre tablette

1. Orientez votre tablette dans le sens dans lequel vous voulez l'utiliser pour l'instant.

2. Balayez l'écran depuis son bord supérieur actuel vers le bas avec deux doigts pour ouvrir la fenêtre de configuration rapide.

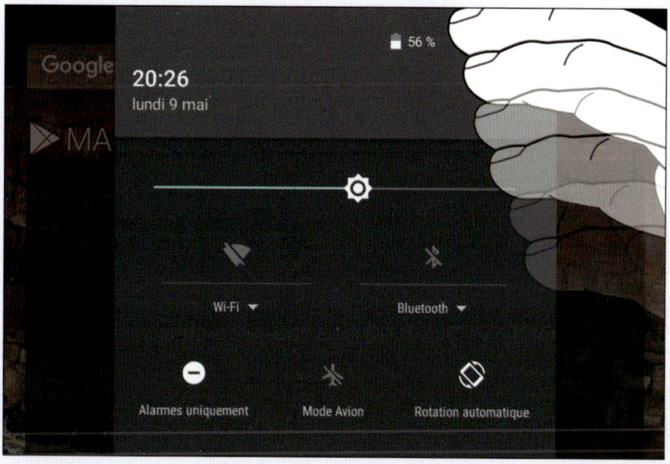

3 Touchez l'icône **Rotation automatique**.

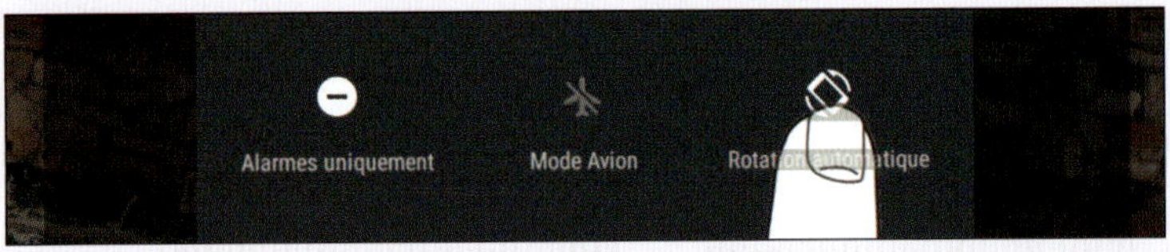

4 Selon l'orientation de votre tablette, l'icône devient aussitôt **Paysage** ou **Portrait**. L'objectif semble atteint... Mais pour en être sûr, faites pivoter l'appareil : si tout est en ordre, l'affichage ne suivra pas la manœuvre.

Avant d'attraper un torticolis, sachez quand même que vous pourrez à tout moment réactiver la rotation automatique en touchant simplement l'icône **Portrait** ou **Paysage**.

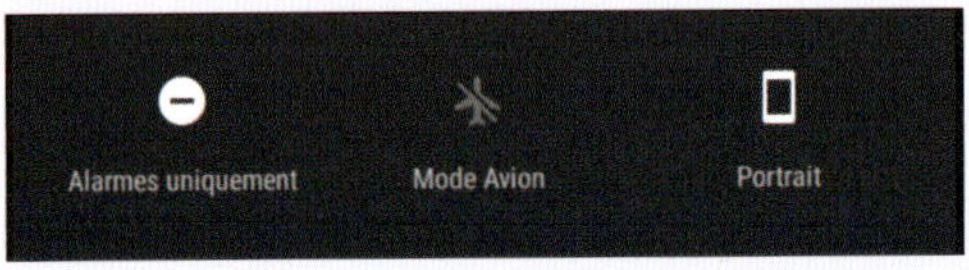

Profitez du meilleur de l'image et du son

Même si vous optimisez le fonctionnement de votre tablette et de ses applications, tout sera gâché si vous êtes gêné par la clarté de l'écran ou le volume sonore. Voyons donc sur-le-champ comment régler ces deux paramètres.

Y a pas plus pratique !

Ajustez la luminosité de l'écran

1 Normalement, votre tablette adapte automatiquement la luminosité en fonction des conditions d'éclairage ambiantes. Mais trois raisons justifient de désactiver ce réglage : il consomme pas mal d'énergie, votre machine se fourvoie parfois dans l'appréciation de votre environnement, et ajuster vous-même la luminosité est aussi facile que rapide.

Donc direction le panneau **Paramètres** ! Pour cela, touchez d'abord l'icône **Toutes les applications** au bas de l'écran d'accueil.

2. Vers le centre du panneau des applications, touchez l'icône **Paramètres** .

3. Le panneau **Paramètres** apparaît : dans sa section **Appareil**, touchez **Affichage**.

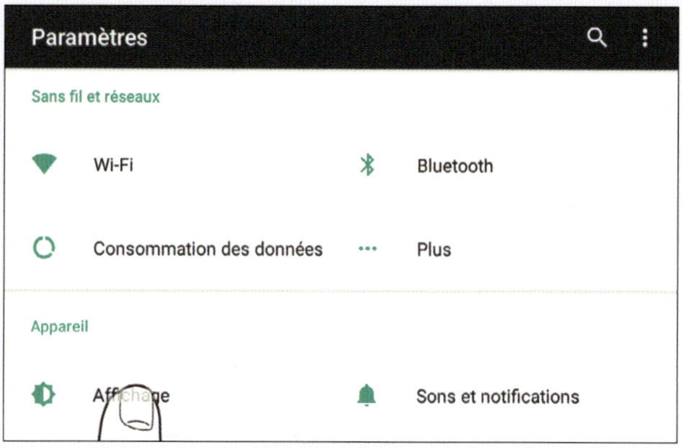

4. La rubrique **Affichage** s'ouvre : touchez son curseur bleuté **Adaptation de la luminosité** pour le désactiver .

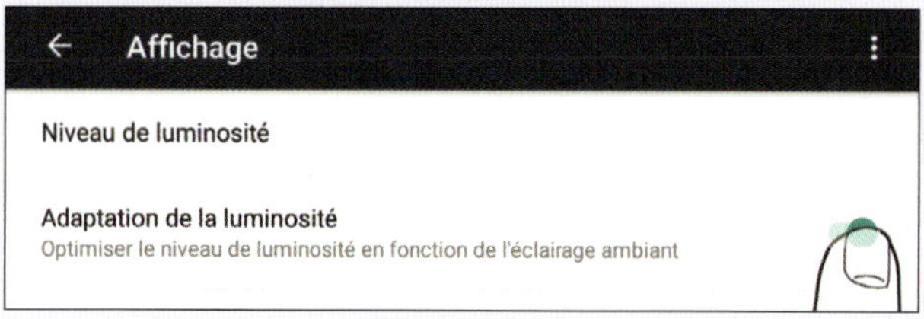

5. À partir de maintenant, plus besoin de faire de détour par le panneau **Paramètres** ! Dès que vous aurez besoin d'ajuster la luminosité, balayez le haut de l'écran vers le bas avec deux doigts.

6 La fenêtre de configuration rapide (une vieille connaissance !) sort de l'ombre : tout en haut, faites glisser le curseur de luminosité sur le niveau souhaité. C'est tout !

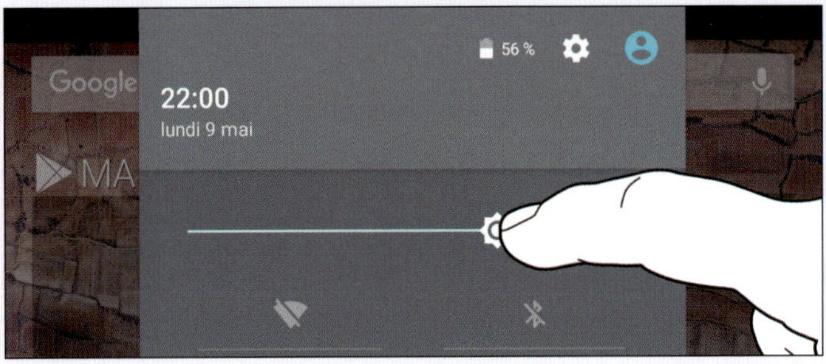

Y a pas plus pratique !

Ajustez le volume

1 Puisque votre tablette comporte un bouton Volume sur son bord droit ou supérieur, selon que vous tenez celle-ci à la verticale ou à l'horizontale, vous vous demandez sûrement ce qui justifie de consacrer un « Y a pas plus pratique ! » à cette procédure. Suspense... Dans l'immédiat, selon que vous voulez augmenter ou réduire le niveau sonore, enfoncez respectivement le haut ou le bas, voire la gauche ou la droite de ce bouton.

2 Une barre de volume apparaît en haut de l'écran. Et c'est là que le mystère s'éclaircit...

- Si vous voulez ajuster le niveau sonore global de votre tablette, continuez d'appuyer sur le côté requis du bouton Volume ou faites glisser le curseur central de la barre à l'écran latéralement. Notez alors que si vous coupez complètement le son, vous basculez automatiquement en mode **Ne pas déranger**, que vous pourrez quitter à tout moment en touchant juste **Arrêter maintenant** au bas du mini panneau apparu.

- Si vous préférez ne modifier le volume que de certaines fonctionnalités, comme les alarmes, touchez la petite flèche à la fin de la barre affichée en haut de l'écran, puis faites glisser les curseurs requis. La deuxième ligne règle le niveau sonore des chansons, vidéos, *etc.*, et la troisième, celui des alarmes.

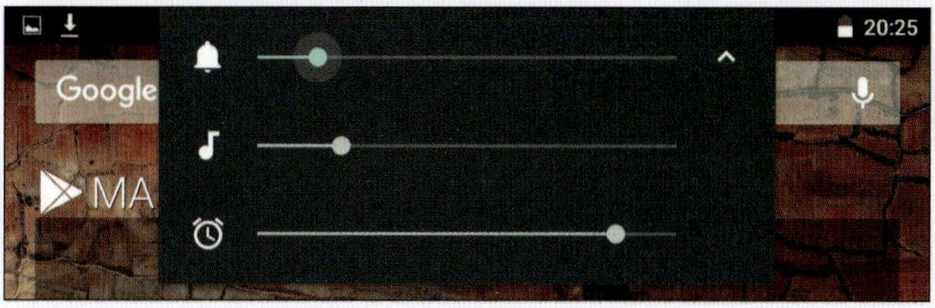

Gérez votre ouverture au monde extérieur

Votre accès au cyber monde et à ses ressources se révèle absolument vital pour exploiter tout le potentiel de votre tablette. D'où l'importance de bien maîtriser votre connexion Wi-Fi (en étant notamment capable de l'établir n'importe où et de la couper si besoin), votre compte Google (en modifiant certaines de ses caractéristiques si besoin) et la géolocalisation.

Y a pas plus pratique !

Gérez votre connexion Wi-Fi

1. Pour commencer, voyons comment couper votre connexion Wi-Fi, car vous fréquenterez parfois des lieux où les connexions sans fil sont interdites, comme les avions ou les hôpitaux. Par ailleurs, cette action peut être recommandée à titre préventif pour éviter les intrusions d'internautes malintentionnés sur votre machine.

Balayez le haut de l'écran vers le bas avec deux doigts pour afficher la fenêtre de configuration rapide.

2 Touchez l'icône au-dessus du nom de la connexion en cours.

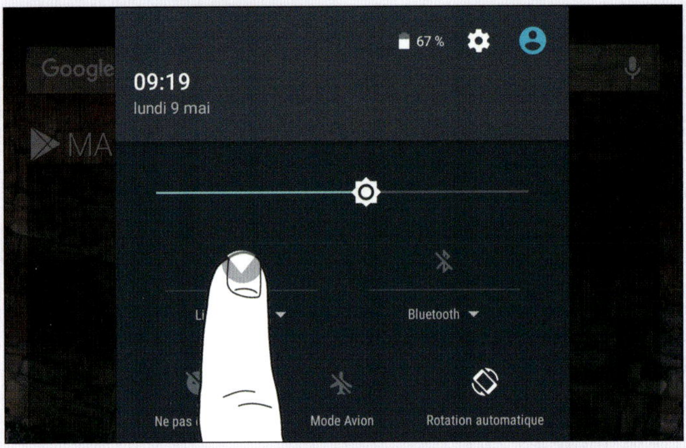

3 L'icône s'estompe et se retrouve barrée : vous n'êtes plus connecté ! D'ailleurs, la disparition de l'icône dans la barre d'état, en haut, le confirme. Quand vous voudrez de nouveau rétablir la connexion, touchez .

Notez tout de même que si vous utilisez d'autres connexions sans fil, comme le Bluetooth, vous pouvez les couper toutes à la fois en touchant l'icône **Mode avion** (elle devient) : indispensable si vous embarquez pour New York ou Sydney !

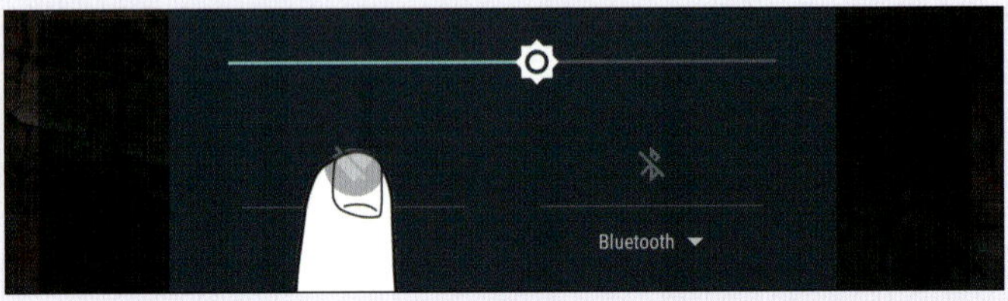

4 Mais forcément, hors de chez vous, vous devrez utiliser une autre connexion que celle de votre box. Pour la configurer, touchez cette fois le mot **Wi-Fi** dans la fenêtre de configuration rapide.

5 Toutes les connexions Wi-Fi détectées par la tablette apparaissent dans la partie centrale : touchez celle que vous souhaitez utiliser.

Seulement, attention : veillez toujours à utiliser un réseau sécurisé, matérialisé par une icône de cadenas . Certes, cela vous oblige à vous procurer les informations requises pour la connexion auprès de son propriétaire (parfois moyennant paiement...), mais cela réduit les risques qu'un internaute malveillant accède au contenu de votre tablette. Précaution vitale, donc !

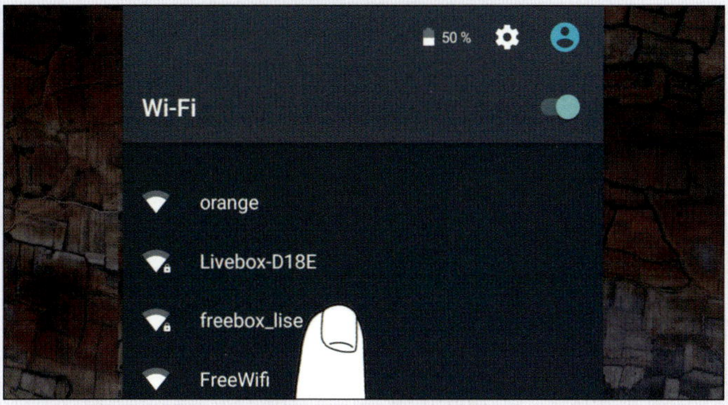

6 Comme lors de la première mise en route de votre tablette, une boîte de dialogue nommée à l'identique de la connexion apparaît : tapez la clé de sécurité fournie par son propriétaire dans la zone **Mot de passe**, et touchez **Se connecter**.

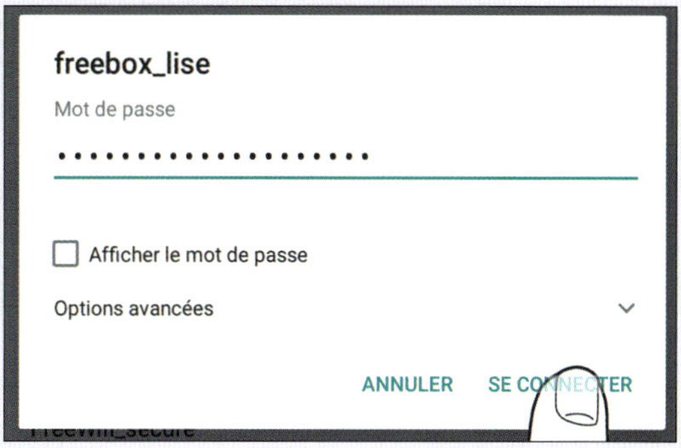

Une précision importante, néanmoins. Si vous possédez la version LTE de la Nexus (avec une carte SIM, donc), Android s'efforce de vous épargner les interruptions temporaires de connexion lors de vos déplacements en basculant automatiquement entre les réseaux Wi-Fi et cellulaire en fonction des disponibilités. Pratique !

Y a pas plus pratique !

Gérez votre compte Google

1 Ce compte est tellement important que vous pouvez le configurer depuis deux rubriques du panneau **Paramètres**.

Commencez par ouvrir celui-ci en touchant l'icône **Toutes les applications** au bas de l'écran d'accueil, puis **Paramètres** dans la liste complète des applications.

2 Deux alternatives à ce stade, mais à chaque fois depuis la section **Personnel** du panneau **Paramètres**.

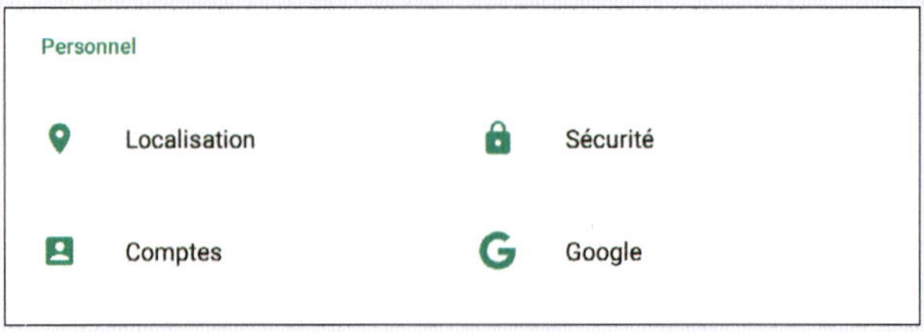

- Toucher la rubrique **Comptes**, puis **Google**. De là, vous pouvez principalement choisir les applications que vous souhaitez *synchroniser* en les touchant et forcer la synchronisation en touchant l'icône de menu, puis **Synchroniser**.

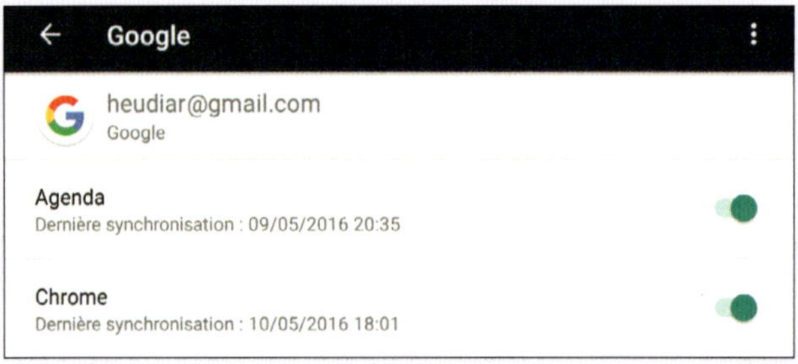

- Toucher la rubrique **Google**, puis ce sur quoi vous souhaitez intervenir dans la section **Compte**. Veillez simplement à bien être connecté à l'Internet pour pouvoir accéder à toutes les options disponibles.

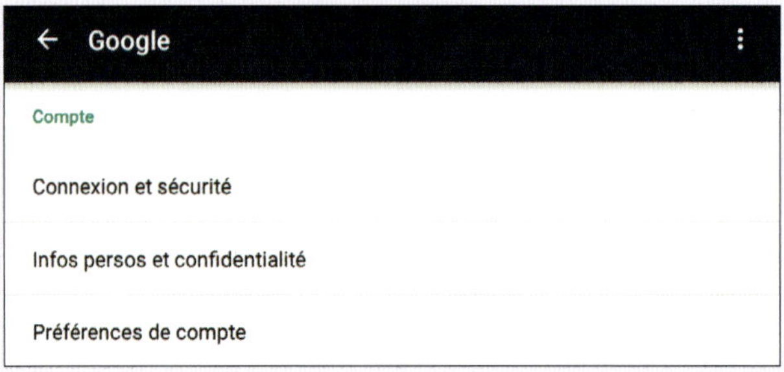

Y a pas plus clair !

Synchronisation

Processus qui consiste à préserver l'homogénéité entre des éléments tels que votre carnet d'adresses, votre agenda et vos fichiers stockés sur différents appareils, comme votre tablette et votre smartphone.

Y a pas plus malin !

Profitez facilement de votre compte Google sur tous vos appareils

Comme indiqué au chapitre 2, vous pouvez transférer votre compte Google et l'ensemble des informations, fichiers et applications associés sur votre tablette à la vitesse de l'éclair si ce compte est enregistré sur l'un de vos autres appareils compatibles avec le NFC.

Par sécurité, vérifiez d'abord que cette fonctionnalité est activée sur votre tablette : ouvrez le panneau **Paramètres** et, dans sa section **Sans fil et réseaux** tout en haut, touchez **Plus**. Si le curseur de l'option **NFC** est grisé, touchez-le.

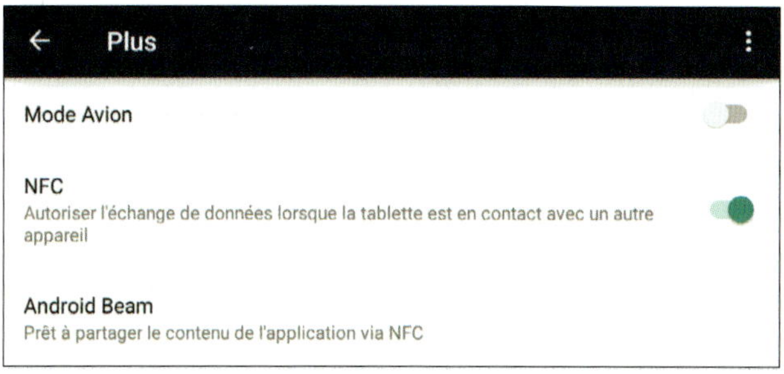

Assurez-vous également que le Bluetooth est activé : touchez l'icône au bas de la tablette pour retrouver la section **Sans fil et réseaux**, puis **Bluetooth**, forcément, et là encore, si le curseur en haut du panneau est désactivé, touchez-le.

Cela fait, placez votre tablette tout contre votre autre appareil. Dès que la communication est établie entre les deux, une notification sonore vous en informe. Suivez alors les instructions qui s'affichent à l'écran et, au bout de quelques minutes, vous retrouverez l'intégralité de votre compte Google sur votre tablette !

Y a pas plus pratique !

Profitez de la localisation

1. En principe, la localisation est automatiquement activée. Mais je vous conseille vivement de vous en assurer tant cette fonctionnalité précieuse.

   En effet, en plus de vous permettre de bénéficier de services personnalisés, elle peut vous aider à retrouver votre tablette en cas de perte ou de vol, comme vous le verrez dans le prochain « Y a pas plus malin ! ». Alors, balayez le haut de l'écran vers le bas avec deux doigts pour afficher la fenêtre de configuration rapide.

2. Si l'icône **Localisation** est grisée et barrée, et donc désactivée, touchez-la pour qu'elle devienne et que Google puisse identifier votre position.

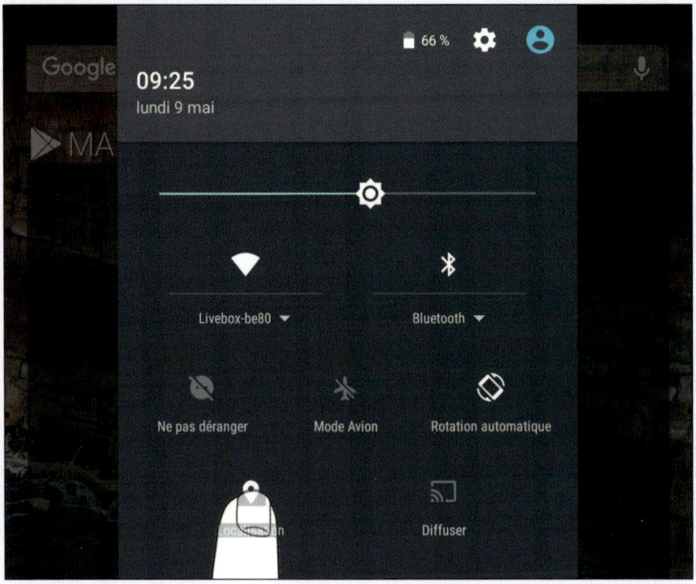

Y a pas plus malin !

Sherlock Holmes à votre service pour retrouver votre tablette

Comme tous les appareils mobiles dernier cri, les tablettes sont très convoitées par les voleurs. Mais sans aller jusqu'à ce scénario catastrophe, il peut aussi vous arriver de l'égarer par inadvertance ou de l'oublier dans le train, par exemple.

Heureusement, dans ces situations, vous avez toutes les chances de la retrouver grâce à la localisation : il vous suffit de posséder un autre appareil capable de se connecter à l'Internet. Dans son navigateur Web, affichez alors la page Web `www.google.com/android/devicemanager`.

Si vous n'êtes pas identifié automatiquement, fournissez les identifiants de votre compte Google, puis touchez ou cliquez sur **Connexion** et sur **Accepter**. Le Gestionnaire d'appareils Android recherche alors votre tablette et, si celle-ci est allumée et connectée à l'Internet, il vous indique immédiatement son emplacement sur une carte. Super !

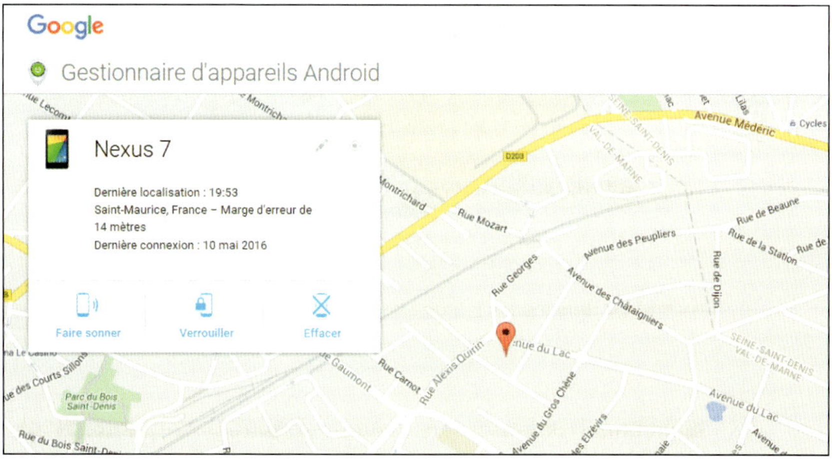

Mais l'encadré qui s'affiche dans la partie supérieure gauche vous offre en plus trois options particulièrement utiles, activables à distance.

- **Faire sonner** votre tablette : idéal pour la localiser si vous l'avez égarée chez vous !

- **Verrouiller** votre tablette ou en **Effacer** toutes vos informations personnelles : à utiliser impérativement si vous avez été victime d'un vol.

Si, par malchance, le Gestionnaire ne parvient pas à localiser votre tablette, vérifiez sa configuration. Sait-on jamais... Ouvrez le traditionnel panneau **Paramètres**, puis touchez **Google** dans sa section **Personnel** touchez **Sécurité** et, si elles ne sont pas déjà activées, touchez les deux options de la rubrique **Gestionnaire d'appareils Android**.

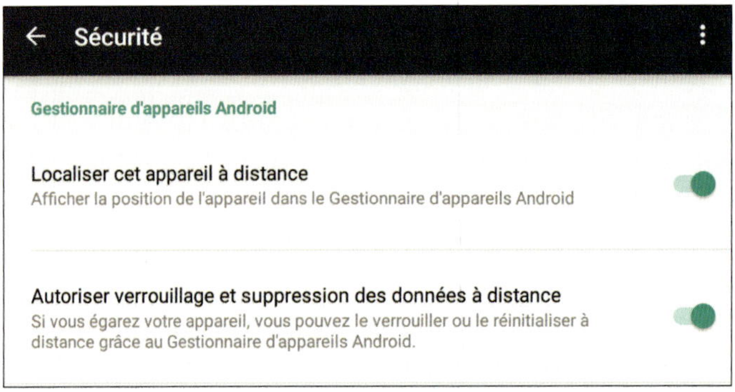

Chapitre 4

Ne restez pas sur la touche

Même si la saisie n'est vraiment pas le fort de votre tablette, celle-ci n'a pas ménagé ses efforts pour vous permettre d'accomplir cette tâche dans de bonnes conditions. D'abord, en vous offrant un maximum de touches ; mais aussi, et surtout, en essayant d'anticiper sans cesse vos besoins et vos actions.

Ainsi vous serez agréablement surpris de n'avoir souvent que le début des mots à taper. Sans oublier la dictée vocale qui vous permettra d'ajouter du texte en le prononçant, simplement ! Bref, il y a fort à parier que vous ferez très vite ami-ami avec le clavier tactile.

- Maîtrisez toutes les touches du clavier tactile
- Tapez, sélectionnez et modifiez un texte
- Créez et enregistrez des documents avec l'application Docs
- Dictez des textes
- Utilisez des langues étrangères

Plusieurs claviers en un

Grâce à sa nature tactile, votre écran ne se substitue pas qu'à une souris baladeuse : il endosse aussi le rôle de clavier. Même si celui-ci est loin d'être aussi pratique qu'un clavier physique, il tire bien son épingle du jeu en vous permettant de taper, malgré tout, n'importe quel texte.

Il se montre aussi très serviable, car il s'affiche automatiquement dès qu'il détecte que vous avez besoin de lui, notamment parce que vous touchez une zone où vous devez saisir du texte. Et à l'inverse, sitôt qu'il se sent inutile, il disparaît. Sinon, vous pouvez toujours le masquer en touchant l'icône **Retour** au bas de l'écran, qui devient pour l'occasion ▽.

Au départ, vous serez sans doute surpris par le petit nombre de touches. Mais ne vous fiez pas aux apparences : plein d'autres vous attendent en coulisses, notamment pour la saisie des caractères spéciaux et de symboles, tels que @, ÷ ou ®. Le clavier vous permet même d'ajouter des centaines d'imagettes de toutes sortes, à commencer par des smileys 😉, 🙂 ou 😁. Et dans certaines applications, il fournit des touches spécifiques, telles que `.com` dans le navigateur Chrome pour faciliter la saisie des adresses de pages Web.

Pour éviter un long catalogage indigeste, je vous propose de découvrir les touches dans leur globalité au fil des pages de ce chapitre, par la pratique, et de nous arrêter ici uniquement sur les quelques touches « spéciales » qui vous serviront sans cesse. Cela vous permettra tout de même de vous frotter aux différents claviers !

Clavier principal

❶ **`?123`** ?123 affiche un deuxième type de clavier (présenté dans l'illustration qui suit), dédié à la saisie de caractères spéciaux, comme des parenthèses ( ), le pourcentage et le symbole de l'euro €.

❷ **`Retour arrière`** ⌫ efface le caractère qui précède le point d'insertion.

❸ **`Entrée`** peut jouer différents rôles et possède donc une apparence susceptible de varier selon l'application en cours. Ainsi, elle se présente sous la forme ✓ dans Keep (Notes) où elle valide la saisie en cours, mais devient ↵ dans Docs où elle crée un nouveau paragraphe.

❹ **`Maj`** ⇧ permet de produire des majuscules.

❺ ☺ affiche un troisième type de clavier entièrement dédié à la production de symboles graphiques.

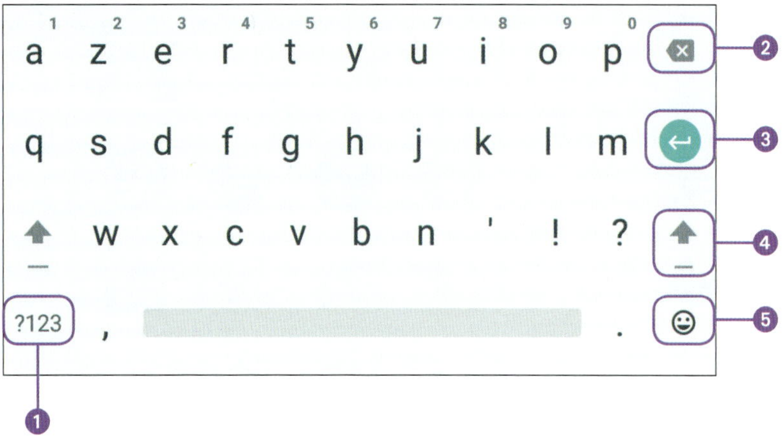

Claviers des caractères spéciaux

En touchant **?123** du clavier principal, vous affichez le clavier suivant.

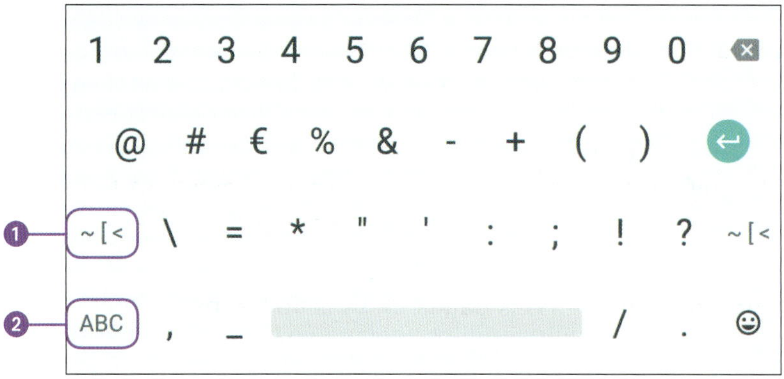

De là, en touchant **~[<** ~[< ❶, vous accédez à un deuxième clavier de caractères spéciaux qui permet notamment d'ajouter des accolades { }, des symboles comme ©, des puces ●, des étoiles ou des cœurs. Et dès que besoin, toucher **?123** vous ramène au premier clavier des caractères spéciaux.

Dans tous les cas, toucher **ABC** ABC ❷ réaffiche le clavier principal.

Claviers des icônes

De même que plusieurs claviers de caractères spéciaux se cachent derrière le clavier principal, beaucoup de claviers d'imagettes sont tapis dans l'ombre. Après avoir affiché le premier en touchant ☺ dans le clavier principal, il suffit de toucher la catégorie d'icônes souhaitée dans la barre gris clair au-dessus. Par exemple, ☺ affiche des smileys, ❀ des animaux ou des fleurs, principalement, et 🚗 des objets de toutes sortes, des bâtiments, *etc.*

Mais après avoir affiché une catégorie, ne vous arrêtez pas aux touches devant vous : balayez-les latéralement pour accéder aux autres icônes de la série ! Et là encore, le moment venu, touchez simplement **ABC** pour retrouver le clavier principal.

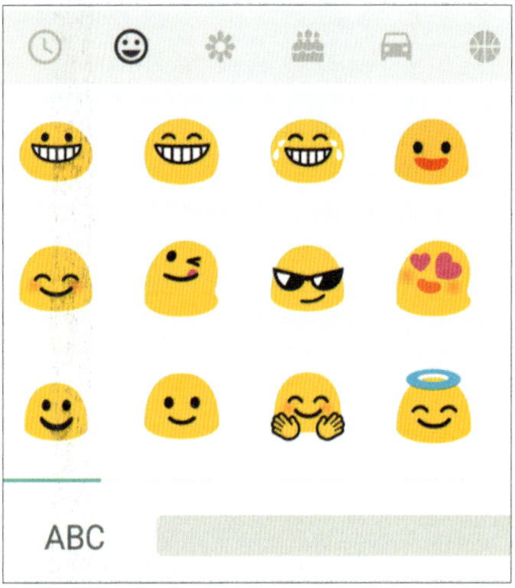

Domptez tous les caractères

Si vous avez exploré un peu les différents claviers présentés à la section précédente, vous restez sans doute un peu sur votre faim, malgré tout. Eh oui, pas la moindre lettre accentuée à l'horizon ! Et comment donc produire ces petits chiffres gris en haut de certaines touches ? Autant de questions (et peut-être d'autres !) que vous ne vous poserez plus après avoir lu cette section.

Pour autant, n'ayez crainte : je ne vais pas vous assommer de techniques, puisqu'il n'y en que trois à connaître pour pouvoir saisir n'importe quels lettres, chiffres, symboles ou autres proposés par le clavier. Et ce, quelle que soit la variante de celui-ci parmi celles découvertes à la section précédente.

Tapez un caractère simple

J'entends par « simple » une **lettre minuscule sans accent**, un **caractère qui figure seul sur sa touche** (comme *!* ou *@*) ou **celui qui est inscrit au centre** d'une touche marquée de deux caractères (comme *a*). Un vrai jeu d'enfants, puisqu'il suffit de toucher le caractère souhaité !

Tapez un caractère majuscule simple

Pas de majuscule sans touche **Maj**, évidemment. Enfin... à une exception près : lorsque le clavier fait sa première apparition dans une application, il affiche généralement déjà uniquement des lettres capitales, car il estime que vous allez commencer votre texte par une majuscule. Logique ! Et il fait de même lorsque vous débutez un nouveau paragraphe en touchant **Entrée**.

Dans les deux cas, vous n'avez donc qu'à toucher la lettre à produire pour qu'elle apparaisse en capitale. Cela étant, si pour une raison ou une autre, vous voulez débuter en minuscule, vous pouvez revenir au clavier « classique » en touchant **Maj**.

Mais revenons à la situation standard : taper une majuscule quand votre clavier n'affiche que des minuscules. Un vrai jeu d'enfants, qui ne vous obligera même pas à monopoliser deux doigts simultanément comme sur un clavier physique !

En effet, pour taper une **lettre majuscule sans accent**, touchez *d'abord* la touche **Maj** ; la petite flèche à la surface de cette dernière devient bleue, et toutes les lettres à la surface des touches apparaissent en capitales : il ne vous reste plus qu'à toucher celle à produire en majuscule.

Sitôt fait, la touche **Maj** redevient grise, et les touches arborent de nouveau des minuscules.

Y a pas plus malin !

Des majuscules, et rien d'autre

Lorsque vous devez taper un mot complet, voire davantage en majuscules, inutile de toucher sans cesse la touche **Maj** pour basculer entre les deux variantes du clavier : verrouillez simplement cette touche en la tapotant deux fois. Le petit trait sous la flèche bleuit également, et toutes les touches affichent des capitales : vous voici en **mode Majuscules** !

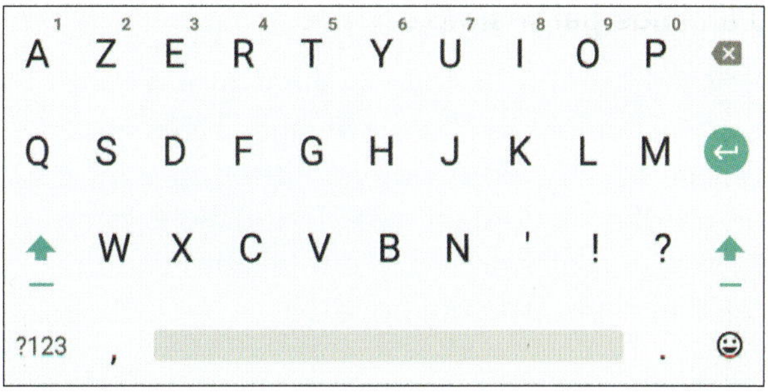

Dès lors, vous n'avez plus qu'à toucher les lettres requises pour produire le texte souhaité. Ce faisant, vous constaterez que même après l'apparition de la première lettre dans votre document, courriel ou autre, le clavier continue d'arborer des majuscules : objectif atteint !

Poursuivez donc votre saisie, et quand vous avez terminé, touchez de nouveau **`Maj`** pour la déverrouiller et désactiver ainsi le mode Majuscules : vous retrouverez alors instantanément le clavier standard.

Y a pas plus clair !

Mode Majuscules

État du clavier dans lequel celui-ci produit uniquement des majuscules, comme si vous touchiez **`Maj`** avant chaque contact avec une autre touche.

Tapez un caractère masqué ou secondaire

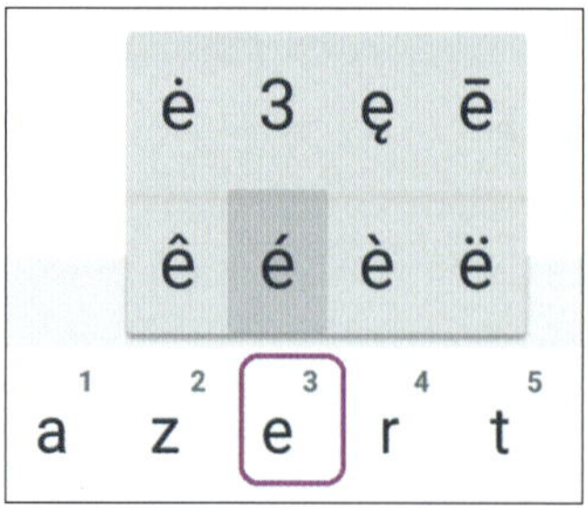

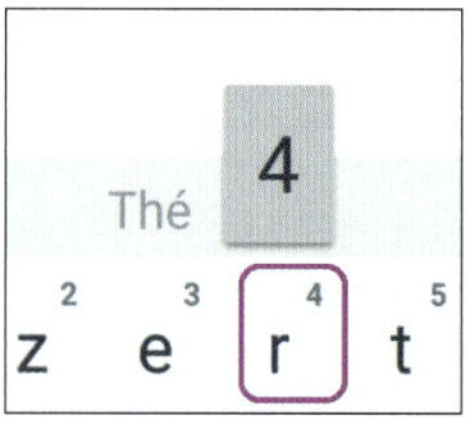

Excellente nouvelle : les **lettres accentuées** (minuscules ou majuscules, telles *à*, *É* ou *ô*), les **lettres spéciales** (comme *œ* ou *ç*) qui attendent en coulisses et les **chiffres** bien en vue dans la partie supérieure de certaines touches s'obtiennent tous de la même manière. En l'occurrence, posez longuement votre doigt sur la touche dont dépend le caractère à produire et, quand une palette avec tous les caractères associés apparaît, faites glisser ce doigt sur la lettre à ajouter ; ensuite, seulement, relevez-le.

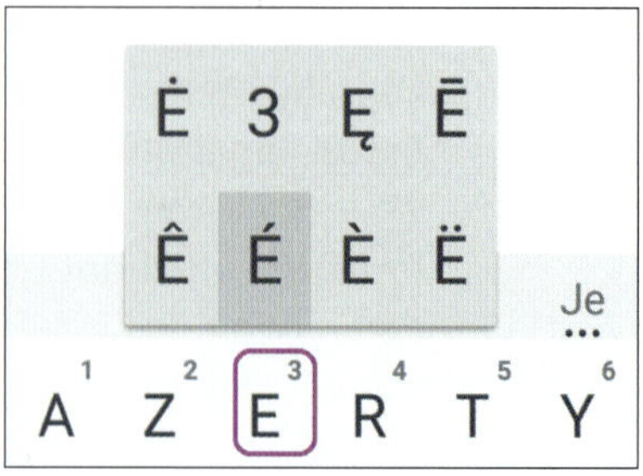

Par exemple, toucher longuement **a** vous permet de produire *â*, **u** de saisir *7*, et **o** d'obtenir *œ*. Et selon le même principe, après avoir touché **`Maj`**, vous pouvez produire *É* ou *Ë* en gardant le contact avec la touche **E** et en faisant glisser votre doigt sur la lettre souhaitée dans la palette qui apparaît.

Mais ce n'est pas tout ! Cette technique fonctionne également avec beaucoup de touches des claviers de caractères spéciaux. Ainsi, toucher longuement € donne accès à d'autres symboles monétaires, comme £, et toucher longuement certains chiffres permet d'ajouter des fractions.

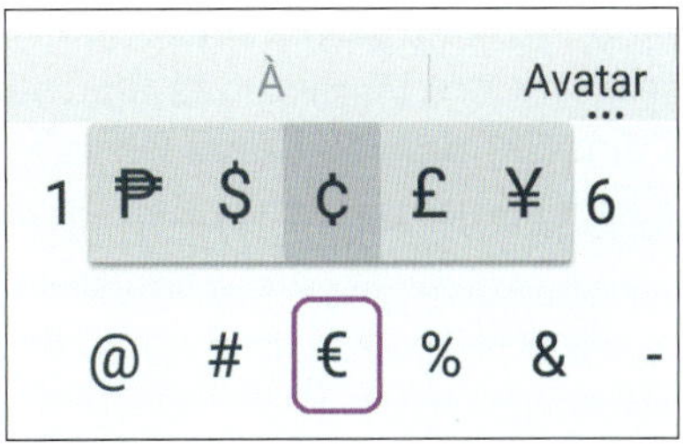

Y a pas plus malin !

Les secrets cachés de la Barre d'espace

Terriblement anodine d'apparence, la **Barre d'espace** au bas du clavier cache vraiment bien son jeu. Car si la toucher brièvement produit, sans surprise, un espace, la tapoter ajoute simultanément le point final d'une phrase et l'espace requis après ce signe de ponctuation : profitez-en !

Tapez l'esprit léger

Maintenant que vous connaissez les différents claviers à votre disposition et les techniques de saisie essentielles, je vous propose de passer à la pratique : rien de mieux pour bien assimiler la théorie !

Et une surprise très agréable vous attend : les **suggestions de saisie**. En effet, en commençant à taper, vous verrez apparaître dans une barre au-dessus du clavier plusieurs mots débutant par les lettres produites. De la sorte, si l'un d'eux correspond à ce que vous aviez en tête, pas besoin de saisir la fin : il suffit de le toucher !

Et si vous ne voyez pas apparaître la bonne suggestion, vous pouvez toujours tenter votre chance dès les tout premiers caractères en touchant longuement l'une des propositions. Cette fois, vous déroulez grand panneau plein d'autres suggestions : avec un peu de chance, l'une d'elles sera la bonne !

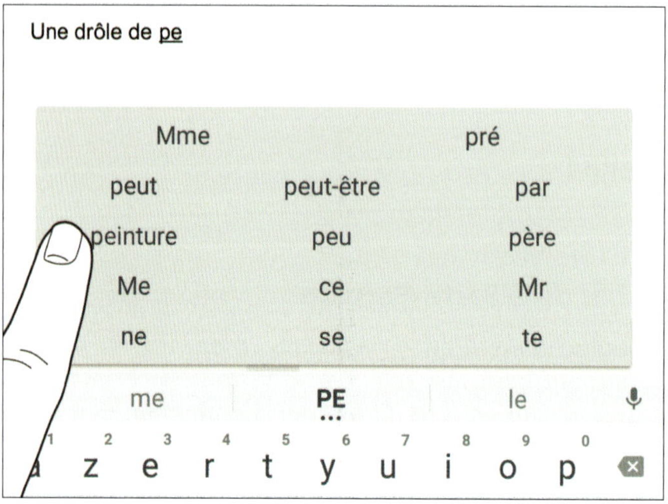

Mieux encore, dès que vous avez terminé un mot, le clavier s'efforce de deviner le suivant et, là aussi, le cas échéant, différentes suggestions apparaissent. Du coup, si l'une d'elles convient, vous n'avez pas le moindre caractère à taper : juste la bonne proposition à toucher. Jamais l'expression « aller au-devant de vos désirs » n'a été aussi vraie !

Y a pas plus pratique !

Créez un document

1. Pour vous entraîner à la saisie dans un cadre idéal, je vous propose de créer un petit document dans l'application Docs. Pour démarrer cette dernière, touchez l'icône **Toutes les applications** au bas de l'écran d'accueil, puis **Docs** dans le panneau des applications.

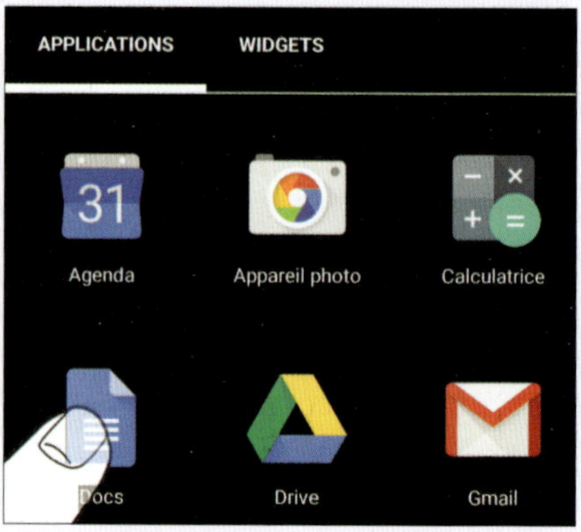

2. La première fois, un écran de bienvenue s'affiche pour vous présenter l'application : sympa, mais puisque nous connaissons déjà notre objectif, allez droit au but en touchant **Ignorer**.

3. L'application Docs apparaît. Si vous avez déjà stocké des documents dans votre cyber espace personnel *Drive* depuis d'autres appareils (vous percerez tous ses secrets au chapitre 9), leur vignette s'affiche immédiatement, et vous pouvez les ouvrir illico presto.

   Mais ce n'est pas à l'ordre du jour : dans l'immédiat, touchez le + en bas à droite. Docs crée aussitôt un nouveau document qui n'attend plus que votre saisie !

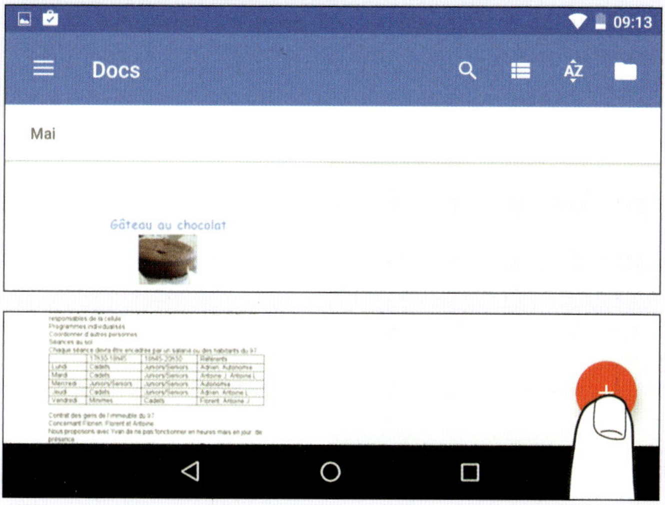

Y a pas plus clair !

Drive

Espace de stockage en ligne mis gratuitement à votre disposition par Google et auquel vous pouvez accéder depuis n'importe quelle machine connectée à l'Internet. Pour en profiter, vous devez juste vous créer un compte Drive lorsque votre tablette vous y invite ou en vous rendant sans attendre sur `http://drive.google.com`.

Y a pas plus pratique !

Tapez un texte

1 À chaque fois que vous créez un nouveau document, le point d'insertion se positionne en haut à gauche, et le clavier prend place au bas de l'écran : tout est prêt pour accueillir votre texte !

D'autant que pour cette première apparition, comme nous l'avons vu à la section précédente, les touches affichent déjà des majuscules. Puisque je vous propose de taper *As-tu déjà dîné à « L'Olivette » ?*, touchez donc directement **A**.

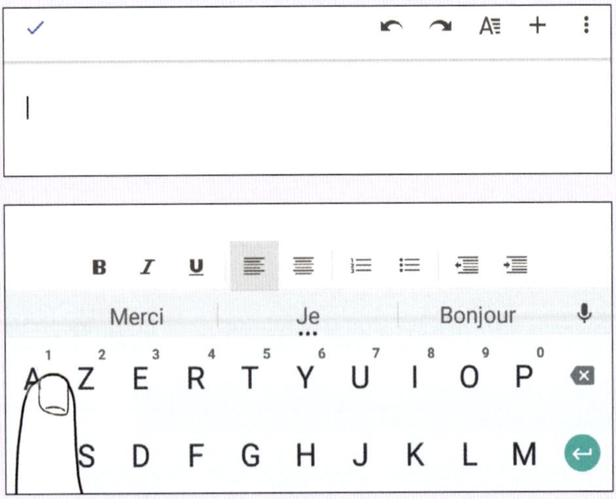

2 *A* apparaît aussitôt dans le document, les touches affichent de nouveau des minuscules, et le clavier vous suggère trois mots commençant par cette lettre dans sa partie supérieure. Comme *As* n'en fait pas partie, poursuivez la saisie en touchant **s**.

3 Premier mot terminé, mais pas de trait d'union à l'horizon. Donc touchez **?123** pour afficher le clavier des caractères spéciaux.

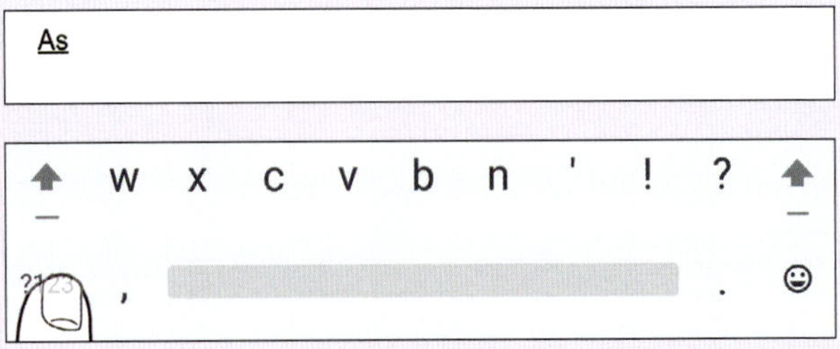

4. Trait d'union en vue ! Touchez-le sans hésiter.

5. Pour poursuivre et ajouter *tu*, vous devez revenir au clavier principal ; donc touchez **ABC**.

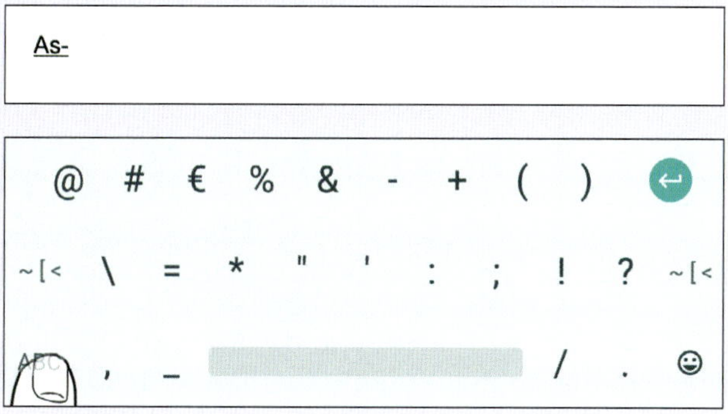

6. Touchez successivement **t** et **u**, la **Barre d'espace** pour ajouter l'espace salutaire avant le prochain mot, et **d** pour commencer celui-ci.

7. Si, par chance, Docs vous propose déjà le mot convoité, touchez-le et passez directement à l'étape 9 ; sinon, touchez longuement **e**, puis **é** dans la palette qui apparaît.

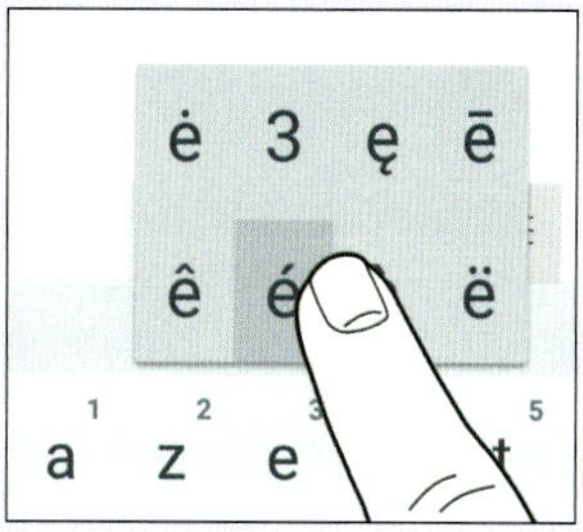

8. Touchez brièvement **j**, puis longuement **a** et brièvement **à** dans la palette qui se dévoile.

9. Votre document affiche désormais *As-tu déjà* : excellent début ! Touchez la **Barre d'espace**, puis **d**.

10. Nouvelle lettre accentuée, mais vous est rôdé, désormais ! Donc touchez longuement **i**, puis brièvement **î** dans la palette qui apparaît.

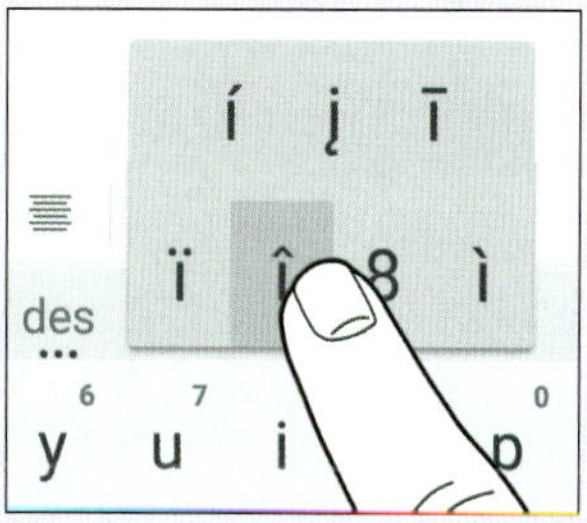

11 En principe, Docs vous propose le *dîné* attendu, donc touchez ce mot.

12 Forcément, un espace s'impose. Donc touchez la **Barre d'espace**.

13 Une seule lettre pour le mot suivant, mais qui se fait un peu désirer : touchez longuement **a**, puis brièvement **à** dans la palette qui s'affiche.

14 Enchaînez en touchant de nouveau la **Barre d'espace**.

15 Une nouveauté : des guillemets ! Comme ils n'ont pas droit de séance dans le clavier principal, touchez une nouvelle fois **?123** pour afficher le clavier des caractères spéciaux.

16 Touchez ".

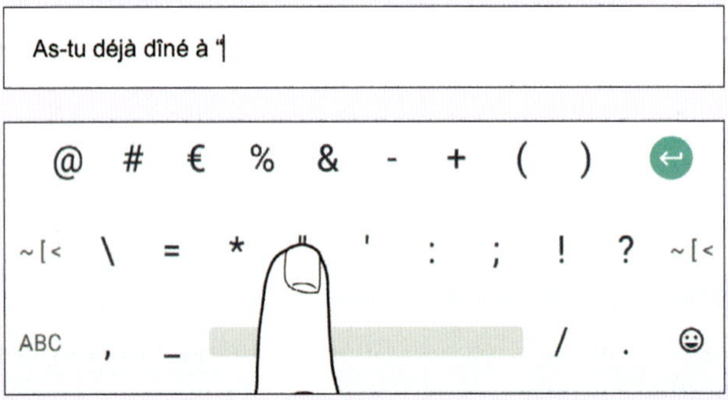

17 Les guillemets s'installent. Il vous faut donc revenir au clavier principal pour retrouver les lettres : touchez juste **ABC**.

18 Tiens tiens, une majuscule... Touchez **Maj**, forcément (sa petite flèche bleuit immédiatement), pour afficher des lettres capitales, puis **L**.

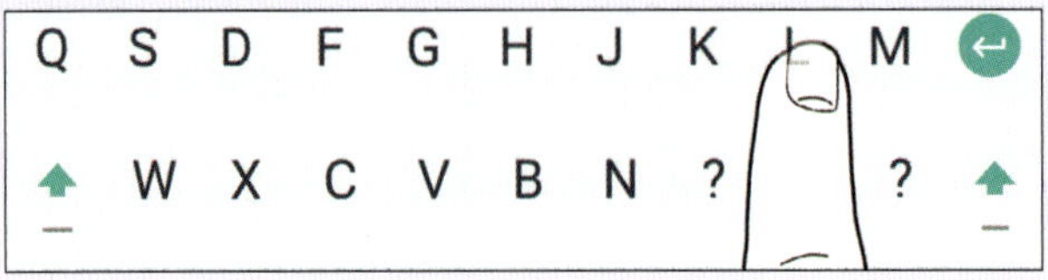

19 Votre document affiche désormais *As-tu déjà dîné à " L* : vous êtes presque au bout ! Mais pour pimenter l'exercice, je vous laisse finir seul cette interrogation. Un petit indice : nous venons de voir ensemble toutes les techniques dont vous aurez besoin.

20 Question terminée ? Bravo ! Mais forcément, elle exige une réponse. Corsons un peu les choses tapant celle-ci sur une nouvelle ligne... Le point d'insertion se trouvant actuellement à la fin de *As-tu déjà dîné à « L'Olivette » ?*, touchez **Entrée** ↵.

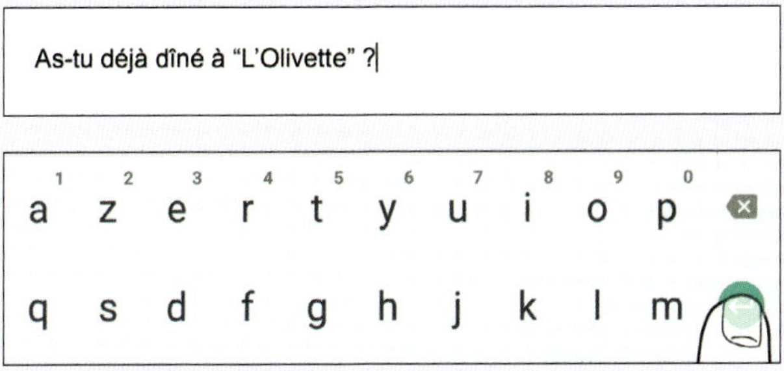

21 Le point d'insertion se déplace au début d'une nouvelle ligne, contre la marge gauche. Parfait ! Notez aussi qu'en toute logique, le clavier bascule temporairement en majuscules.

Juste histoire de vous familiariser aussi avec les nombres, ajoutez maintenant la réponse *2 fois*. Comme le *2* figure sur la touche **z**, touchez longuement celle-ci, puis brièvement le chiffre convoité dans la palette qui apparaît.

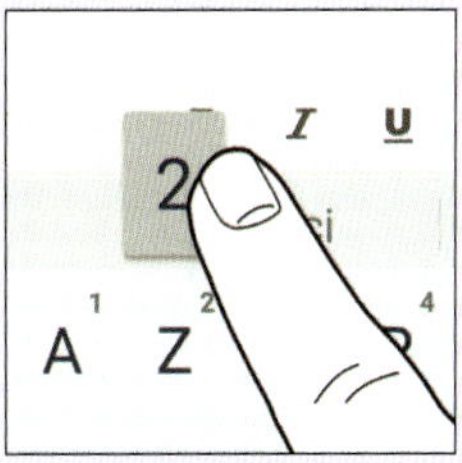

22 Le *2* s'installe : impeccable ! Que de l'ordinaire, ensuite, pour finir cette phrase, donc à vous de jouer ! Touchez successivement la **Barre d'espace**, **f**, **o** et la suggestion **fois** dès qu'elle apparaît. Mission terminée !

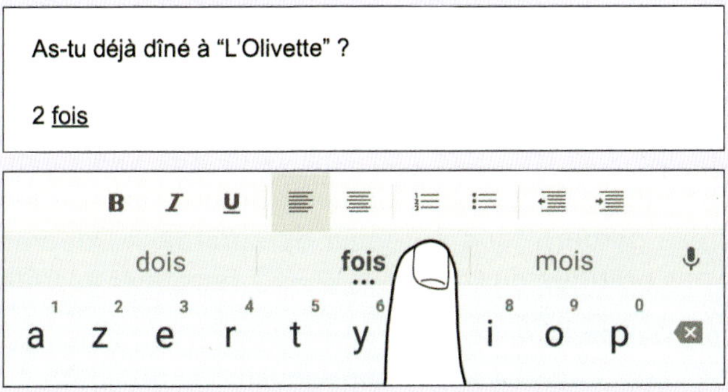

Y a pas plus malin !

Glissez d'une touche à l'autre

Si toucher successivement chaque touche du caractère à produire vous semble contraignant, vous pouvez essayer la **saisie gestuelle**. Son principe est simple : au lieu de relever et poser votre doigt sur l'écran à maintes reprises, vous le faites glisser d'une touche à l'autre et, quand le clavier vous suggère le mot convoité, vous relevez votre doigt.

Y a pas plus pratique !

Enregistrez et fermez un document

1. Même si vous quittez Docs et si vous éteignez votre tablette sans enregistrer votre document, l'application le fait pour vous. Mais ne réjouissez pas trop vite, car cela peut très vite mener à une accumulation de documents sans intérêt (des textes que vous ne vouliez pas garder), tous nommés de surcroît « Document sans titre » : pas pratique du tout pour vous y retrouver ensuite !

Donc après avoir tapé un document à conserver, touchez la coche bleue ✓ dans la partie supérieure gauche de la *fenêtre*.

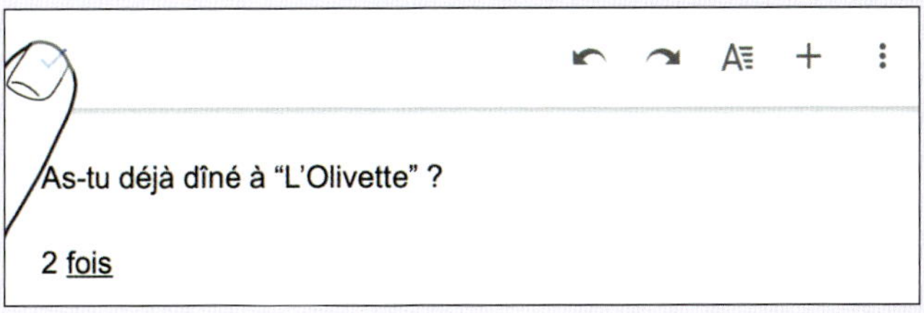

2. Là aussi, sans vous demander votre avis, Docs enregistre votre document sous l’appellation « Document sans titre ». Seulement, comme je vous l’expliquais à l’instant, vous n’aurez aucune chance de retrouver vos petits par la suite si vous conservez cet intitulé on ne peut plus vague. Donc pour donner un nom explicite à votre document, touchez **Document sans titre**, justement.

3. La boîte de dialogue **Renommer le document** s’ouvre, avec l’intitulé « Document sans titre » déjà sélectionné et donc prêt à être remplacé. Puisque le clavier s’est affiché, lui aussi, s’il avait disparu, tapez le nouveau nom souhaité (une occasion de plus de mettre en pratique vos toutes nouvelles compétences en matière de saisie !).

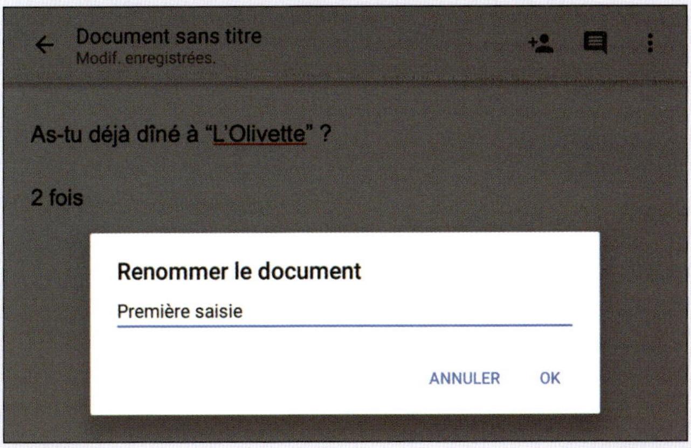

4. Touchez **OK**.

5. Le nouveau nom de votre document apparaît en haut de la fenêtre à la place de « Document sans titre », précédé d’une flèche noire ←. Touchez celle-ci pour fermer votre document.

6 Docs affiche une vignette supplémentaire pour votre document, mais cela ne vous indique nullement où celui-ci est stocké. Car là encore, l'application a décidé seule. En fait, elle a enregistré votre document sur votre *Drive*, conçu exprès pour vos fichiers personnels. Tout va bien, donc !

Néanmoins, je vous recommande fortement de prendre une ultime précaution : rendre votre document disponible même quand vous ne serez pas connecté à l'Internet. Pour cela, touchez les trois points ⋮ dans l'angle inférieur droit de la vignette, puis **Détails**. (Notez que le lieu de stockage est indiqué juste au-dessous du nom de cette commande, et qu'il s'agit bien de Drive.)

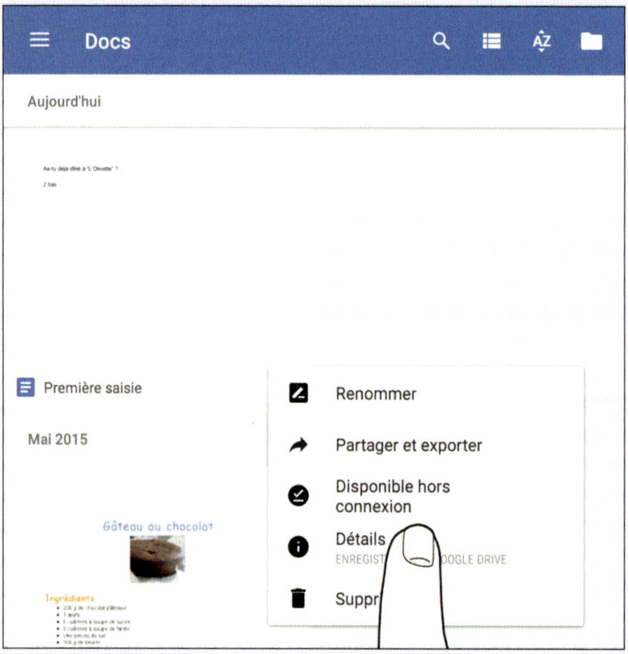

7 Un panneau plein d'informations et de commandes relatives à votre document apparaît : si le curseur **Disponible hors connexion** est grisé, touchez-le pour le bleuir.

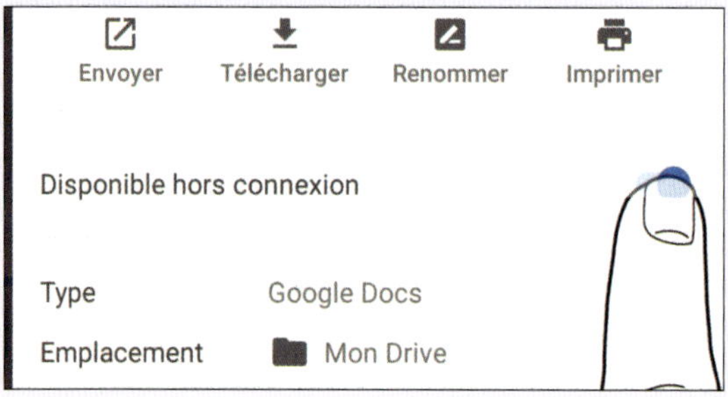

Y a pas plus clair !

Fenêtre

Panneau dans lequel s'affiche une application et qui propose toutes les commandes requises pour agir dans celle-ci.

Visez la perfection

Même en étant très attentif lors de la saisie de vos textes, vous n'êtes jamais à l'abri d'une erreur ou d'un oubli. Et vous pouvez aussi avoir envie de modifier une formulation, par exemple. Heureusement, que vous vouliez supprimer un caractère, changer un mot ou ajouter une phrase, tout est possible ; et bien sûr, ni vu ni connu !

Vous pouvez même échapper aux saisies répétitives pour les textes que vous auriez tapés au mauvais endroit, ou que vous voudriez répéter à plusieurs emplacements : il suffit de les déplacer ou de les copier. Belle aubaine quand on connaît la gymnastique que réclame la saisie sur tablette !

Y a pas plus malin !

Un vérificateur d'orthographe toujours aux aguets

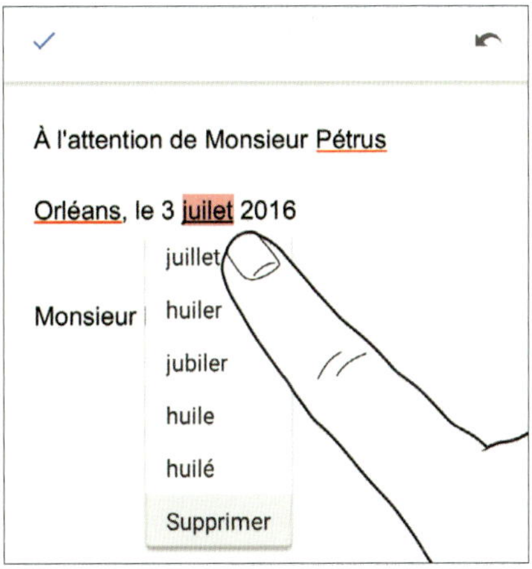

Même si vous ne trouverez nulle part de commande « Vérifier l'orthographe », le clavier tactile vous aide à éviter un maximum de fautes en corrigeant automatiquement certains mots qu'il détecte comme erronés. Par exemple, si vous tapez « bojour », il transforme automatiquement votre saisie en « bonjour ». Génial !

L'application Docs va même encore plus loin en soulignant en rouge des mots qu'elle estime mal orthographiés, mais qu'elle ne rectifie pas d'elle-même. Vous pouvez alors les toucher, puis la proposition correcte dans la liste qui se déroule. Impeccable !

Y a pas plus pratique !

Ouvrez un document

1 Qu'il s'agisse de relire ou rectifier le texte d'un document existant, vous aurez besoin de rouvrir celui-ci s'il n'est plus affiché. Rien de plus facile, puisqu'il suffit de toucher sa vignette dans la fenêtre de Docs et que celle-ci a classé vos documents inversement à l'ordre chronologique !

Si, toutefois, vous travaillez actuellement dans un autre document, fermez d'abord ce dernier en touchant la flèche ← devant son nom.

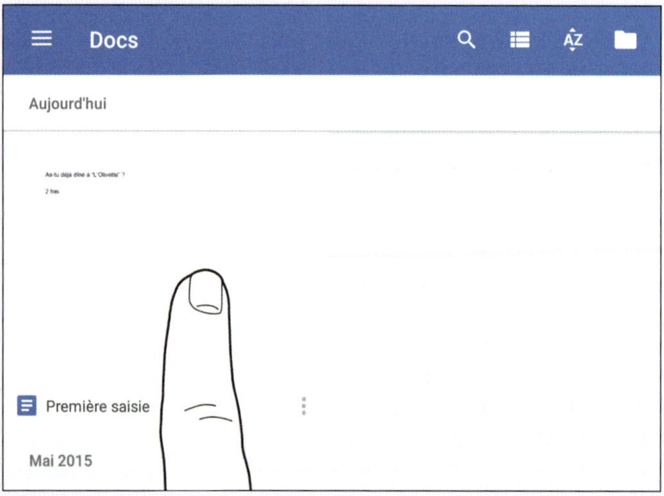

2 Votre document s'ouvre. Si vous voulez le modifier, touchez l'icône de crayon en bas à droite.

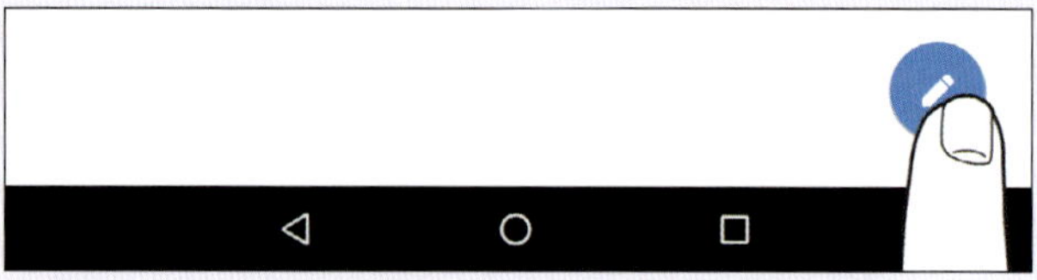

Y a pas plus pratique !

Sélectionnez du texte

1. Sélectionner du texte permet de gagner en efficacité dans certaines tâches, telles que la suppression de plusieurs mots, et se révèle indispensable pour d'autres, comme le déplacement d'une phrase. Que vous vouliez sélectionner un seul mot, plusieurs ou juste quelques caractères, commencez par tapoter deux fois dans le mot concerné ou l'un de ceux à sélectionner.

2. Le mot tapoté apparaît en surbrillance (comme surligné), avec au-dessous de lui, deux symboles et , et une barre de commandes. Si vous vouliez sélectionner juste ce mot, votre objectif est atteint : vous êtes quitte ! Sinon...

- si vous ne souhaitez sélectionner que certains caractères ou, contraire, davantage de texte, ajustez la sélection en faisant glisser l'un et/ou l'autre des symboles ;
- si vous voulez sélectionner l'ensemble du texte du document, du courriel ou autre, touchez **Tout sélectionner**.

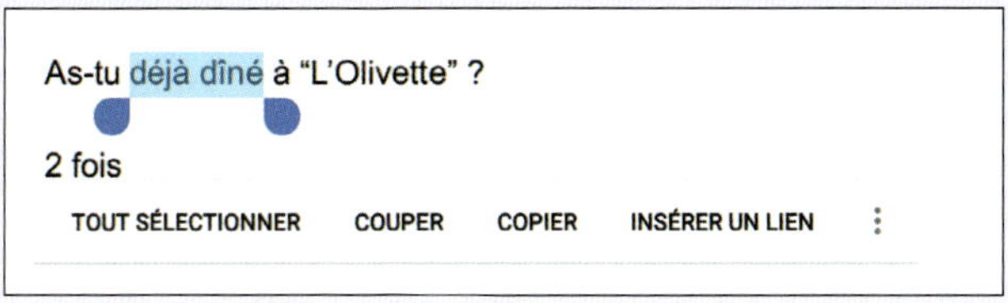

Y a pas plus pratique !

Ajoutez du texte

1. Touchez l'endroit où vous voulez ajouter du texte.

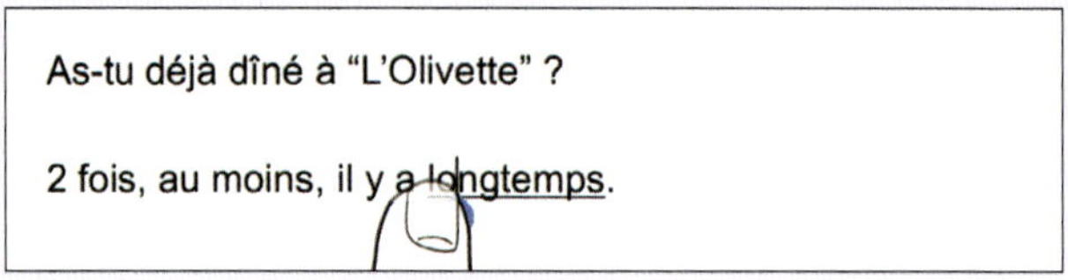

2. Si le point d'insertion se positionne exactement à l'endroit souhaité, vous êtes un grand veinard ! Passez alors directement à l'étape 3.

Sinon, faites glisser le symbole à l'emplacement de la modification. Un petit conseil, alors : comme il est très difficile de viser juste et d'« attraper » ce symbole rikiki, n'hésitez pas à agrandir l'affichage en écartant vos doigts sur l'écran, à positionner le point d'insertion au bon endroit, puis à réduire de nouveau l'affichage en pinçant l'écran.

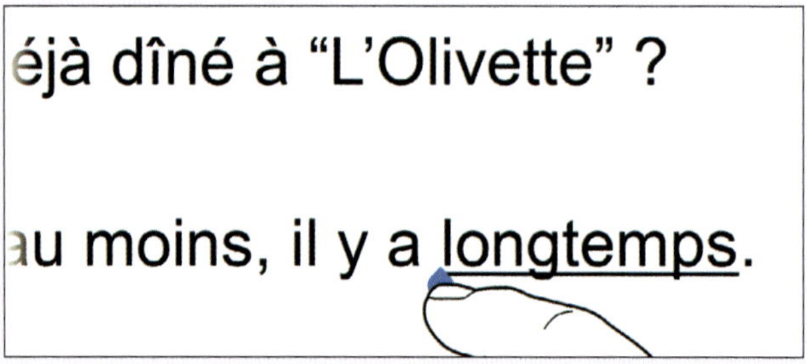

3. Tapez le texte à ajouter : celui qui était en place se décale vers la droite et/ou le bas pour lui laisser la place nécessaire.

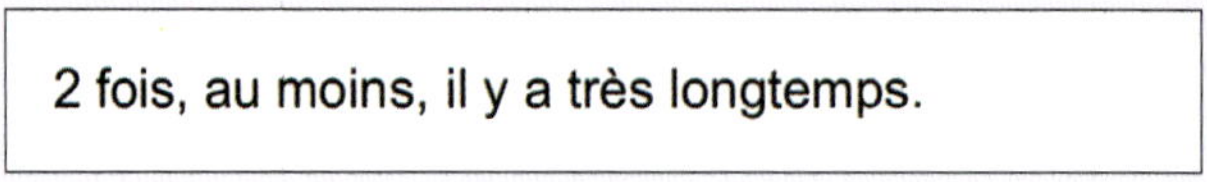

Y a pas plus pratique !

Supprimez du texte

1. Mise en application immédiate des techniques vues à l'instant...
   - Si vous voulez juste effacer quelques caractères, voire un seul, placez le point d'insertion juste après eux.
   - Si vous souhaitez supprimer au moins un mot, sélectionnez-le(s).

2. Touchez **`Retour arrière`** autant de fois que nécessaires pour supprimer le texte en trop. Le texte restant se décale vers la gauche et/ou le haut pour combler le vide.

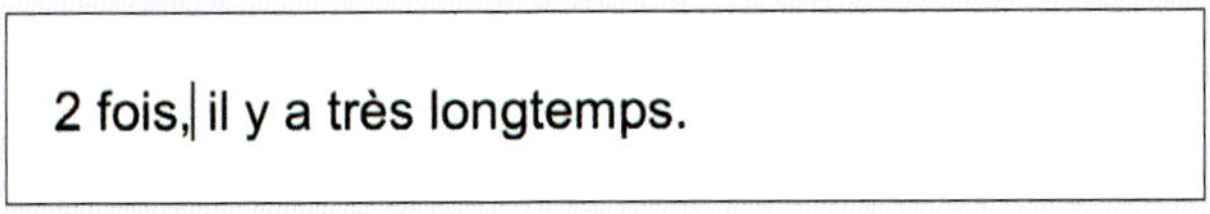

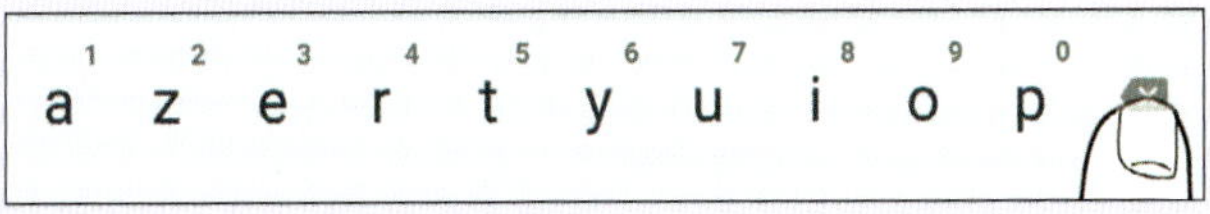

Y a pas plus malin !

Changez la casse... sans faire de casse

La touche **`Maj`** est décidément pleine de ressources, puisqu'elle peut même agir sur un texte existant ! En effet, si vous avez oublié de mettre en capitale l'initiale d'un nom propre ou si vous regrettez d'avoir inscrit un mot tout en majuscules, vous pouvez retrouver la *casse* souhaitée sans effacer ni retaper quoi que ce soit.

Sélectionnez le(s) mot(s) concerné(s), puis touchez **Maj** autant de fois que nécessaires pour obtenir le mode d'inscription souhaité : vous basculez successivement d'un texte tout en minuscules à la mise en capitale de l'initiale de tous les mots sélectionnés, puis à la mise en majuscules intégrale, pour revenir finalement à un texte exclusivement en minuscules, et ainsi de suite.

Y a pas plus clair !

Casse

Combinaison majuscules / minuscules d'un texte.

Y a pas plus pratique !

Déplacez ou copiez du texte

1. Deux techniques idéales quand vous avez ajouté un ou plusieurs mots au mauvais endroit, ou que vous voulez le(s) réutiliser à un autre emplacement (par exemple si vous citez plusieurs fois le nom d'une entreprise ou d'un site Web) ! Dans les deux cas, commencez par sélectionner le texte concerné.

2. Dans le mini panneau au-dessous de la sélection, touchez **Couper** ou **Copier**, selon que vous voulez déplacer ou dupliquer le texte.

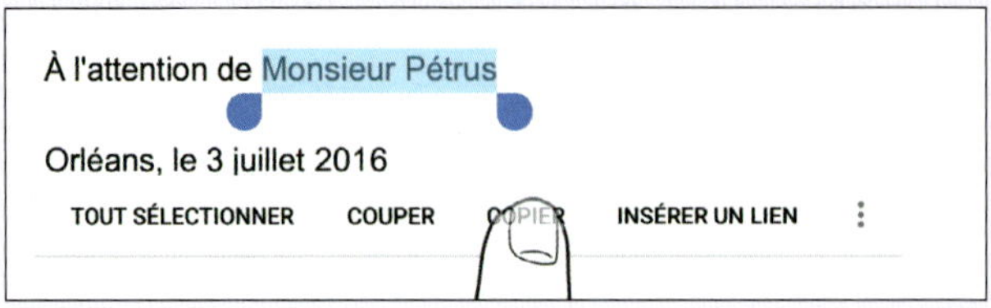

3. Un bandeau gris en haut du document vous indique le texte a bien été coupé ou copié. Chouette ! Touchez donc là où placer ce texte.

4. Touchez **Coller** dans le mini panneau. Le texte de l'étape 1 s'affiche au nouvel endroit ; si vous l'avez déplacé, sa version originale disparaît de son emplacement initial.

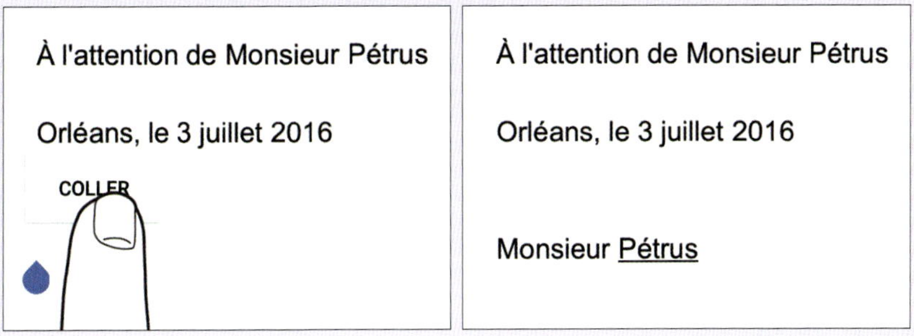

Parlez au lieu de taper

Votre tablette se met vraiment en quatre pour compenser ses faiblesses. En l'occurrence, pour vous épargner des saisies fastidieuses, elle vous propose de retranscrire en texte dactylographié ce que vous voudrez bien lui dicter. Génial ! Veillez simplement à être connecté à l'Internet pour profiter de cette fonctionnalité extraordinaire.

Y a pas plus pratique !

Dictez un texte

1. Dans votre document, note, courriel ou autre, touchez là où vous voulez ajouter votre texte.

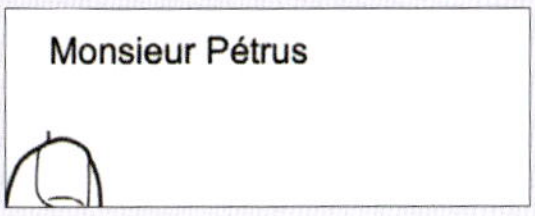

2. À la fin de la barre grise au-dessus du clavier, touchez l'icône de micro.

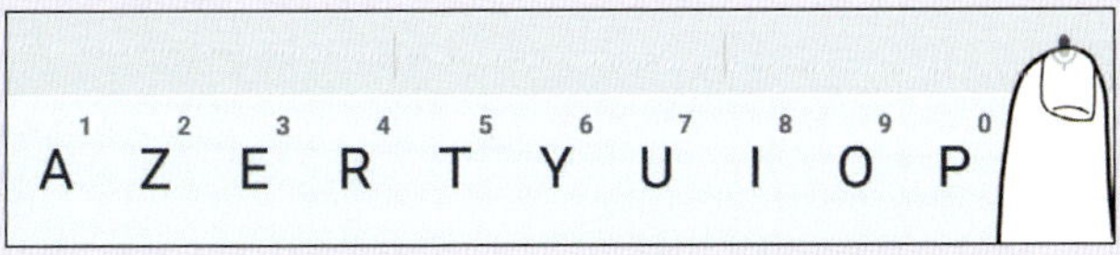

3 Un message au bas de l'écran vous invite à parler : approchez votre bouche du micro situé sur le bord inférieur ou droit de votre tablette, selon que vous tenez celle-ci à la verticale ou à l'horizontale, et commencez à prononcer distinctement et doucement votre texte pour laisser au clavier le temps de l'interpréter.

4 Après avoir dit quelques mots, interrompez-vous un bref instant pour que le clavier les retranscrive, puis reprenez la dictée, et ainsi de suite. Il est possible d'ajouter des signes de ponctuation en les disant, simplement, comme « virgule », et de commencer une nouvelle ligne en prononçant « Nouveau paragraphe ».

Vous pouvez aussi à tout moment marquer une pause en touchant l'icône de micro bleue, puis toucher l'icône qui a blanchi quand vous voulez reprendre la dictée. D'ailleurs, vous devez également la toucher si vous vous restez silencieux trop longtemps entre deux paroles.

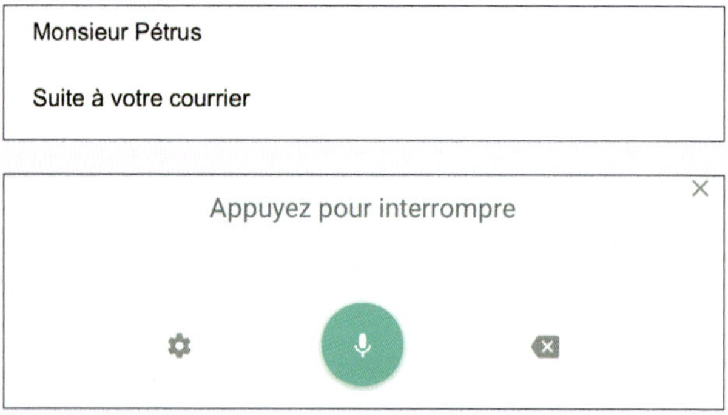

5 En cas d'erreur de retranscription, vous pouvez apporter quelques corrections sans repasser par le clavier.

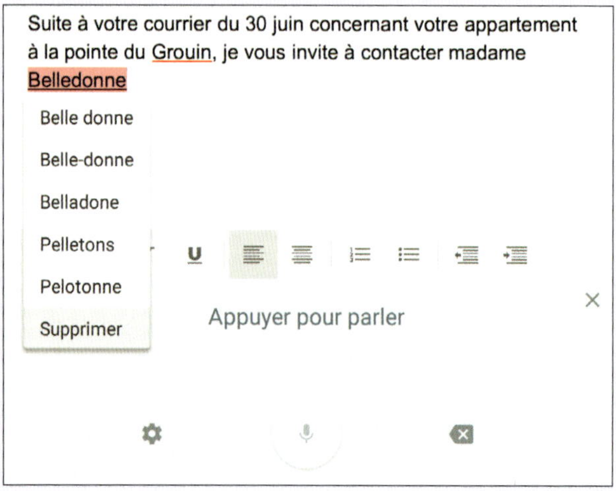

- Pour effacer du texte, touchez après le(s) caractère(s) en trop ou sélectionnez le(s) mot(s) concerné(s), puis touchez **Retour arrière** .
- Pour corriger un mot complet, souligné en rouge, touchez-le et voyez ce qu'affiche le menu qui se déroule : si la proposition correcte y figure, touchez-la ; sinon, touchez **Supprimer** et recommencez la dictée.

6 Après avoir terminé, touchez l'icône pour mettre fin à la dictée.

7 Si quelques corrections ou modifications s'imposent, revenez au clavier en touchant son icône dans la barre noire au bas de l'écran, puis **français** dans la boîte de dialogue **Changer de clavier**.

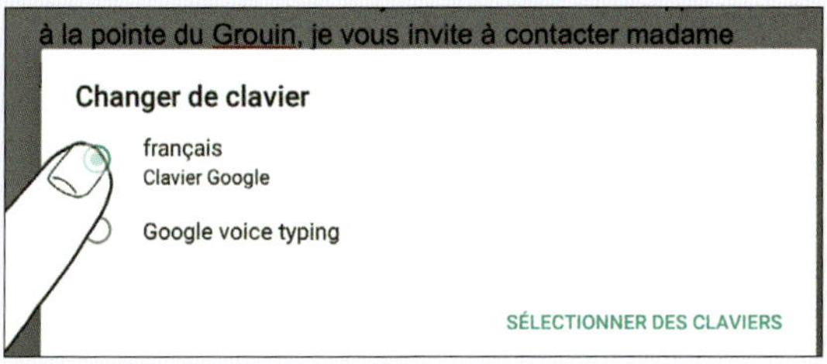

Devenez polyglotte

Si vous êtes souvent amené à produire des textes en anglais, allemand ou espagnol, par exemple, parce que vous avez des amis étrangers, vous pouvez intégrer ces langues au clavier et à la dictée vocale. Ainsi, le premier vous proposera les touches adaptées s'il y a lieu, et tous deux se référeront à un dictionnaire dans la bonne langue pour les suggestions de saisie, la retranscription de vos paroles et le contrôle d'orthographe.

Y a pas plus pratique !

Ajoutez des langues au clavier et à la dictée vocale

1 Comme souvent lorsqu'il s'agit de réglages, tout se passe dans le panneau **Paramètres**. Pour l'ouvrir, donc, touchez l'icône **Toutes les applications** au bas de l'écran d'accueil, puis l'icône **Paramètres** au milieu de toutes celles des applications.

2. Le panneau **Paramètres** s'affiche : dans sa section **Personnel**, touchez **Langue et saisie**.

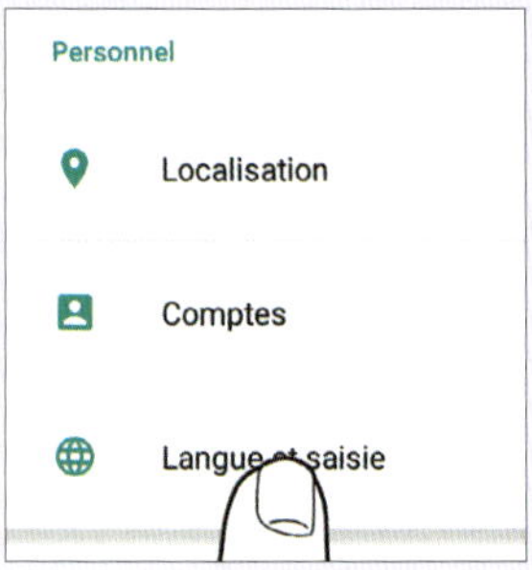

3. À la rubrique **Clavier et modes de saisie** du panneau **Langue et saisie**, touchez **Clavier Google.**

4. Le panneau **Paramètres du clavier Google** s'affiche : touchez **Langues**.

5. Tout en haut du panneau **Langues**, touchez le curseur **Utiliser la langue du système** pour désactiver cette option (le curseur devient).

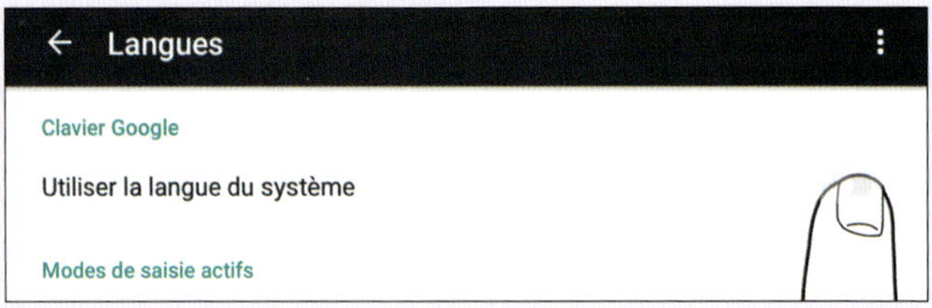

6. Touchez le curseur de chaque langue à ajouter au clavier (cette fois, il devient !).

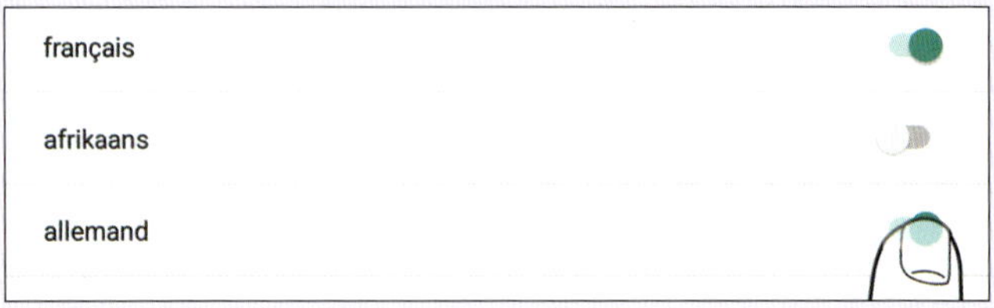

7 Vous disposez désormais d'un clavier multilingue. La preuve : si vous l'affichez dans une application comme Docs ou Gmail, la **Barre d'espace** arbore maintenant le nom d'une langue en toutes lettres.

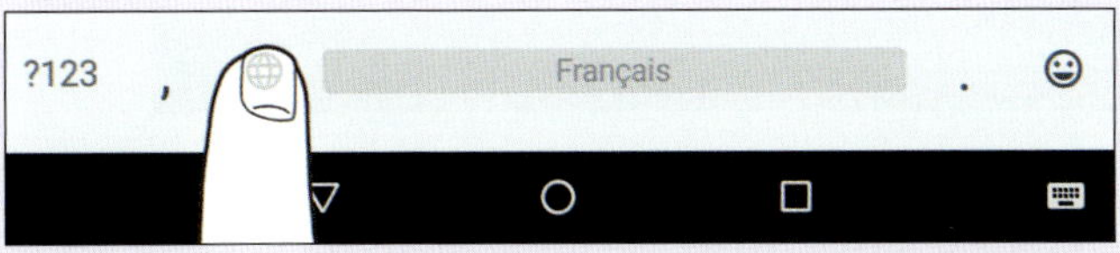

L'icône qui la précède vous permet alors d'activer la langue dans laquelle vous voulez taper de deux manières : touchez-la brièvement autant de fois que nécessaires, ou touchez-la longuement, puis brièvement la langue convoitée dans la boîte de dialogue **Changer de clavier**.

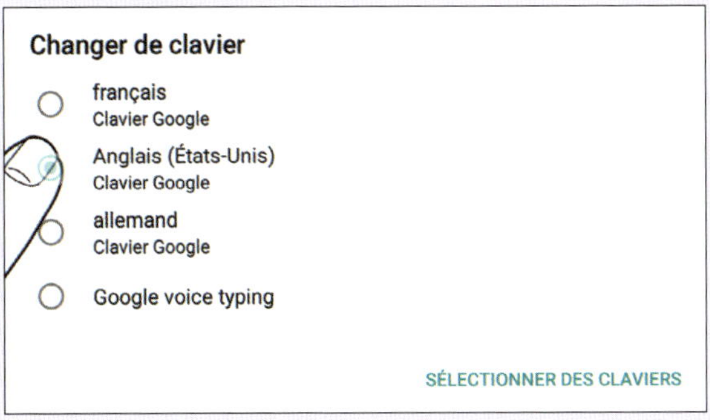

Concernant la dictée vocale, en revanche, vous n'avez rien à faire de plus qu'à parler, comme d'habitude : Google se charge, seul, d'identifier la langue dans laquelle vous vous exprimez, et il adapte alors sa retranscription en conséquence : quel homme !

Y a pas plus malin !

Offrez-vous le clavier idéal

Outre ces aspects linguistiques, le panneau **Paramètres** propose de nombreuses options pour ajuster le fonctionnement du clavier et des suggestions de saisie, notamment. Pour y accéder, répétez les étapes 1 à 3 du « Y a pas plus pratique ! » précédent. Ensuite, explorez !

Par exemple, **Préférences** vous permet d'activer ce fonctionnement particulier de la **`Barre d'espace`** qui insère un point suivi d'un espace quand vous la tapotez deux fois, tandis qu'à la rubrique **Correction du texte**, vous pouvez notamment demander la suggestion des mots suivants lors de votre saisie.

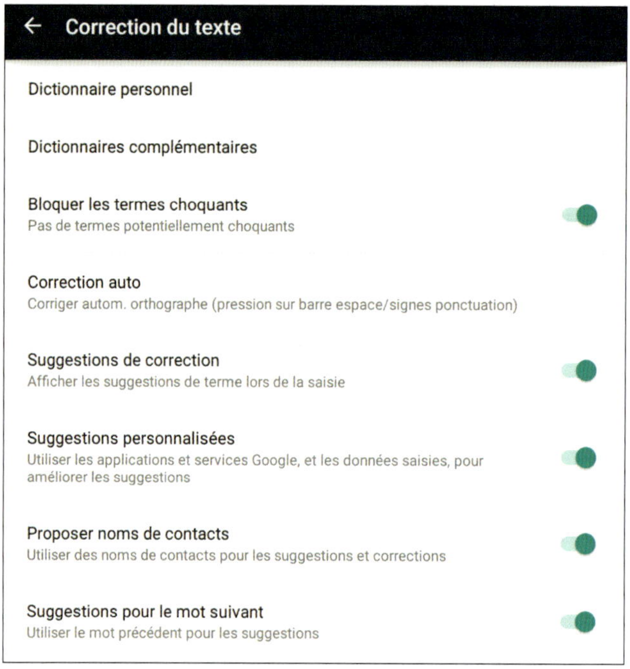

Chapitre 5

De l'action grâce aux applications

N'espérez pas envoyer un courriel, retoucher une photo, lire un roman numérique ou visionner votre dernière vidéo sans une application ! Car ces programmes sont le passage obligé pour obtenir du concret de votre tablette, les acteurs principaux de vos activités.

Par chance, malgré leurs nombreuses spécificités, ils fonctionnent tous selon le même principe et comportent des éléments en commun. Ce sont toutes ces similitudes que vous découvrirez dans ce chapitre et qui vous permettront ensuite de voler de vos propres ailes dans n'importe quelle application.

- Ouvrez et fermez une application
- Basculez entre des applications ouvertes
- Exécutez des commandes dans une application
- Utilisez des widgets

Entrée en scène des applications

Que vous vouliez accomplir une tâche sérieuse ou divertissante (création d'un document, consignation d'un rendez-vous, visionnage d'une vidéo, ou autre), vous devez forcément solliciter une application. C'est pourquoi votre tablette en inclut déjà un grand nombre.

Ainsi, vous pourrez attaquer bille en tête et pratiquer vos activités favorites (Internet, courriels, multimédia, et que sais-je) sans devoir au préalable courir les magasins ni explorer de sites marchands. Par exemple, *Chrome* vous emmènera sur l'Internet, *Play Films* vous donnera l'occasion de regarder des bandes-annonces et d'acquérir des longs-métrages, et *Hangouts* vous permettra de communiquer avec vos amis aussi bien par écrit qu'oralement.

Vous découvrirez bon nombre d'entre elles au fil de ce livre ; et au chapitre 12, vous apprendrez même à en obtenir de nouvelles ! Mais pour l'instant, nous nous en tiendrons aux tâches génériques et essentielles qui vous permettront d'accomplir les gestes de base avec n'importe quelle application, même totalement inconnue.

Y a pas plus pratique !

Démarrez et fermez une application

1. Comme beaucoup d'applications ne vous livrent leur contenu que si vous êtes relié à l'Internet, surtout lors de leur premier démarrage, veillez bien à établir votre connexion avant de suivre cette procédure.

   - Si l'application convoitée possède son icône dans la barre des favoris au bas de l'écran d'accueil, touchez-la et passez directement à l'étape 3.
   - Sinon, touchez l'icône **Toutes les applications** au milieu de cette même barre et poursuivez à l'étape 2.

2 Le deuxième volet de l'écran d'accueil apparaît, débordant de nouvelles icônes d'applications : touchez celle de l'application à démarrer.

Par la suite, et notamment lorsque vous aurez installé de nouvelles applications, l'écran d'accueil devra s'enrichir d'un second panneau pour accueillir les icônes supplémentaires. Pour passer de l'un à l'autre, il vous suffira alors d'effectuer un balayage latéral.

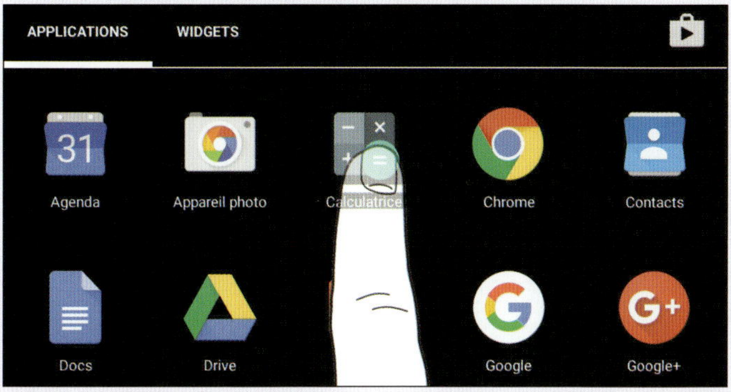

3 L'application s'ouvre dans une fenêtre qui s'accapare tout l'écran. En effet, impossible d'en afficher deux côte à côte ! En revanche, vous pouvez en garder plusieurs ouvertes simultanément et basculer entre elles facilement, comme vous l'apprendrez dans un instant. Ouf !

Cela étant, pour ne pas épuiser la batterie de votre tablette, prenez l'habitude de fermer systématiquement les applications que vous n'utilisez plus ; sinon, vous les retrouvez ouvertes même après avoir éteint et rallumé votre machine. Mais comment faire, puisque leur fenêtre ne comporte aucun bouton ni aucune commande de fermeture ? C'est simple : touchez l'icône **Applications récentes** au bas de l'écran.

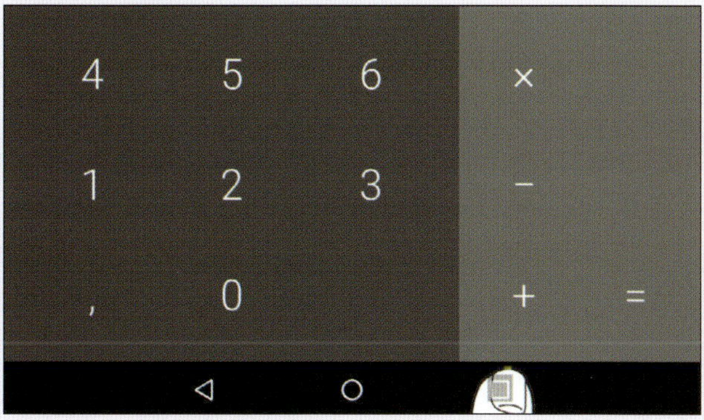

4 L'application apparaît dans une fenêtre réduite, avec cette fois une croix de fermeture dans son angle supérieur droit. Certes, vous pouvez toucher cette icône pour fermer l'application, mais il existe une technique beaucoup plus fun : faites glisser la fenêtre réduite vers un côté de l'écran, hors de celui-ci.

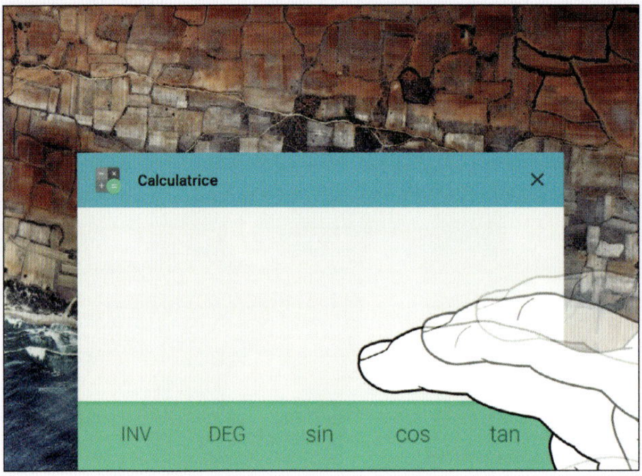

Y a pas plus malin !

Profitez d'applications toujours au top

Comme je vous l'expliquais au chapitre 2, Google apporte régulièrement des mises à jour à Android. Il y a donc fort à parier qu'à plusieurs reprises, quand vous tenterez d'ouvrir une application, vous arrivez directement sur le Google Play (magasin en ligne de Google, souvenez-vous), face à un écran vous proposant de mettre à jour ou d'ouvrir l'application : touchez alors sans hésiter **Mise à jour**, patientez le temps que votre tablette télécharge et installe cette précieuse mise à jour, puis touchez **Ouvrir**.

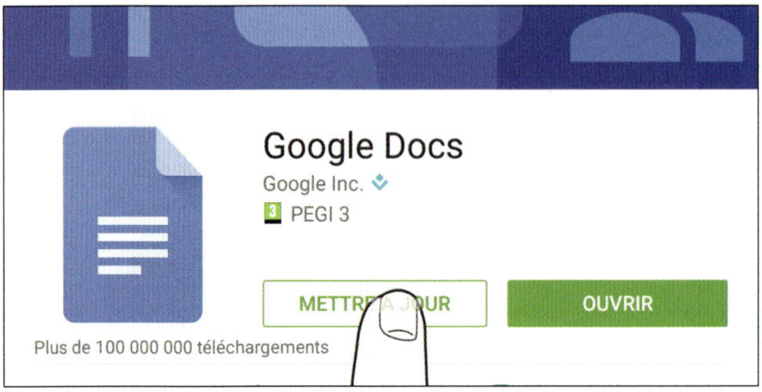

Y a pas plus pratique !

Basculez entre des applications ouvertes

1. Puisqu'Android peut gérer plusieurs applications ouvertes à la fois, profitez-en pour éviter de sans cesse fermer et redémarrer celles dont vous vous servez souvent (sans abuser, tout de même, pour ne pas trop solliciter la batterie !). Pour passer d'une application ouverte à l'autre, donc, touchez l'icône **Applications récentes** ◼ au bas de l'écran.

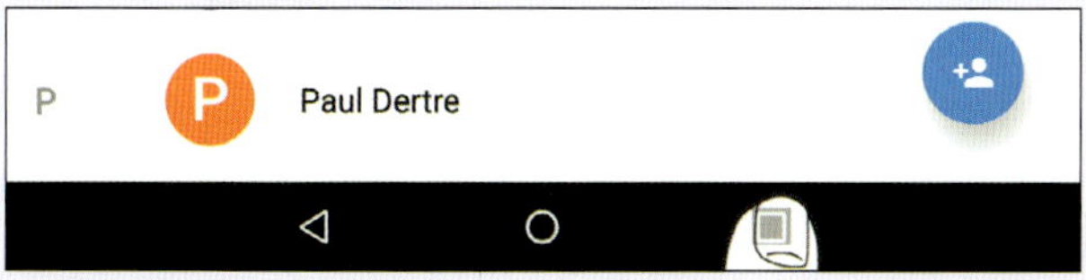

2. Toutes les applications ouvertes apparaissent dans des fenêtres réduites, partiellement superposées (cela devrait vous rappeler quelque chose...) : touchez juste celle de l'application à laquelle vous voulez accéder, et sa fenêtre investira tout l'écran !

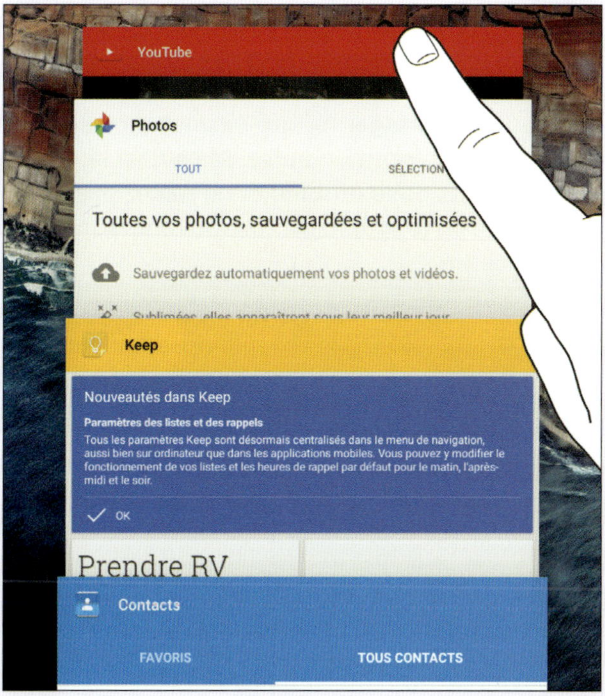

Les applications reines de l'action

Chaque application étant dédiée à un type d'activité spécifique, chacune possède une fenêtre avec un contenu différent. Logique : vous n'avez pas besoin des mêmes outils et commandes pour envoyer un courriel que pour regarder une vidéo, par exemple ! Néanmoins, il existe entre toutes des similitudes qui vous permettront à chaque fois de trouver facilement vos marques.

Ainsi, de nombreuses fenêtres d'applications arborent dans leur partie supérieure une **barre de commandes** avec quelques icônes qu'il suffit de toucher pour exécuter des commandes essentielles de l'application. Par exemple, lorsque vous ouvrez Docs, cette barre propose, entre autres, une icône pour rechercher un document égaré, et une icône pour changer l'affichage.

Y a pas plus malin !

Percez les icônes à jour

Au bout de quelques temps, vous connaîtrez par cœur les icônes récurrentes, comme **Partager** qui permet de transmettre un élément par courriel, Bluetooth ou autre. Mais d'ici là, ou après, si une icône ponctuelle vous pose problème, ne restez pas face à vos interrogations : touchez-la longuement, et souvent, son nom apparaîtra dans un petit encadré.

Outre les icônes dédiées à une commande spécifique, deux sont presque toujours présentes, à chaque extrémité de la barre de commandes.

- Tout au début, juste devant le nom de l'application : une **icône de trois tirets superposés** ≡. La toucher déroule un menu d'options générales, qui permettent, le plus souvent, de naviguer entre des lieux de stockage ou des services. Pour la petite histoire, vous pouvez aussi afficher ce menu en balayant l'écran depuis son bord gauche vers la droite.

Seulement, ne vous laissez pas surprendre : après que vous avez ouvert un élément au sein de l'application (comme un cliché dans Photos ou une note dans Keep), cette icône ≡ se transforme en flèche orientée vers la gauche ← : toucher celle-ci permet alors de fermer l'élément en cours et/ou de revenir à l'écran affiché juste avant.

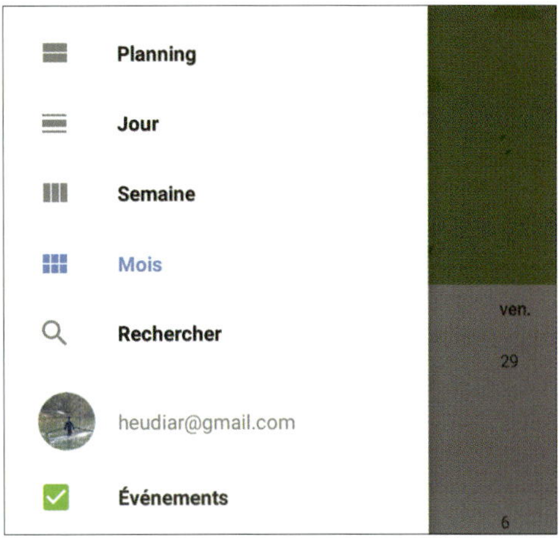

- Tout à la fin, cette fois : une **icône constituée de trois points superposés** ⋮. La toucher donne accès à des commandes qui portent presque toujours sur le contenu de la fenêtre et qui, souvent, affichent un message, une boîte de dialogue ou un petit panneau plein d'options pour vous demander des informations complémentaires. Mais presque toujours, vous n'aurez qu'à toucher ces options pour les sélectionner ou les désactiver.

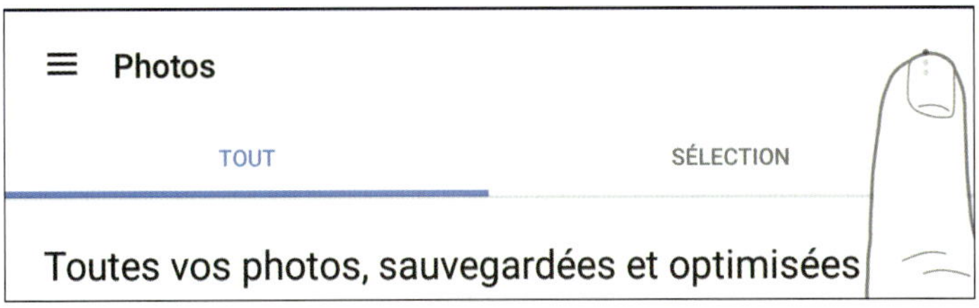

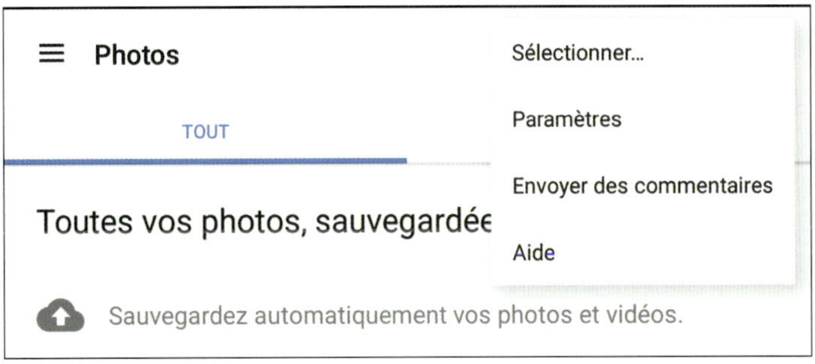

Y a pas plus malin !

Retour à la case départ

Quelle que soit l'application ouverte et les commandes qu'elle vous propose, n'oubliez jamais l'icône **Retour** ◁ au bas de l'écran. Car elle vous permet presque toujours de faire marche arrière, soit en vous ramenant à l'étape précédente, voire plusieurs directement, soit en masquant, ni vu ni connu, un panneau, un menu ou une boîte de dialogue où vous ne voulez finalement plus agir.

Par exemple, toucher ◁ dans l'application Photos alors que vous venez d'afficher un cliché ou même d'en visionner plusieurs vous ramène à l'écran d'accueil principal. Un précieux raccourci et filet de secours, donc !

Les widgets : des mini applications qui font le maximum

Bien qu'ils riment avec « gadgets », les widgets ne sont pas si accessoires qu'ils en ont l'air. En effet, sans la moindre intervention de votre part, ils vous livrent un contenu utile et souvent informatif (comme la météo, l'heure ou les cotations boursières), qui est de surcroît actualisé automatiquement en permanence.

Avec un super bonus pour la plupart d'entre eux : en les touchant, vous accédez à des informations complémentaires, plus détaillées. Par exemple, toucher un courriel dans le widget *Gmail* affiche le contenu du message dans l'application de messagerie, tandis que toucher un rendez-vous dans le widget *Agenda* démarre cette application et affiche les détails de ce rendez-vous.

Au départ, l'écran d'accueil ne comporte qu'un seul widget dans sa moitié supérieure, Ma bibliothèque, pour accéder à vos fichiers, notamment multimédias. Mais votre tablette en prévoit plein d'autres, que vous pouvez très facilement ajouter à cet écran. Pour ne pas passer à côté d'un précieux outil de renseignement et d'action, donc, je vous conseille d'explorer dès maintenant la liste des widgets disponibles et, si certains vous intéressent particulièrement, de les inviter dans la foulée sur l'écran d'accueil.

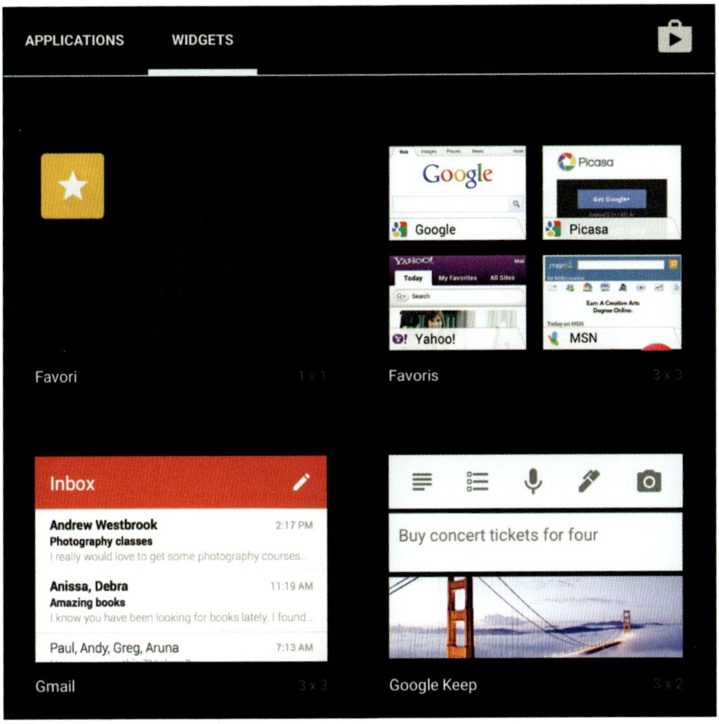

Y a pas plus pratique !

Ajoutez des widgets sur l'écran d'accueil

1. Pour accéder aux widgets disponibles, touchez l'icône **Toutes les applications** au bas de l'écran d'accueil.

2. Sans surprise, l'ensemble des applications apparaît. Mais cette fois, boudez-les et touchez l'onglet **Widgets**, tout en haut de l'écran.

3 Les widgets disponibles sur votre tablette entrent en piste. Mais ne vous arrêtez pas à la série devant vous, car d'autres vous attendent en coulisses : pour y accéder, balayez l'écran vers la gauche et parcourez ainsi l'ensemble des widgets.

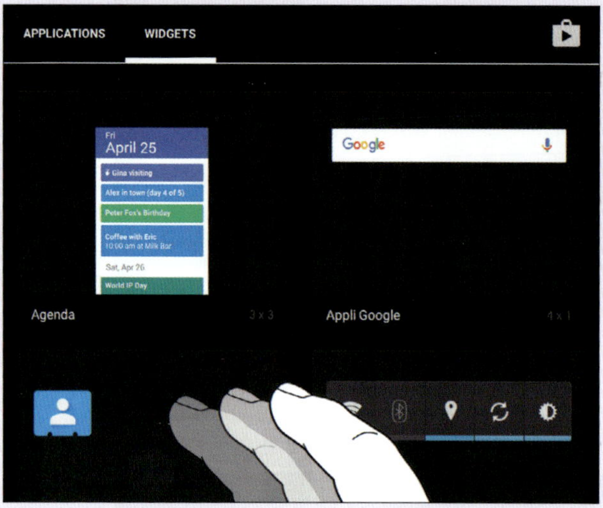

4 Quand vous trouvez un widget à ajouter à l'écran d'accueil, touchez-le longuement, jusqu'à ce que cet écran apparaisse ; faites alors glisser le widget à l'endroit souhaité, puis relevez votre doigt.

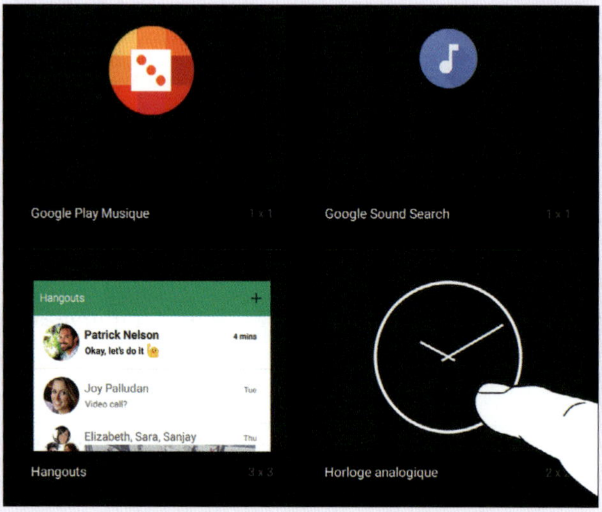

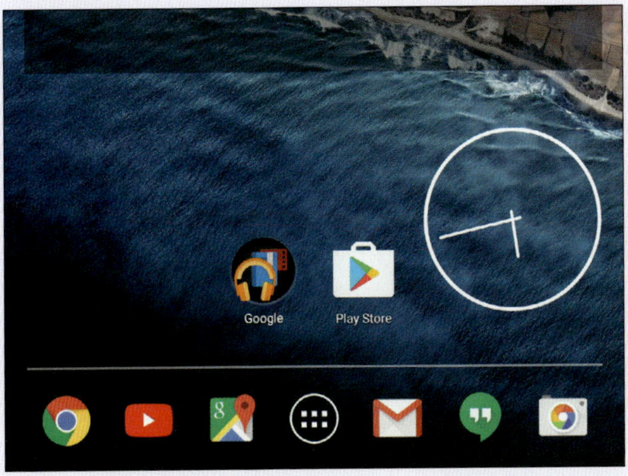

Quand la place manque sur l'écran d'accueil, soit Android fait sa mauvaise tête et se contente de vous le signaler par un bandeau au bas de l'écran, soit il crée automatiquement un nouveau panneau, y place votre widget et vous prévient, là aussi, par une info-bulle grise au bas de l'écran.

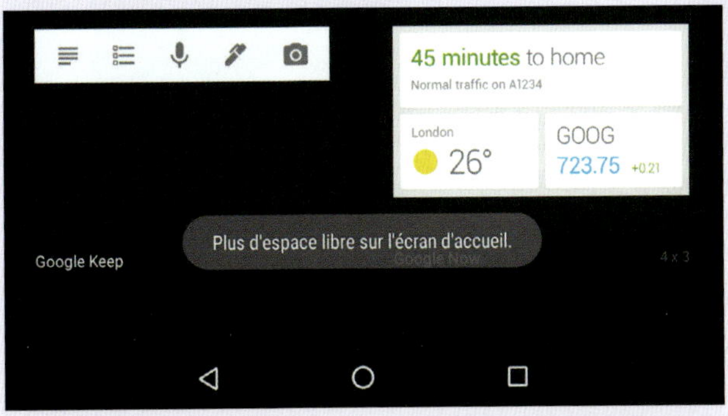

Mais vous-même pouvez à tout moment créer un panneau supplémentaire pour accueillir votre widget : faites simplement glisser celui-ci vers la droite, jusqu'à l'apparition d'un cadre d'écran vide. Dans les deux cas, par la suite, vous n'aurez qu'à balayer l'écran d'accueil latéralement pour accéder au nouveau widget.

5 Si le widget vous demande des précisions sur son contenu ou son apparence avant de prendre place, exécutez-vous sans broncher (!). Par exemple, le widget Drive, qui permet notamment de numériser des documents et de garder un accès rapide à vos documents, vous réclamera votre compte de messagerie.

6 Si vous voulez changer la taille du widget, touchez-le longuement et, quand le mot **Supprimer** apparaît en haut de l'écran, relevez votre doigt.

- Si des *poignées de redimensionnement* apparaissent sur la périphérie du widget, faites glisser celle(s) souhaitée(s) dans le sens requis pour agrandir ou réduire le widget, puis touchez à côté de celui-ci pour valider la transformation.

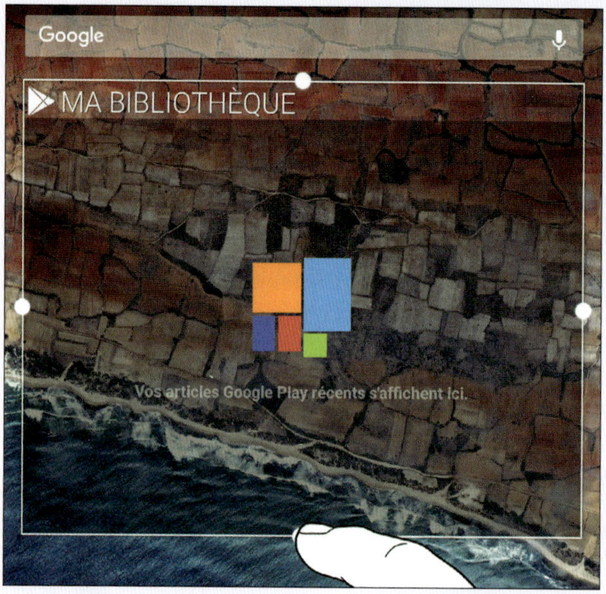

- Si le widget garde son apparence normale, pas de chance : cela signifie qu'il n'est pas redimensionnable.

7 Si vous voulez déplacer le widget, touchez-le longuement, jusqu'à l'apparition du mot **Supprimer** en haut de l'écran, là encore, mais cette fois, gardez votre doigt sur l'écran et faites glisser le widget à l'endroit souhaité ; à ce moment-là, seulement, relevez votre doigt.

Si vous souhaitez positionner le widget dans un autre panneau de l'écran d'accueil, faites-le glisser vers la droite, hors de l'écran, et, quand le panneau convoité s'affiche, relevez votre doigt.

Y a pas plus clair !

Poignée de redimensionnement

Petit rond, carré ou losange situé sur la bordure d'un élément (au moins un à chaque angle, et souvent un au milieu de chaque côté) et qu'il suffit de faire glisser pour changer la taille dudit élément.

Y a pas plus pratique !

Supprimez un widget

1 Vu le peu de place disponible sur l'écran d'accueil, n'y conservez surtout pas des widgets que vous n'utilisez jamais. Quand l'un d'eux devient inutile, touchez-le longuement, puis faites-le glisser sur l'option **Supprimer** qui apparaît en haut ; dès que celle-ci et le widget rougissent (de colère d'être éliminé, sans doute !), relevez votre doigt.

Chapitre 6

Voguez de page en page sur l'Internet

Depuis le début de ce livre, vous avez déjà utilisé l'Internet à maintes reprises, mais sans jamais vous y balader ni visiter de site : le moment est donc venu de partir à la découverte de ce cyber univers pour vous adonner à toutes sortes d'activités aussi bien pratiques que ludiques : lecture de l'actualité brûlante, recherche d'informations, emplettes, demande de formulaire, et j'en passe !

Pour ce faire, vous embarquerez à bord d'une application dont vous connaissez peut-être déjà le grand frère, Chrome, pour l'avoir utilisé sur un ordinateur. Si oui, vous ne serez pas dépaysé, car ils se ressemblent beaucoup ; et sinon, vous la prendrez très vite en main, car elle fonctionne comme n'importe quel navigateur Web.

- Visitez des sites Web, y compris anonymement
- Recherchez des informations et des images
- Gardez un accès immédiat à vos pages préférées
- Retrouvez facilement des pages visitées
- Téléchargez des documents, images, chansons ou autres

Surfez sur le Web

Pour partir en balade sur le Web, il vous faut juste une connexion Internet et un *navigateur*. Vous avez établi la première au chapitre 2. Quant au second, il vous tend les bras dès l'écran d'accueil avec son icône : **Chrome**.

Y a pas plus clair !

Navigateur Web

Programme ou application conçu(e) pour la consultation de pages Web, qui permet à la fois de passer facilement de l'une à l'autre et d'exploiter leur contenu.

Pas aussi complète que le programme éponyme pour ordinateur, cette application n'en demeure pas moins très efficace. Par ailleurs, comme elle est très proche des navigateurs classiques, tant dans son organisation que son fonctionnement, vous y trouverez très vite vos marques, même si vous surfez d'habitude avec Internet Explorer, par exemple. En fait, la différence majeure concerne la présentation des pages, souvent optimisée pour les tablettes.

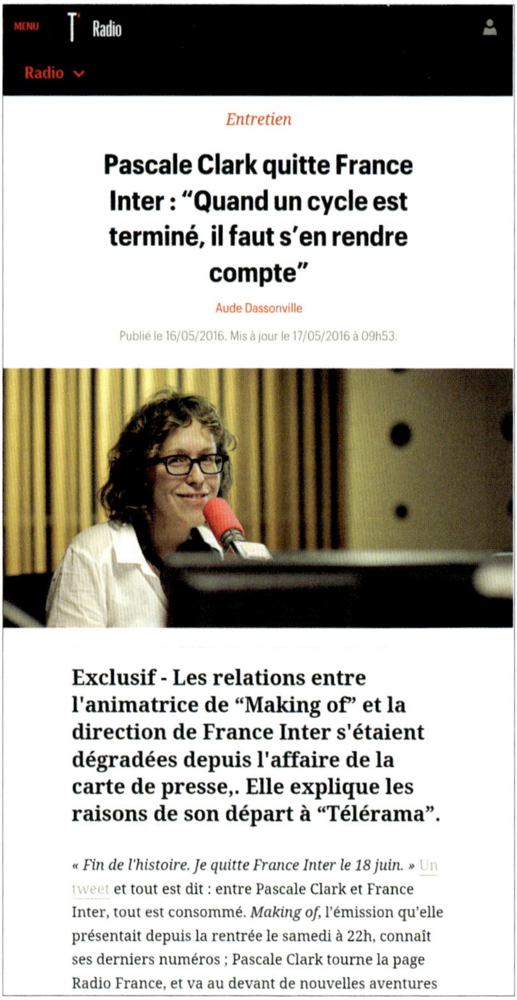

Version tablette d'une page Web du site Télérama

En effet, très épurées par rapport à leur version originelle pour ordinateur, les pages sont notamment souvent débarrassées de la plupart des publicités et des éléments graphiques ou animés. Il n'est pas rare non plus que les onglets ou les noms des rubriques principales disparaissent au profit d'un menu masqué, mais que vous pouvez dérouler en touchant une icône constituée de trois tirets horizontaux en haut à gauche, comme ≡ ou ≡.

Toutes ces modifications permettent d'accélérer l'affichage des pages, de moins solliciter la batterie et d'améliorer la lisibilité.

Version ordinateur de la même page Web (qui reste accessible même sur votre tablette en touchant l'icône ⋮ à la fin de la barre d'adresse, puis **Voir version ordinateur** pour cocher ☑ la case ☐ dans le menu)

Y a pas plus pratique !

Visitez des sites Web

1. Dans la barre des favoris au bas de l'écran d'accueil, touchez la vignette **Chrome**.

2. L'application Chrome s'ouvre. À l'avenir, elle vous accueillera par la dernière page visitée, mais la première fois, elle arbore le site de Google (logique...).

Dans tous les cas, vous y retrouvez les éléments classiques d'un navigateur Web : au moins un **onglet** ❶ qui affiche le nom de la page en cours et, au-dessous, la **barre d'adresse** ❷ constituée de quelques icônes, mais surtout d'une grande zone où figure l'**adresse** de la page en cours. Une seule exception : avec des sites comme Google, cette zone devient une zone de recherche. Quoi qu'elle affiche, touchez-la.

3. La zone se vide, ou l'adresse actuelle se retrouve sélectionnée, prête à être remplacée par la nouvelle, et le clavier sort de l'ombre : commencez directement à taper l'adresse de la page qui vous intéresse, en guettant celles que vous suggère l'application au fur et à mesure de votre saisie.

Si l'adresse convoitée apparaît, touchez-la ; sinon (dommage !), terminez votre frappe et, dans la partie droite du clavier, touchez l'ex-touche **Entrée**, devenue pour l'occasion **Atteindre** →.

Et si vous n'êtes pas fan de ce genre de saisie (cela se comprend !), dictez votre adresse : au lieu de réaliser les étapes 2 et 3, touchez l'icône 🎤 à la fin de la zone d'adresse, prononcez distinctement votre adresse et touchez la bonne suggestion parmi celles que vous fait Internet.

4 La page s'affiche : prenez-en connaissance, sans oublier que vous pouvez agrandir l'affichage si besoin en écartant vos doigts sur l'écran (il vous suffira ensuite de pincer pour retrouver le zoom d'origine).

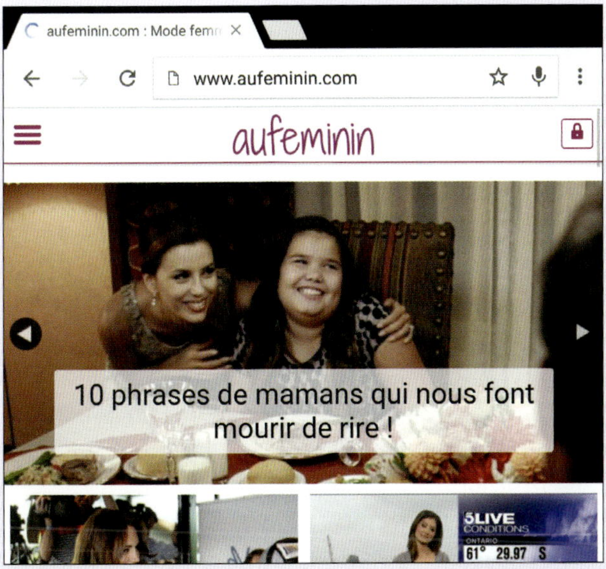

Ensuite, poursuivez votre navigation au gré de vos envies et de vos besoins.

Bien sûr, il est toujours possible d'afficher une nouvelle page en touchant un lien ; mais si vous apercevez une icône constituée de trois tirets horizontaux en haut à gauche, n'hésitez pas à la toucher, car elle vous donnera accès à d'autres rubriques. Et si vous avez besoin de revenir à la dernière page consultée, touchez la flèche gauche ← au début de la barre d'adresse.

Y a pas plus clair !

Adresse Internet

Texte qui indique l'emplacement d'une page sur l'Internet, et ne renferme jamais ni espace ni caractères accentués. L'adresse de la page d'accueil se présente presque toujours sous la forme *http://www.meteofrance.fr*, mais oubliez le préfixe http://, car la plupart des navigateurs l'ajoutent automatiquement à votre place.

Concernant la suite, les trois W désignent le Web et sont systématiquement suivis d'un point, du nom du site, d'un autre point et, finalement, d'un suffixe qui indique la nature du site, comme fr (pour « français ») ou com (pour « commercial »). Dès que vous vous aventurez plus avant sur le site, du texte apparaît à la suite de cette adresse élémentaire, indiquant l'emplacement et le nom de la nouvelle page affichée. Par exemple, *www.meteofrance.com/previsions-meteo-plages* désigne la page du site de Météo France consacrée à la météo des plages.

Page d'accueil

Page principale d'un site.

Vous voilà prêt à naviguer très loin ! Néanmoins, sachez qu'à l'instar de la circulation routière, le cyber trafic n'est pas toujours fluide. Alors, quand une page tarde trop à apparaître, relancez l'affichage en touchant l'icône de croix ✕, puis **Actualiser** ↻, juste avant la zone d'adresse : souvent, cela suffit à solutionner les petits problèmes ponctuels.

Par ailleurs, ne vous laissez pas surprendre : quand vous restez un certain temps sans utiliser les onglets ni la barre d'adresse ou que vous faites défiler la page vers le bas, ils disparaissent pour laisser un maximum d'espace à votre page : sympa ! D'autant qu'il vous suffit d'un balayage vers le haut pour les retrouver le moment venu.

Y a pas plus malin !

Des liens pleins de ressources

Conscients de la lisibilité réduite de certaines pages sur le petit écran de votre tablette, certains sites vous permettent d'agrandir les textes qui constituent les liens : cela vous permet de vérifier le bienfondé de les suivre... ou pas ! Pour afficher la version agrandie, touchez le lien un peu longuement. Deux cas de figure peuvent alors se présenter.

- Soit, comme espéré, le texte du lien apparaît en plus gros dans un panneau aux angles arrondis : s'il s'agit bien de ce que vous pensiez et si vous voulez effectivement l'activer, touchez-le ; sinon, touchez l'icône **Retour** au bas de l'écran pour masquer ce panonceau.

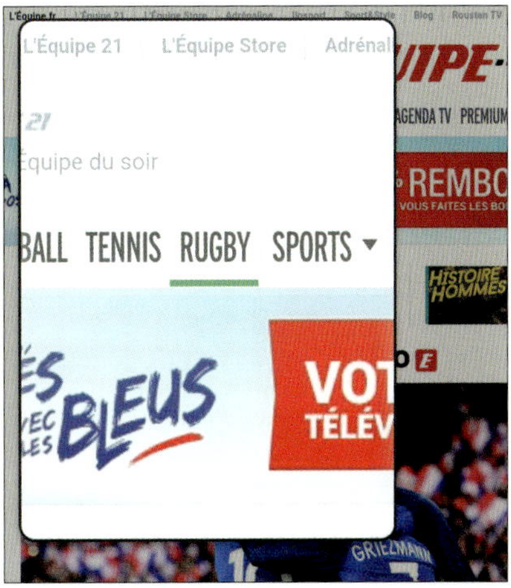

- Soit le site n'a rien prévu, et c'est alors un menu contextuel qui s'affiche, avec différentes commandes, dont certaines très pratiques, comme **Ouvrir dans un nouvel onglet**, qui vous permet d'afficher la page ciblée par le lien sans perdre la page actuelle. Là encore, si vous voulez exécuter l'une de ces commandes, touchez-la ; sinon, touchez **Retour** au bas de l'écran. Mais notez que même après avoir obtenu une version agrandie du lien, toucher longuement celui-ci déroule ce menu.

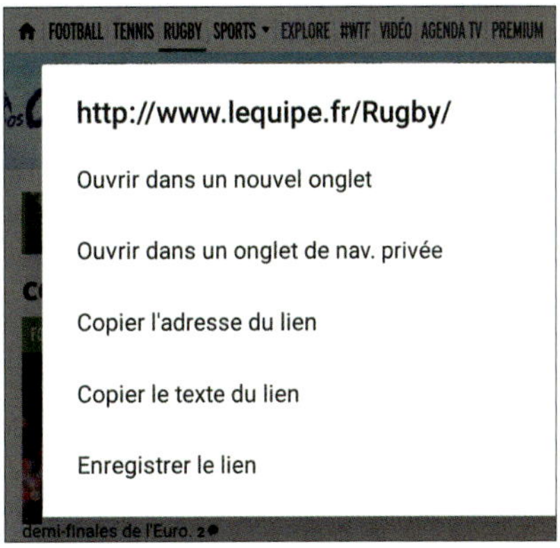

Y a pas plus pratique !

Affichez plusieurs pages à la fois

1 Si vous voulez comparer plusieurs produits ou cyber commerçants avant d'acheter un téléviseur, un voyage organisé ou autre, vous aurez forcément besoin de regarder chaque page plusieurs fois. Dans ce cas, mieux vaut alors les garder toutes affichées. Après avoir ouvert l'une d'entre elles, touchez le petit bout d'onglet à droite du dernier onglet, tout en haut de la fenêtre.

2 Un nouvel onglet apparaît, présentant une page Google avec des vignettes des dernières pages consultées.

- Si une miniature de la page convoitée est visible, touchez-la.
- Sinon, touchez la zone d'adresse et tapez-y l'adresse de la page convoitée, puis touchez **Atteindre** ou, si vous n'avez aucune page précise en tête, un ou plusieurs mots-clés caractérisant ce que vous recherchez, puis procédez comme vous l'apprendrez dans la suite de ce chapitre pour une recherche classique avec Google.

3 La nouvelle page apparaît : il vous suffit désormais de toucher l'onglet approprié pour basculer entre les deux pages.

Si vous êtes gourmand, vous pouvez ouvrir d'autres pages et les faire ensuite défiler en balayant les onglets latéralement, puis en touchant celui de la page à consulter. Mais pour épargner la batterie, veillez quand même à fermer systématiquement les pages dont vous n'avez plus besoin en touchant la croix × dans leur onglet.

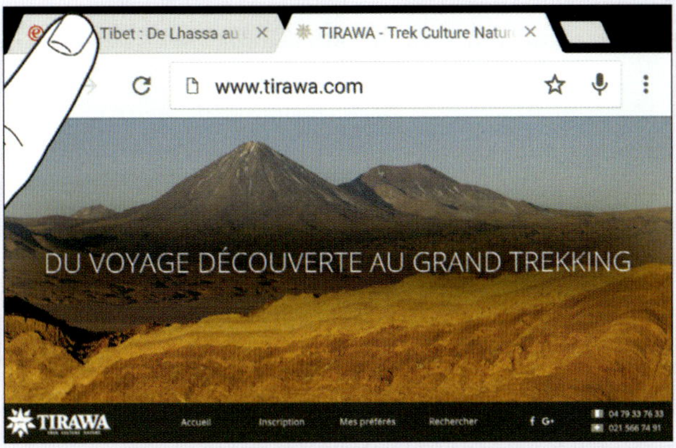

Le meilleur détective du Web à votre service

À part quelques sites phares très célèbres et ceux qui vous tiendront à cœur dans quelque temps, les fois où vous démarrerez Chrome en connaissant exactement l'adresse de la page à visiter seront plutôt rares. Heureusement, quoi que vous cherchiez (des renseignements sur le pommier du Japon, un adversaire pour une partie d'échecs, une vente privée de vêtements, un dermato conventionné près de chez vous ou des photos de setter irlandais, par exemple), Google vous le trouvera à une vitesse supersonique !

Y a pas plus pratique !

Recherchez des informations

1 Google est si précieux que vous pouvez y accéder de diverses manières : vous n'êtes même pas obligé de démarrer Chrome au préalable !

- Si vous vous trouvez déjà dans cette application, passez directement à l'étape 2.
- Sinon, profitez de Google Now : si l'écran d'accueil est visible, touchez la barre Google en haut ; sinon, affichez celle-ci en balayant l'icône **Accueil** au bas de l'écran vers le haut.

2 Dans la zone d'adresse de Chrome ou dans la zone de recherche de Google Now, commencez à taper votre ou vos mots-clés, en guettant les suggestions qui s'affichent. Dès que la bonne apparaît, touchez-la ; sinon, terminez votre frappe et touchez **Atteindre** ou **Rechercher** dans le clavier.

Sachant quand même que, là aussi, vous pouvez dicter vos mots-clés au lieu de les taper : touchez simplement au départ l'icône à la fin de la zone d'adresse ou de la zone Google.

3 À peine le temps de dire « Ouf ! », et Google vous livre une longue liste de pages a priori pertinentes : touchez celle que vous voulez consulter.

4 La page que Google a repérée pour vous apparaît dans un nouvel onglet de Chrome, même si cette application n'était pas ouverte au début de la procédure.

- Si vous y trouvez votre bonheur, vous êtes quitte !
- Sinon, revenez aux résultats de Google soit en touchant l'onglet correspondant de Chrome, soit en touchant l'icône **Applications récentes** ■ au bas de l'écran, puis la fenêtre de Google Now : tout dépend de la manière dont vous avez commencé la recherche ! Ensuite, testez une autre page.

Y a pas plus malin !

Ne vous égarez pas dans les pages très denses

Parfois, après avoir déniché une page pertinente, vous devrez relever un autre défi : identifier le passage qui vous intéresse, car il arrive que celui-ci se retrouve noyé au milieu d'une multitude d'informations ou d'un texte très long. Demandez alors à Chrome de vous emmener droit au but !

Touchez les trois points ⋮ à la fin de la barre d'adresse, puis **Chercher sur la page** dans le menu qui apparaît. Une zone de recherche s'affiche en haut de la page : tapez-y un mot-clé correspondant à l'information qui vous intéresse.

Chrome surligne aussitôt les occurrences du terme dans la page : il ne vous reste plus qu'à les parcourir, soit en balayant la page vers le haut, soit en touchant les flèches ^ et ˅ dans la barre de recherche pour atteindre directement les occurrences successives. Après avoir terminé, masquez cette barre en touchant la croix à son extrémité.

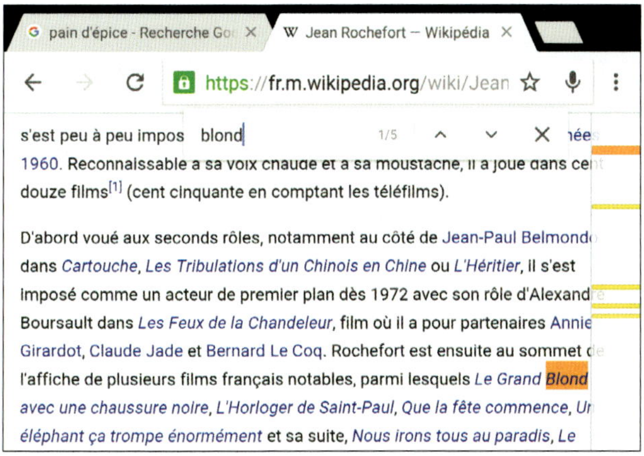

Y a pas plus pratique !

Recherchez des images

1. Outre des pages, Google excelle aussi dans la recherche de photos, dessins ou illustrations sur n'importe quel sujet. Pour en profiter, affichez sa page dans Chrome en tapant son adresse `www.google.fr`, puis touchez le lien **Images** en haut.

2. Comme pour des informations, commencez à taper un ou plusieurs mots-clés caractérisant au mieux l'image à trouver, puis touchez la bonne suggestion, ou terminez votre frappe et touchez **`Atteindre`** dans le clavier.

3. Google propose de multiples vignettes d'images : pour obtenir la version en taille normale de la photo ou l'illustration qui vous intéresse, touchez sa miniature.

4 Google affiche une plus grande version de l'image, avec au-dessous, un bref descriptif et une commande **Consulter la page**. Touchez celle-ci si vous voulez voir l'image d'origine entourée de son environnement dans la page dont elle fait partie.

Y a pas plus malin !

Augmentez votre stock d'images

À partir du moment où vous ne prévoyez pas de les utiliser à d'autres fins que personnelles et privées, vous pouvez récupérer des photos ou des illustrations proposées sur l'Internet : touchez longuement celle qui vous intéresse, puis brièvement **Enregistrer l'image** dans le panneau qui s'affiche. La première fois, Chrome demande votre aval avant d'accéder à votre bibliothèque multimédia : touchez **Autoriser**.

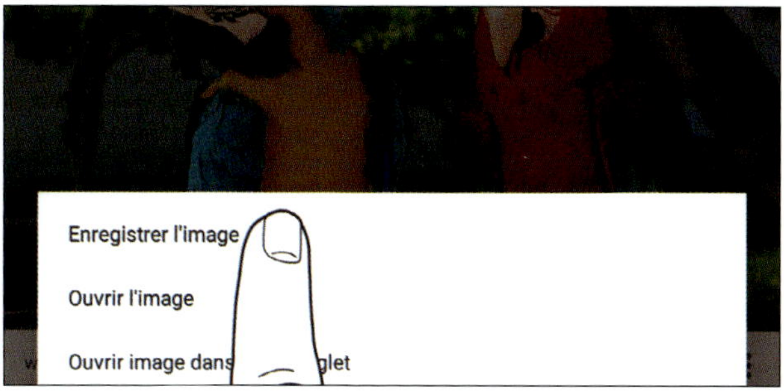

L'image se retrouve sur votre tablette, dans l'application Téléchargements (traitée en fin de chapitre) : vous pouvez désormais la consulter et la manipuler depuis l'application Photos (que vous découvrirez, elle, au chapitre 10).

Créez votre best-of de pages

Grâce à ses talents d'extralucide (!), Chrome devine presque toujours quelle page vous allez consulter sitôt que vous avez tapé le début de son adresse, vous épargnant ainsi de nombreuses minutes de saisie. Mais si vous préférez ne rien avoir à taper du tout, les **favoris** sont faits pour vous ! En effet, sitôt vos pages préférées enregistrées comme tels, vous n'aurez qu'à toucher leur nom pour les afficher, même dans trois semaines ou deux mois.

Mais si vous possédez trois ou quatre pages vraiment fétiches que vous consultez tous les jours, allez encore plus loin et ajoutez-les à l'écran d'accueil : ainsi, vous pourrez y accéder illico presto sans même démarrer Chrome au préalable. Le bonheur !

Y a pas plus clair !

Favori

Page Web dont vous enregistrez l'adresse pour pouvoir la réafficher instantanément à tout instant.

Y a pas plus pratique !

Enregistrez un favori

1. Après avoir affiché une page que vous aimez beaucoup, touchez la petite étoile ☆ à la fin de la zone d'adresse.

2. L'étoile bleuit aussitôt ★, preuve que Chrome a bien enregistré la page comme favoris. A priori, donc, vous pouvez en rester là. Néanmoins, je vous conseille de toucher longuement cette étoile pour vérifier le nom du favori et le modifier si besoin.

3. La boîte de dialogue **Modifier le favori** s'ouvre. Si l'intitulé dans la zone **Nom** vous convient, touchez directement la flèche ← pour revenir à votre page. Sinon, tapez d'abord l'appellation souhaitée, en étant aussi bref et explicite que possible.

Y a pas plus pratique !

Affichez un favori

1. Touchez l'icône ⋮ à la fin de la barre d'adresse, puis **Favoris** dans le menu qui apparaît.

2. La liste de vos favoris s'affiche dans un onglet spécifique : touchez celui que vous souhaitez consulter, et il investira tout l'écran ! (Si vous ne voyez pas le favori convoité, touchez l'icône ≡, en haut de la fenêtre, puis la catégorie de favoris dans laquelle figure celui qui vous intéresse.)

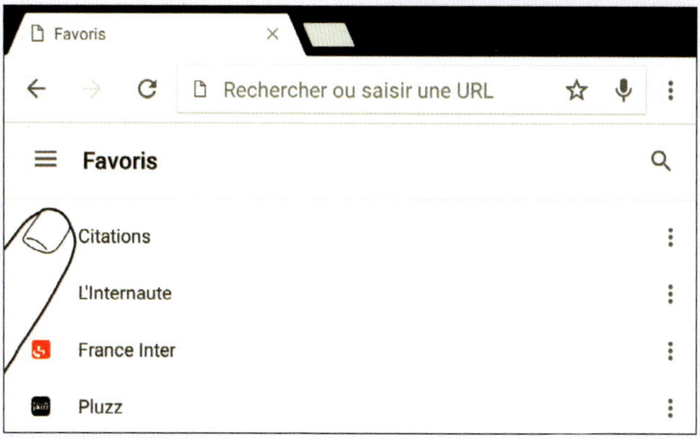

Y a pas plus pratique !

Ajoutez une page Web sur l'écran d'accueil

1 Après avoir affiché l'une de vos pages fétiches, touchez l'icône ⋮ à la fin de la barre d'adresse, puis **Ajouter à l'écran d'accueil** dans le menu qui apparaît.

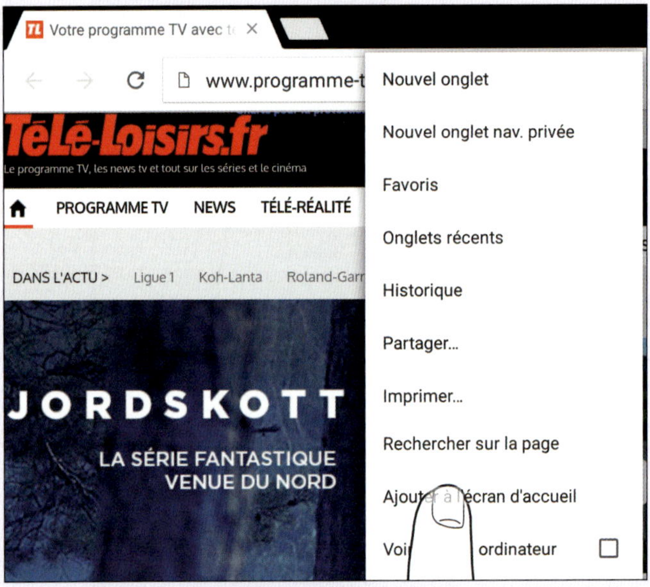

2 La boîte de dialogue **Ajouter à l'écran d'accueil** s'ouvre, affichant dans sa partie centrale le nom prévu pour l'icône de votre page sur l'écran d'accueil : s'il vous convient, touchez directement **Ajouter** ; sinon, tapez d'abord l'intitulé souhaité. Dans les deux cas, vous comprendrez aisément que, pour ne pas envahir l'écran d'accueil, le plus court sera le mieux.

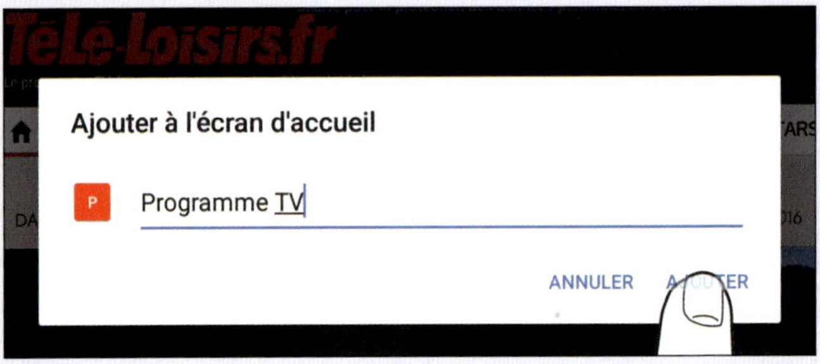

L'icône prend immédiatement place sur l'écran d'accueil. Vous pouvez d'ailleurs le vérifier aussitôt en touchant l'icône **Accueil** au bas de votre tablette.

Y a pas plus malin !

Des favoris 100 % efficaces

Pour que vos favoris jouent vraiment leur rôle, vous devez pouvoir les localiser et les identifier facilement : pas question de consigner des dizaines de pages sans réel intérêt ni de conserver des favoris obsolètes, notamment.

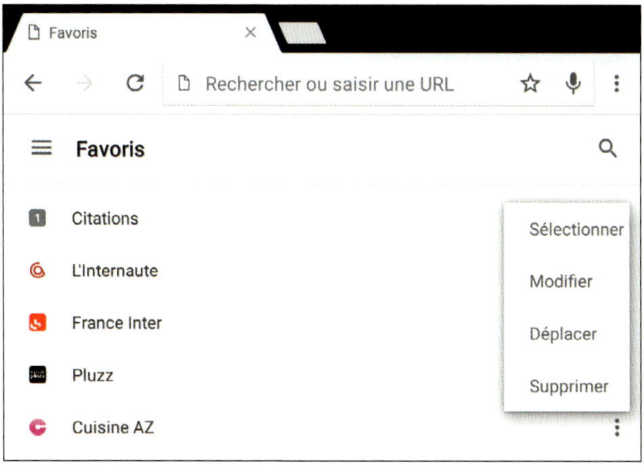

- Pour renommer ou supprimer un favori dans Chrome, affichez leur liste en touchant l'icône ⋮ à la fin de la barre d'adresse, puis **Favoris**. Ensuite, touchez de nouveau ⋮, mais à droite du favori à manipuler, cette fois, puis touchez la commande requise dans le panneau qui apparaît et agissez en fonction de ce qui apparaît ensuite à l'écran.
- Pour retirer un favori de l'écran d'accueil, procédez comme pour un widget : posez et laissez votre doigt sur l'icône du favori à éliminer, jusqu'à ce que l'option **Supprimer** apparaisse en haut de l'écran. En gardant toujours le contact avec l'écran, faites alors glisser l'icône sur ce mot et, quand les deux rougissent, relevez votre doigt.

Y a pas plus pratique !

Partagez des pages Web avec vos proches

1 Si vous dénichez une page susceptible d'intéresser un ami, faites-lui plaisir en la lui transmettant : c'est si simple ! En effet, pas besoin de taper le moindre caractère de l'adresse : sans quitter la page concernée, touchez juste l'icône ⋮ à la fin de la barre d'adresse, puis **Partager** dans un menu désormais bien connu.

2 Un panneau s'affiche et propose de nombreux moyens pour communiquer la page : le plus simple étant de procéder par courriel, touchez **Gmail**, puis complétez et expédiez le message qui s'ouvre en appliquant les techniques que vous apprendrez au chapitre 7.

Jetez un œil dans le rétroviseur

A priori, dès lors que vous commencez à taper le début de l'adresse d'une page que vous avez déjà visitée, Chrome vous propose instantanément l'adresse complète, et vous n'avez plus qu'à la toucher pour revoir la page en question : facile ! Mais imaginez que vous ayez totalement oublié l'adresse... Rien n'est perdu ! Si vous vous souvenez à peu près du jour où vous avez visité cette page, vous la retrouverez aisément grâce à l'**Historique**.

Y a pas plus clair !

Historique

Outil d'un navigateur Web qui stocke les adresses de toutes les pages que vous visitez et vous permet d'y accéder de nouveau en quelques instants.

Y a pas plus pratique !

Retrouvez une page visitée grâce à l'Historique

1. Une fois de plus, touchez l'icône ⋮ à la fin de la barre d'adresse pour dérouler le menu principal de Chrome, mais ensuite, choisissez, cette fois, **Historique**.

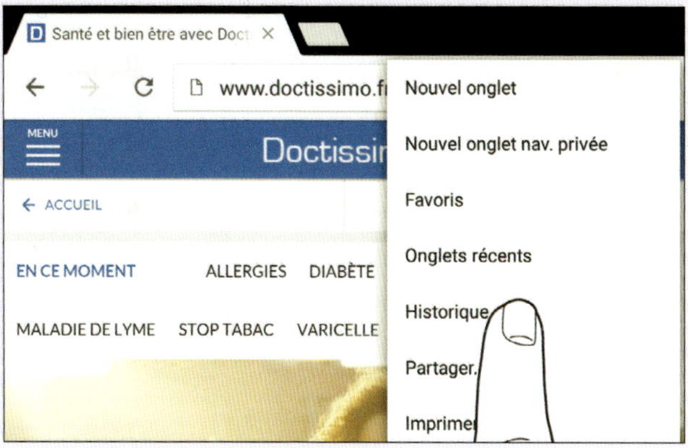

2 Un nouvel onglet **Historique** apparaît, listant toutes les pages que vous avez visitées. Comme celles-ci sont classées par jour et par ordre inverse à l'ordre chronologique, balayez la liste jusqu'à afficher la période où vous avez consulté la page à revoir et, dès que vous repérez cette dernière, touchez-la : c'est tout !

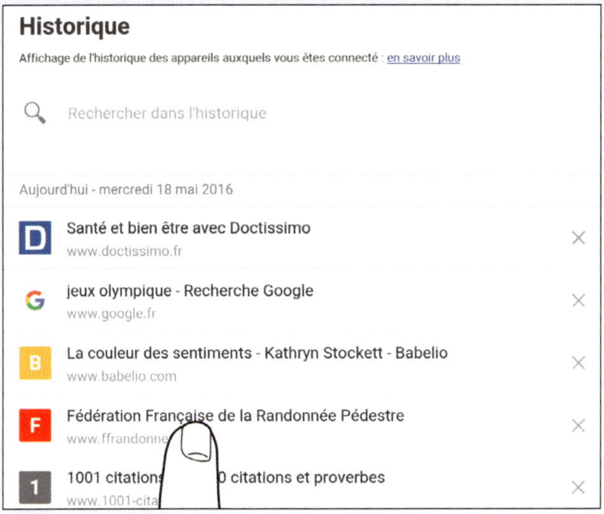

Y a pas plus malin !

Surfez incognito

Autant l'Historique se révèle pratique pour revenir sur vos pas, autant il devient intrusif si vous ne voulez pas que d'autres utilisateurs de votre tablette connaissent les sites que vous avez visités. Par exemple, imaginez que vous cherchiez un cadeau pour votre épouse : il est important de garder la surprise !

Dans ce cas, naviguez **en mode privé**. Ainsi, les sites ne conserveront pas la moindre information à votre sujet, et les pages consultées ne seront pas consignées dans l'Historique. Pour basculer dans ce mode, avant de visiter les sites où vous souhaitez fureter incognito, touchez les trois points ⋮ à la fin de la barre d'adresse, puis **Nouvel onglet nav. privée** dans le menu qui apparaît.

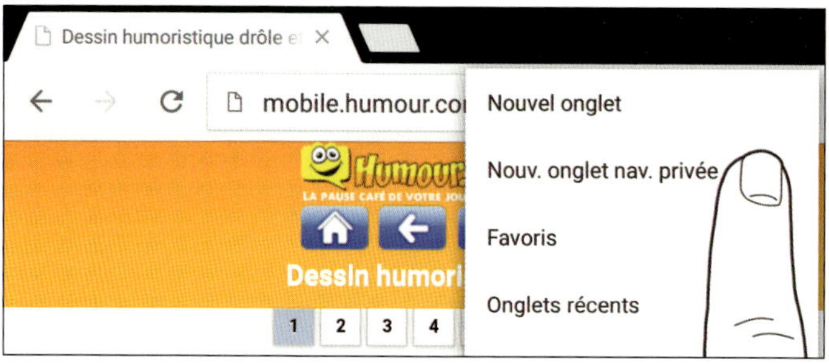

Chrome vous informe que vous surfez désormais en mode privé, et l'icône à droite des onglets en témoigne. Naviguez où bon vous semble et, quand vous voudrez revenir en mode standard, fermez simplement l'onglet en cours.

Téléchargez en toute légalité

Même si le mot « téléchargement » est souvent très vite associé à « illégalement », le Web propose d'innombrables contenus que vous avez totalement le droit de télécharger, comme des livres numériques gratuits, des chansons diffusées librement, des formulaires administratifs ou des catalogues. À cet égard, vous constaterez que la plupart des documents sont proposés sous la forme de *PDF* : idéal !

Concernant le téléchargement lui-même, vous n'avez généralement rien à faire de plus que toucher le lien prévu à cette fin par le site. L'élément récupéré se retrouve alors instantanément dans l'application Téléchargements. De là, vous pouvez accéder directement à tous les fichiers obtenus sur l'Internet et reçus par courriel, notamment, et gérer facilement tout ce petit monde. Impeccable !

Y a pas plus clair !

PDF

Type de document qui peut renfermer à la fois du texte et des images, et dont la présentation reste inchangée, quel que soit le type d'appareil informatique sur lequel il est affiché.

Y a pas plus pratique !

Téléchargez un fichier

1. Après avoir affiché la page qui contient le lien, le bouton ou l'icône de téléchargement du fichier qui vous intéresse, touchez cet élément.

2. Toutes les autres fois, un bandeau gris au bas de l'écran vous indiquera brièvement que le téléchargement est en cours, et vous pourrez passer directement à l'étape 3. Mais pour cette première, Google Drive vous informe qu'il accueillera tous vos fichiers téléchargés, afin de vous y offrir un accès permanent : touchez **OK**.

3. Une fois le transfert terminé, soit un bandeau vous en informe au bas de l'écran, soit le fichier s'ouvre ; dans ce cas, notamment s'il s'agit d'un PDF, vous pouvez toucher l'icône **Google Drive** dans la barre d'outils pour donner un titre au document enregistré sur votre Drive.

Dans tous les cas, votre fichier est désormais bien chaud dans l'application Téléchargements.

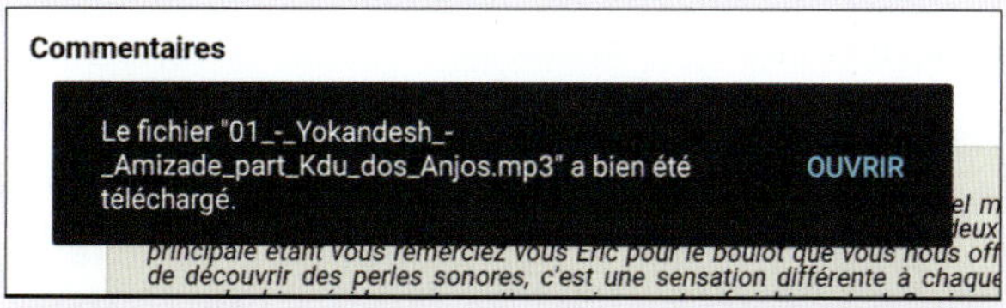

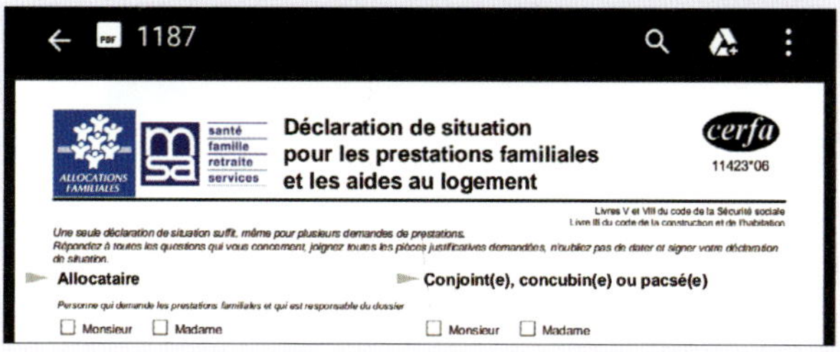

Y a pas plus pratique !

Gérez vos téléchargements

1 Pour démarrer l'application Téléchargements, touchez l'icône **Toutes les applications** dans la barre de raccourcis au bas de l'écran d'accueil, puis **Téléchargements** dans la liste complète des applications.

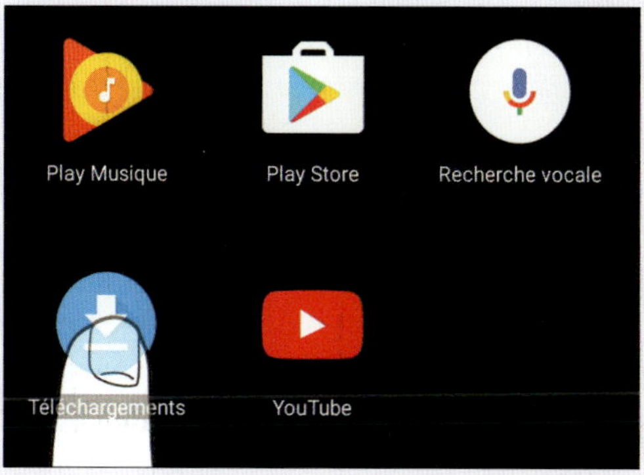

2 L'application Téléchargements s'ouvre et liste tous vos fichiers téléchargés, du plus récent au plus ancien. Diverses possibilités s'offrent alors à vous, parmi lesquelles les trois suivantes, particulièrement utiles.

- Pour **consulter un fichier** (ou l'écouter dans le cas d'une chanson, bien sûr !), touchez-le : il s'ouvre immédiatement dans l'application adéquate, mais directement liée à Téléchargements ; du coup, il vous suffit ensuite de toucher l'icône **Retour** au bas de l'écran pour revenir à la liste de vos fichiers.

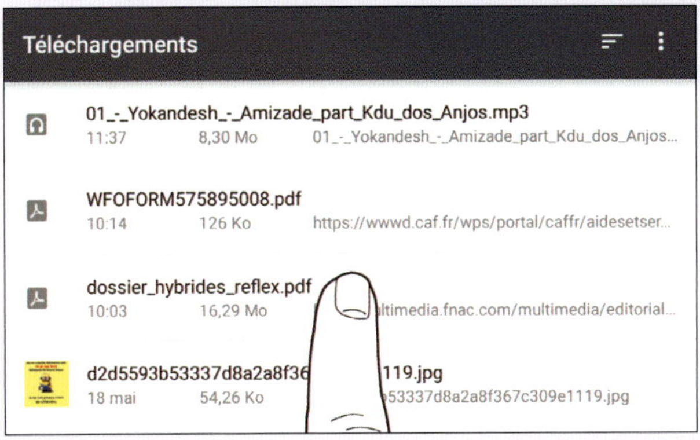

- Pour **supprimer un fichier** dont vous n'avez plus besoin, touchez-le longuement pour le sélectionner et, quand il apparaît sur fond bleu, touchez l'icône de poubelle qui apparaît dans la barre d'outils. Mais attention, l'effacement étant immédiat et définitif, ne touchez pas à la légère !

- Pour **réorganiser les fichiers** selon un autre critère que temporel, afin de retrouver peut-être plus facilement ceux qui vous intéressent, touchez l'icône en haut à droite, puis le critère souhaité. Par exemple, touchez **Nom** si vous préférez un classement alphabétique.

Chapitre 7

Des courriels pour vous divertir et vous servir

La messagerie électronique constitue souvent l'une des principales activités auxquelles se livrent les propriétaires de tablettes, et vous ne ferez pas exception. Car quel meilleur moyen qu'un courriel pour garder le contact avec vos amis du monde entier ?

En effet, ces messages vous affranchissent de nombreuses contraintes : vous pouvez en envoyer à n'importe quelle heure du jour et de la nuit, un mardi ouvré comme un dimanche de fête, et même y joindre un document ou des photos, sans que cela vous coûte quoi que ce soit. Dans tous les cas, votre courriel arrive à destination en quelques instants, et votre correspondant peut y répondre sur-le-champ ou attendre un moment plus opportun pour lui. De longues conversations écrites en perspective !

- Prenez vos repères dans Gmail
- Envoyez et recevez des courriels
- Organisez et protégez votre boîte aux lettres
- Envoyez et recevez des fichiers
- Créez-vous un carnet d'adresses

Faites la connaissance de votre préposé aux courriels : Gmail

À l'instar de Chrome, **Gmail** se décline en versions ordinateur et tablette ; mais même si vous n'avez jamais utilisé aucune des deux, vous y trouverez rapidement vos marques, car son organisation comme son fonctionnement s'apparentent fortement à ceux de n'importe quel programme de messagerie. Cela n'exclut évidemment pas certaines spécificités que nous allons découvrir ensemble pour que vous deveniez un pro du courriel sur tablette !

Y a pas plus pratique !

Démarrez Gmail

1. Application essentielle s'il en est, Gmail possède son icône dans la barre de favoris au bas de l'écran d'accueil : donc touchez-la.

2. Un écran de bienvenue vous accueille et vous permet d'accéder à une présentation de l'application. Mais allez droit au but en touchant **Ignorer**, en bas à gauche.

3. Bonne surprise : un nouveau panneau vous indique que votre ou vos comptes Gmail sont déjà intégrés à l'application : touchez donc directement **Accéder à Gmail**, tout en bas.

4. Cette fois, vous y êtes ! Normalement, quelques messages d'information et de bienvenue de Google vous attendent. Mais surtout,

si vous avez déjà échangé des courriels avec le(s) compte(s) Gmail indiqués à l'étape 3 sur d'autres appareils (notamment votre ordinateur), vous les retrouvez sur votre tablette : super !

Avant d'en prendre connaissance, néanmoins, examinons ensemble les éléments clés la fenêtre de Gmail.

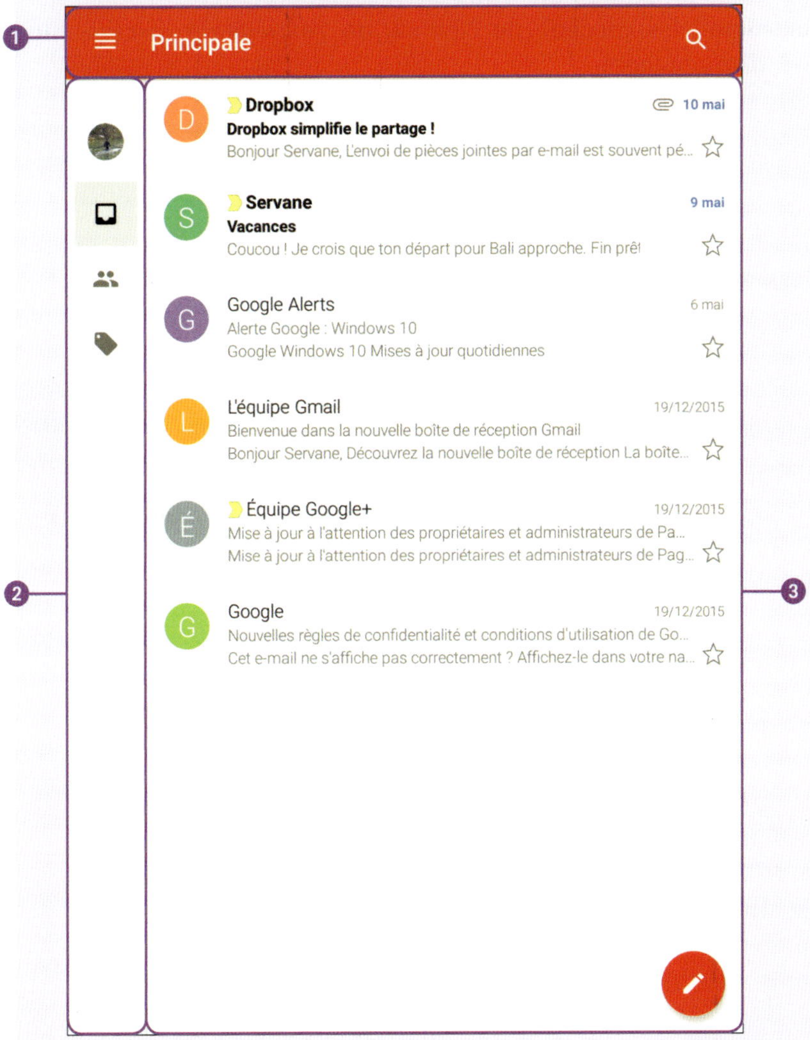

❶ Tout en haut de la fenêtre, la **barre d'outils** indique le plus souvent dans sa partie gauche la *catégorie* ou le *libellé* actuellement sélectionné, précédé d'une icône ☰ extrêmement précieuse, comme vous le découvrirez très bientôt. Mais lorsque vous accomplissez une tâche particulière, telle que l'envoi d'un nouveau message, cette barre s'enrichit de diverses icônes de commandes dans sa partie droite.

❷ La partie gauche de la fenêtre est réservée à une **barre verticale** qui offre un accès rapide à des éléments essentiels, tels que votre compte, diverses catégories et les messages reçus.

❸ Et le centre de la fenêtre (la place de choix !) est occupé par les **courriels** de la catégorie et/ou du libellé actuellement sélectionné(e). Pour vous aider à vous repérer et vous organiser, Gmail les précède de l'initiale de l'expéditeur inscrite dans un disque coloré.

Y a pas plus clair !

Catégorie

Critère de classement de vos courriels en fonction de leur type. Gmail inclut cinq catégories :

- **Principale** pour les messages de vos amis et de vos proches, principalement.
- **Réseaux sociaux** pour les courriels provenant de réseaux sociaux, bien sûr, mais également d'autres sites qui mettent des internautes en relation, comme des sites de rencontre et de jeux.
- **Promotions** pour les offres que vous envoient les sites marchands.
- **Notifications** pour les messages qui vous adressent des documents comme des confirmations de commandes ou des factures.
- **Forums** pour les courriels provenant de forums de discussion, forcément, mais aussi les newsletters.

Libellé

Sorte d'étiquette affectée à un courriel en fonction de sa nature ou de son sujet, notamment, comme **Brouillons** pour les messages pas encore finalisés, et **Important** pour les courriels à garder à l'œil.

Newsletter

Courriel d'information envoyé périodiquement par un site Web à toutes les personnes qui se sont abonnées à ce service sur le site en question.

Y a pas plus malin !

Centralisez vos comptes de messagerie

En cette ère de communication, vous possédez sans doute plusieurs adresses de messagerie. Bonne nouvelle : Gmail n'est pas sectaire ! Vous pouvez donc y intégrer aussi bien votre adresse Outlook que celle de votre FAI ou autre. Cela vous épargnera des basculements incessants entre différents sites ou applications pour consulter et utiliser toutes vos boîtes aux lettres.

Touchez l'icône ≡ au début de la barre d'outils, puis **Paramètres** tout en bas de la longue liste des libellés (si celle-ci et l'option convoitée sont masquées, touchez d'abord le nom de votre compte). Le panneau **Paramètres** s'ouvre : touchez **Ajouter un compte**, puis le type de compte à définir et **OK**. Cela fait, suivez les instructions à l'écran, car elles varient selon le type de compte.

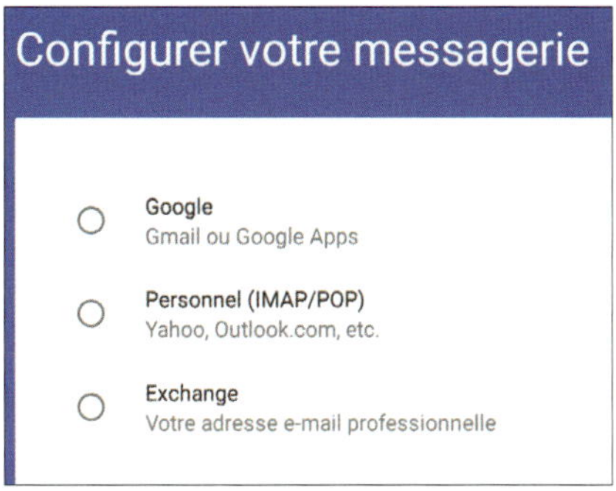

Y a pas plus pratique !

Basculez entre vos comptes, les catégories et les libellés

1 Chaque compte intégré à Gmail est associé à ses propres catégories et libellés ; autrement dit, jamais l'application ne présente en même temps les messages de tous vos comptes. Avant de lire et faire votre courrier, vous devez donc afficher le bon compte.

Celui qui est actif est indiqué par l'icône tout en haut de la colonne gauche ; si elle n'est pas assez explicite, vous pouvez toucher l'icône ≡ au début de la barre d'outils, de façon à afficher les détails de ce compte. Pour changer de compte, touchez cette même icône, puis le compte à utiliser, ou touchez directement l'icône de celui-ci au bas la colonne gauche.

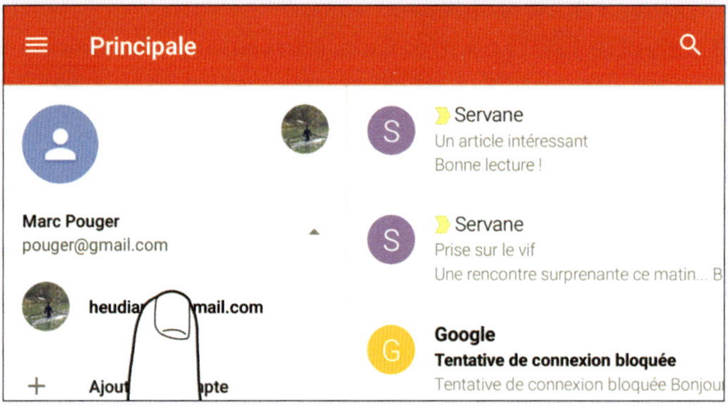

2 La catégorie **Principale** du compte choisit apparaît. Si vous souhaitez en consulter une autre, touchez juste son icône dans la colonne gauche de la fenêtre de Gmail (si nécessaire, touchez d'abord l'icône **Retour** ◁ au bas de l'écran pour masquer le menu des comptes). Facile… mais à condition de pouvoir identifier ces icônes !

Un mini topo bien utile, donc : ☐ correspond à la catégorie **Principale**, 👥 à **Réseaux sociaux**, 🏷 à **Promotions**, ⓘ à **Notifications**, et 💬 à **Forums**.

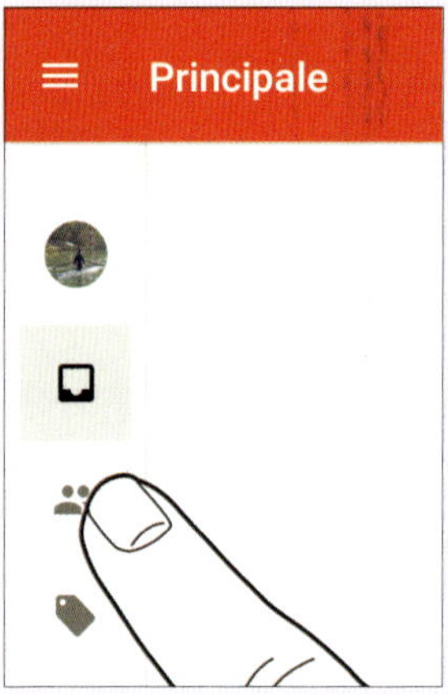

3 Si vous voulez consulter les messages associés à un libellé spécifique, touchez de nouveau l'icône ☰, puis le libellé souhaité (s'il n'est pas visible, touchez d'abord votre compte en haut du menu).

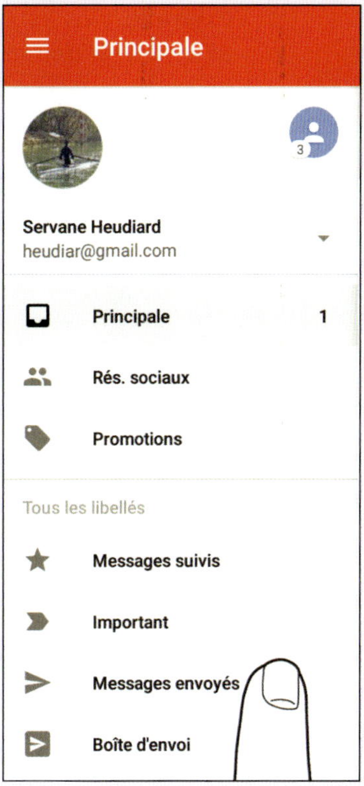

Y a pas plus malin !

Mitonnez-vous l'application Gmail idéale

Pour que vous ne soyez pas désemparé si certains aspects de « votre » Gmail diffèrent par rapport à mes indications et que vous puissiez communiquer dans les meilleures conditions possibles, il est important que vous sachiez dès à présent modifier les réglages actuels de l'application. Car les possibilités offertes sont innombrables, mais certaines sont si bien cachées que vous pourriez les rater !

Pour y accéder, donc, touchez l'icône ☰ au début de la barre d'outils, puis **Paramètres** à la fin de la liste des libellés. Deux jeux d'options totalement différents et complémentaires vous attendent le panneau **Paramètres** : parcourez et explorez chacun d'eux.

- Pour afficher le premier, touchez **Paramètres généraux**. Par exemple, c'est ici que vous pouvez régler Gmail de telle sorte qu'il affiche une demande de confirmation avant que vous n'effaciez un courriel.

- Pour accéder au second, touchez le nom de votre compte. Par exemple, c'est ici que demandez à Gmail d'afficher ou non les images dans les courriels reçus. C'est aussi depuis ce panneau que vous pouvez ajouter et retirer des catégories : touchez d'abord **Type de boîte de réception**, puis **Boîte de réception par défaut** ; ensuite, touchez **Catégories de la boîte de réception**, puis cochez uniquement les cases des catégories à utiliser.

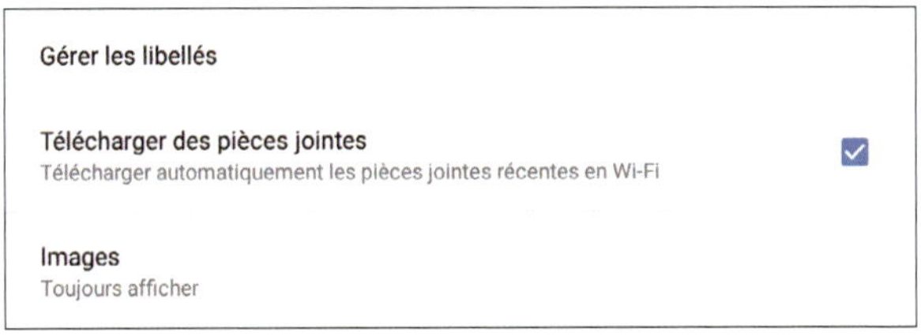

Engagez la communication

Que vous vouliez écrire à votre voisin, à un ami à l'autre bout de la planète ou à votre compagnie d'assurance, la technique est la même. Et de surcroît toujours simple et rapide !

Y a pas plus pratique !

Envoyez un courriel

1. Dans l'angle inférieur droit de la fenêtre, touchez l'icône de crayon .

2. La fenêtre d'un nouveau courriel apparaît. Première chose à faire : indiquer l'adresse du destinataire dans la zone **À**.

- Si vous avez intégré un compte Gmail existant à votre tablette, celle-ci a récupéré tous vos *contacts*. Donc si vous voulez écrire à l'un d'entre eux, commencez à taper son adresse, son nom ou son prénom et, dès que l'application affiche le bon destinataire, touchez-le.
- Si vous avez créé votre compte Gmail au démarrage de votre tablette et ne possédez donc pas encore de carnet d'adresses, ou si vous voulez écrire à une personne que vous n'avez jamais contactée, tapez l'adresse du destinataire en intégralité.

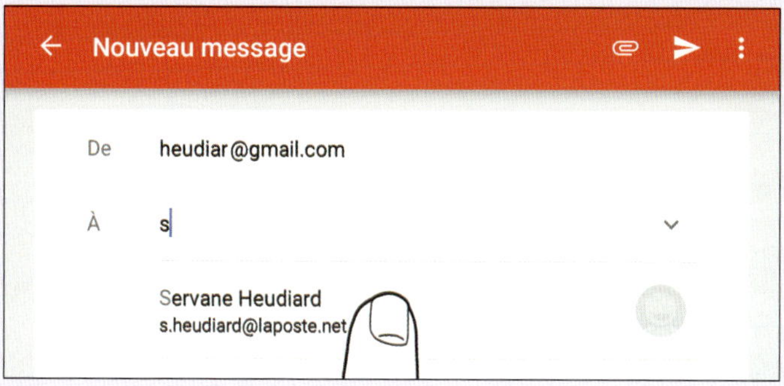

3. Touchez la zone **Objet** et tapez le sujet du courriel. (Si vous avez tapé une nouvelle adresse à l'étape 2, Gmail la valide en l'affichant sur un fond gris.)

4. Dans la zone **Composez un message**, tapez votre petite bafouille (ou un grand discours !).

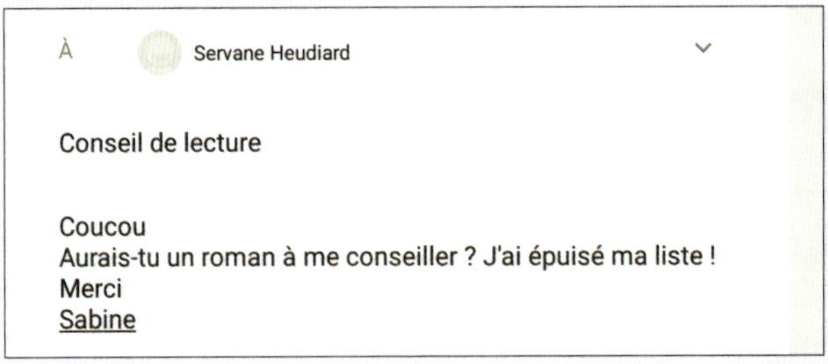

5. Expédiez finalement le courriel en touchant l'icône d'envoi vers la fin de la barre d'outils.

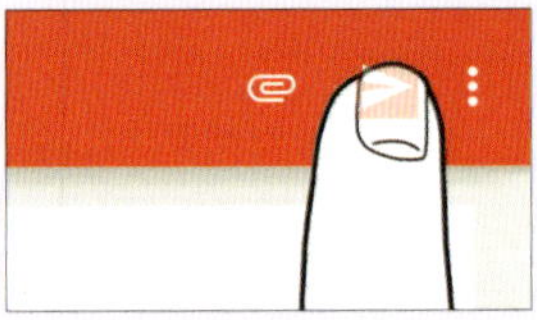

Gmail s'exécute aussitôt, comme vous l'indique une infobulle au bas de la fenêtre, et il place une copie du courriel sous le libellé **Messages envoyés**. Vous pouvez d'ailleurs le vérifier en touchant l'icône au début de la barre d'outils, puis **Messages envoyés** dans le menu qui apparaît.

Y a pas plus clair !

Contact

Personne, société ou autre dont vous avez enregistré les coordonnées dans votre carnet d'adresses (l'application Contacts, en fait).

Même si vous n'êtes pas un grand communicant, vous aurez régulièrement besoin ou envie d'envoyer le même courriel à plusieurs personnes. Un vrai jeu d'enfants, puisque vous n'avez qu'à créer un seul message et à indiquer les adresses des différents destinataires : Gmail le duplique autant que nécessaire et en transmet un exemplaire à chaque personne indiquée, en respectant le mode d'envoi que vous avez spécifié. Car vous avez le choix entre trois.

- Si le message concerne tous les destinataires au même degré, tapez simplement l'adresse de chacun dans la zone **À** ou touchez-les quand ils vous sont suggérés. Dans les deux cas, appuyez sur la `Barre d'espace` entre chacun d'eux.

- Si vous voulez adresser le courriel à un correspondant principal, mais que d'autres personnes en aient connaissance, mettez celles-ci en copie. Pour cela, indiquez le destinataire principal dans la zone **À**, puis, à la fin de celle-ci, touchez la petite flèche orientée vers le bas ⌄ et ajoutez les correspondants secondaires dans la zone appropriée :

  - **Cc** (Copie conforme) si vous souhaitez que chaque personne visualise les autres correspondants ;

  - **Cci** (Copie conforme invisible) si vous préférez qu'aucun destinataire ne voie les autres. Par souci de confidentialité, utilisez cette zone quand vous adressez un même message à plusieurs personnes qui ne se connaissent pas, notamment quand vous envoyez une blague à des amis.

Y a pas plus malin !

Courriel avorté, courriel supprimé !

L'erreur est humaine, et changer d'avis aussi ! C'est pourquoi il vous arrivera forcément de renoncer à envoyer un courriel que vous aviez commencé.

Dans ce cas, ne vous contentez pas de toucher la flèche ← devant **Nouveau** au début de la barre d'outils pour quitter la fenêtre en cours ; sinon, Gmail conservera votre message comme *brouillon*, encombrant alors inutilement votre boîte aux lettres.

Touchez plutôt les trois points ⋮ à la fin de la barre d'outils, puis une première fois **Supprimer** dans le menu, et une seconde dans la demande de confirmation.

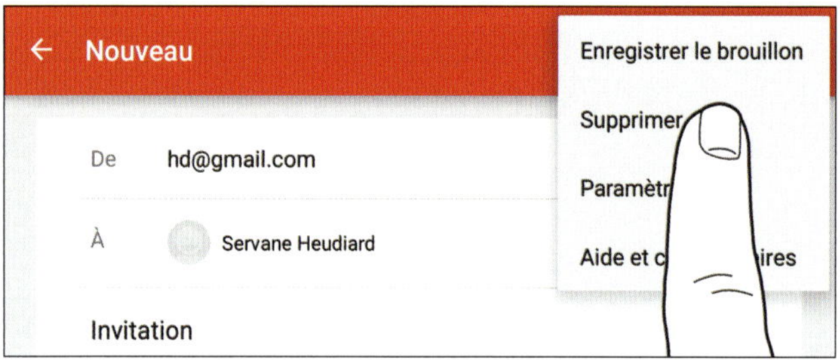

Y a pas plus pratique !

Différez l'envoi d'un courriel

1 Votre tablette étant un objet nomade par excellence, vous n'aurez pas toujours la possibilité de vous connecter à l'Internet au moment de composer vos courriels. Ne renoncez pas pour autant : tapez vos messages au moment qui vous convient et enregistrez-les comme brouillons. Ainsi, vous pourrez les envoyer dès que votre connexion sera établie (et même les modifier avant si besoin !).

Après avoir créé votre courriel, touchez les trois points ⋮ à la fin de la barre d'outils, puis **Enregistrer le brouillon**.

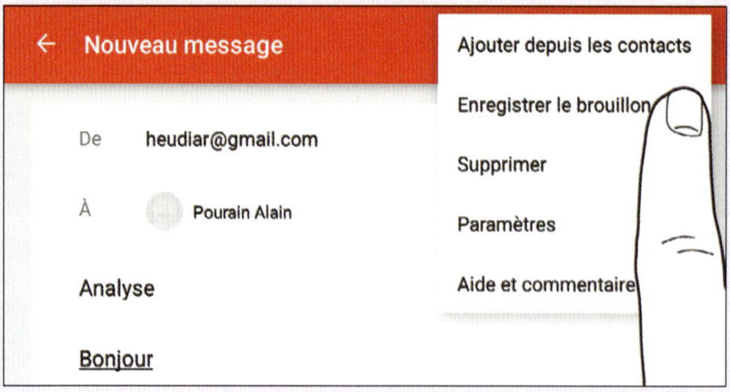

2 Comme vous l'indique une infobulle au bas de la fenêtre, Gmail stocke précieusement votre courriel, mais ne le ferme pas. Pour revenir à la fenêtre principale de l'application, donc, touchez la flèche ← orientée vers la gauche au début de la barre d'outils.

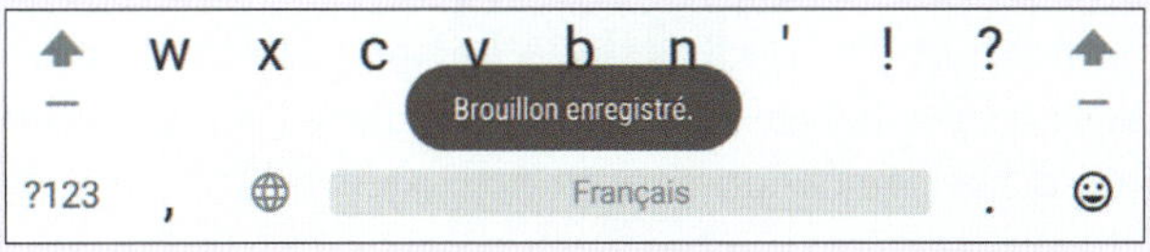

3 Lorsque vous êtes prêt à envoyer le message (peu importe que cela soit deux heures plus tard ou le lendemain), touchez l'icône ≡ au début de la barre d'outils, cette fois, puis directement **Brouillons** si les libellés s'affichent, ou d'abord votre compte dans le cas contraire.

4 Tous vos brouillons apparaissent : touchez celui que vous voulez envoyer.

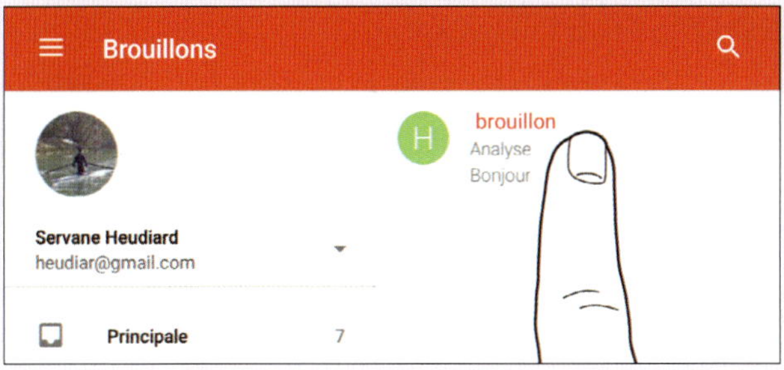

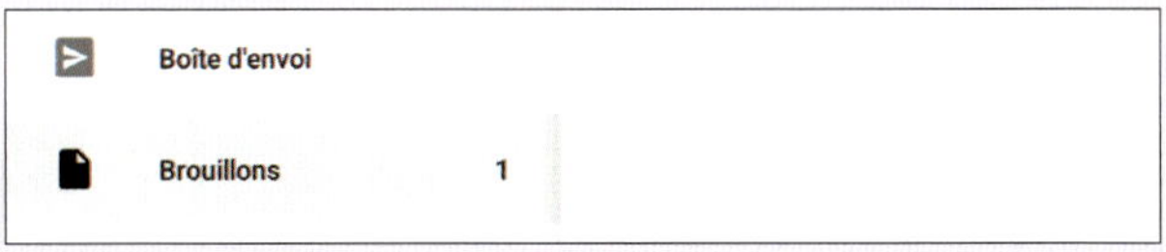

5 Le brouillon s'ouvre : dans sa partie supérieure droite, touchez l'icône de crayon ✎.

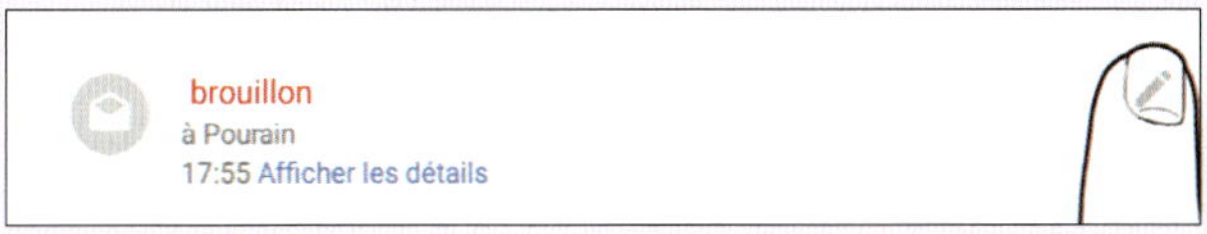

6 Petite opération de chirurgie esthétique, et votre brouillon prend l'apparence d'un nouveau message ! Si tout est en ordre, expédiez-le sur-le-champ en touchant l'icône d'envoi ➤ à la fin de la barre d'outils ; sinon, apportez d'abord les modifications souhaitées.

Le cyber facteur est passé !

Le facteur de Gmail ne compte pas ses heures : dès lors que l'application est ouverte, il récupère au fur et à mesure les messages qui vous sont adressés et les place dans votre boîte aux lettres. Si, à ce moment-là, vous travaillez dans une autre application, Gmail vous prévient de l'arrivée des nouveaux venus par un petit signal sonore et l'icône M dans la barre d'état ; une notification apparaît également dans le volet correspondant et dans l'écran de verrouillage, vous permettant ainsi d'accéder illico presto aux courriels.

Une fois ceux-ci dans votre boîte aux lettres, en prendre connaissance n'est vraiment qu'une toute première étape. Car ensuite, vous pouvez notamment y répondre ou en partager certains avec des amis.

Y a pas plus pratique !

Lisez votre courrier

1. Quand elle récupère des courriels, l'application Gmail les place automatiquement dans la catégorie adéquate, c'est-à-dire **Principale** le plus souvent.

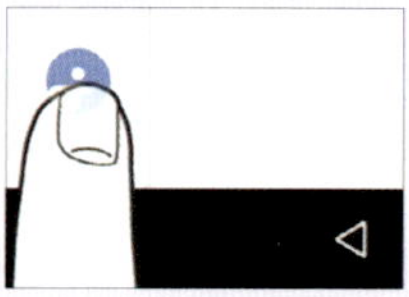

- Si celle-ci est déjà affichée, mais pas pour le bon compte, touchez l'icône du bon compte tout en bas de la colonne gauche : le petit nombre qui lui est associé correspond au nombre de courriels que vous n'avez pas encore lus pour ce compte.
- Sinon, ou si les messages d'un autre libellé, tel que **Brouillons**, occupent actuellement la fenêtre, touchez l'icône ≡ au début de la barre d'outils, puis **Principale** ; cette fois, le nombre de nouveaux messages reçus figure juste après ce nom.

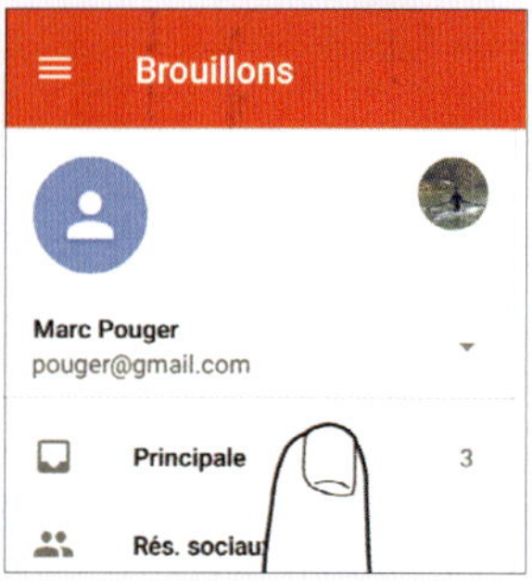

2. Tous les courriels de la Boîte de réception de la catégorie **Principale** s'affichent dans la partie centrale de la fenêtre, et ceux que vous n'avez pas encore lus apparaissent en caractères plus épais :

touchez celui que vous voulez consulter. (Si le menu des libellés joue les trouble-fête, masquez-le en touchant l'icône **Retour** ◁ au bas de l'écran pour octroyer davantage de place aux courriels.)

3 Le contenu du message investit toute la fenêtre.

Lisez-le et poursuivez en fonction de la situation, de vos besoins et de vos envies. Vous pouvez notamment y répondre, bien sûr, ou continuer à lire votre courrier en revenant dans la Boîte de réception : pour cela, touchez la flèche ← au début de la barre d'outils.

Car ne croyez pas vous retrouver dans la catégorie **Principale** en touchant la mention **Boîte de réception** à côté de l'objet du message, en haut : cette action se révèle certes très utile, mais elle produit un tout autre effet, puisqu'elle affiche une boîte de dialogue qui vous permet d'associer le libellé **Boîte de réception** au courriel en cours.

Un petit bonus intéressant : quand vous recevez un message alors que vous en consultez déjà un, Gmail affiche une infobulle au bas de la fenêtre qu'il vous suffit de toucher pour afficher le nouveau venu. Super !

Y a pas plus malin !

Un drôle de chevron

Très vite, vous serez sans doute intrigué par la présence d'une sorte de gros chevron jaune devant certains messages reçus. En fait, Gmail affiche ce symbole devant les messages qu'il estime importants et qu'il l'associe donc au libellé **Important**. Mais comme il n'évalue pas toujours correctement la situation, n'hésitez pas à modifier cette dernière.

Vous découvrirez la marche à suivre dans la prochaine section de ce chapitre, en même temps que vous apprendrez à baliser vous-même les courriels vraiment importants à vos yeux.

Y a pas plus pratique !

Répondez à un courriel

1. Après avoir ouvert le courriel, touchez l'icône **Répondre** dans sa partie droite ou, si le message a également été envoyé à d'autres personnes et si vous voulez répondre à chacune d'elles en même temps, **Répondre à tous** au bas de la fenêtre.

2. Gmail crée un courriel où figurent déjà l'adresse de votre correspondant, ainsi que l'objet du message original (précédé de la

mention « Re », comme « Réponse ») et le contenu de celui-ci : il ne vous reste plus qu'à taper votre réponse et à toucher l'icône d'envoi à la fin de la barre d'outils.

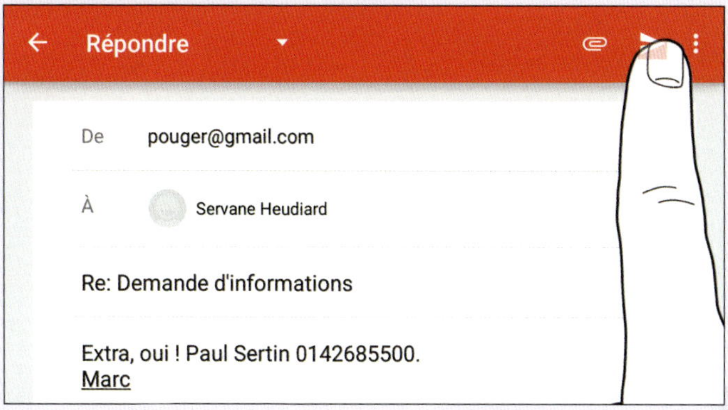

Gmail expédie votre réponse et l'affiche au-dessous du message original, débutant ainsi une nouvelle **conversation** ou en poursuivant une en cours.

Y a pas plus clair !

Conversation

Ensemble de courriels qui comportent le même objet et sont alors réunis sous un seul message d'en-tête.

Y a pas plus pratique !

Transférez un courriel

1. Après avoir ouvert le courriel, touchez l'icône **Transférer** dans sa partie droite.
2. Gmail crée un nouveau message qui reprend l'intégralité du courriel original (y compris tout document ou cliché qui y serait joint), en faisant précéder son objet de l'abréviation **Fwd**, cette fois,

c'est-à-dire « Forward », soit « Transférer » en anglais. Indiquez le(s) destinataire(s) du nouveau message, tapez éventuellement un texte d'accompagnement et touchez l'icône d'envoi ▶.

Y a pas plus malin !

Ne divulguez pas d'informations privées

Même s'il est très facile de transférer un courriel avec Gmail, n'agissez jamais à la légère, car vous risquez de diffuser des informations privées, susceptibles d'être ensuite récupérées et réutilisées par des personnes sans scrupules, et parfois même dotées de mauvaises intentions. Donc avant de transmettre un message, supprimez-en tous les éléments que le nouveau destinataire n'a pas lieu de connaître, comme l'adresse et le nom de l'expéditeur initial.

Dans le courriel en cours de rédaction, touchez **Répondre dans l'e-mail**, puis sélectionnez le texte superflu (comme vous l'avez appris au chapitre 4) et effacez-le en touchant **Retour arrière** ⌫ dans le clavier.

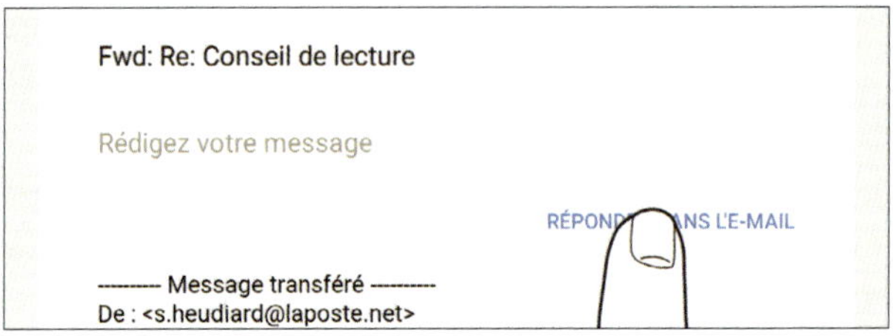

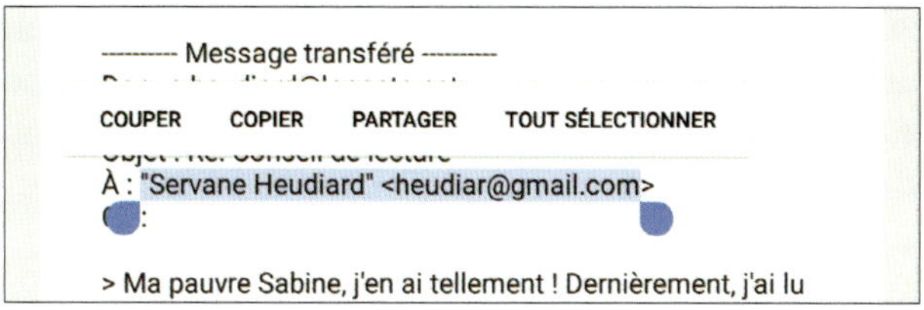

Évitez la pagaille

Sitôt Gmail opérationnel, vous échangerez, chaque jour, de nombreux courriels. Il est donc essentiel de préserver une bonne organisation dans votre boîte aux lettres ; sinon, vous mettrez notamment un temps fou pour retrouver les messages qui vous intéressent et risquez d'en supprimer certains que vous auriez aimé conserver. Voyons ensemble quelques mesures essentielles pour éviter le capharnaüm.

Gardez le fil de vos échanges grâce aux conversations

Assurément ***le*** point essentiel dans l'organisation de vos messages ! Car pour vous épargner des recherches et navigations interminables entre les différents libellés, Gmail réunit instantanément tous les courriels qui possèdent un objet identique dans une même **conversation**.

De la sorte, si vous avez reçu une réponse à l'un de vos messages et si vous-même répondez à votre correspondant, les trois courriels sont regroupés sous le dernier de la série (votre réponse, en l'occurrence), qui est alors le seul à apparaître dans votre Boîte de réception. Du coup, pas besoin d'ouvrir chacun d'eux successivement pour accéder à leur contenu : il suffit d'ouvrir le plus récent (le message d'en-tête de la conversation) pour tous les retrouver. Sympa ! D'autant que Gmail identifie clairement les conversations en indiquant le nombre de messages contenus dans chacune d'elles à côté du courriel d'en-tête.

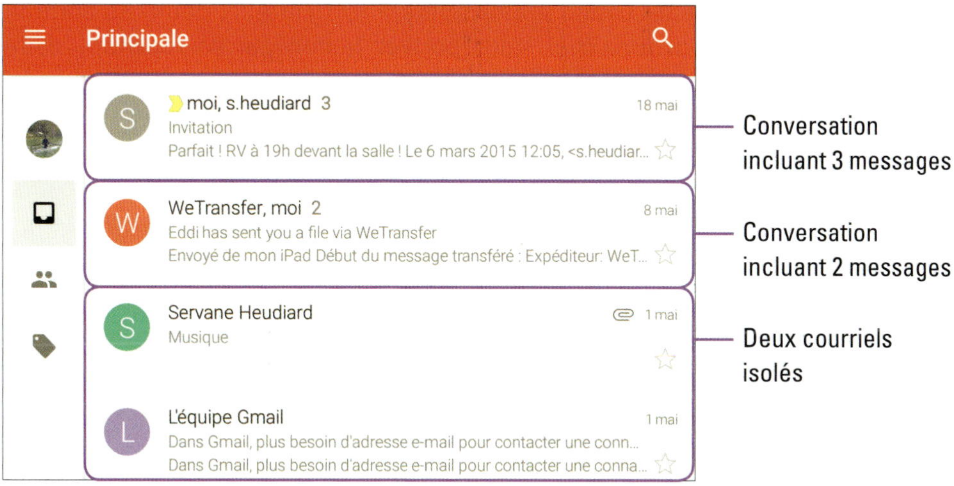

Vraiment parfaites, ces conversations ! À un petit bémol près, toutefois : une fois des courriels réunis en conversations, il devient impossible de les manipuler individuellement. Par exemple, vous ne pouvez pas supprimer ou suivre un seul message d'une conversation : effacement ou suivi obligatoire de celle-ci en intégralité !

Gardez à l'œil les courriels importants

Tous les courriels que vous recevez n'ont évidemment pas la même importance. D'où l'intérêt de baliser ceux qui le sont vraiment, afin de les repérer instantanément. Deux techniques s'offrent à vous, l'une n'excluant pas l'autre.

- Le **suivi** : touchez l'étoile vide ☆ à la fin du bandeau du courriel dans la Boîte de réception ou dans la partie droite de la zone d'en-tête du message si celui-ci est ouvert. Dans les deux cas, l'étoile jaunit ★, faisant ressortir ce courriel du lot. Mais ce n'est pas tout ! En touchant le libellé **Messages suivis**, vous affichez instantanément tous les courriels suivis, et rien qu'eux !

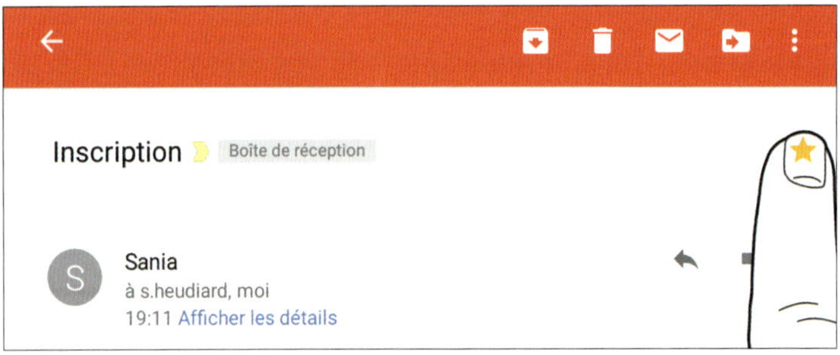

- Le **libellé Important** : si le courriel est déjà ouvert, touchez directement les trois points ⋮ à la fin de la barre d'outils, puis **Marquer comme important** ; sinon, touchez d'abord longuement le message dans la Boîte de réception pour le sélectionner (un rond marqué d'une coche remplace alors le disque coloré avec l'initiale de l'expéditeur).

  Notez qu'à l'inverse, si Gmail a estampillé à tort certains courriels comme importants de son propre chef, vous pouvez le corriger en touchant, cette fois, **Marquer comme non important**.

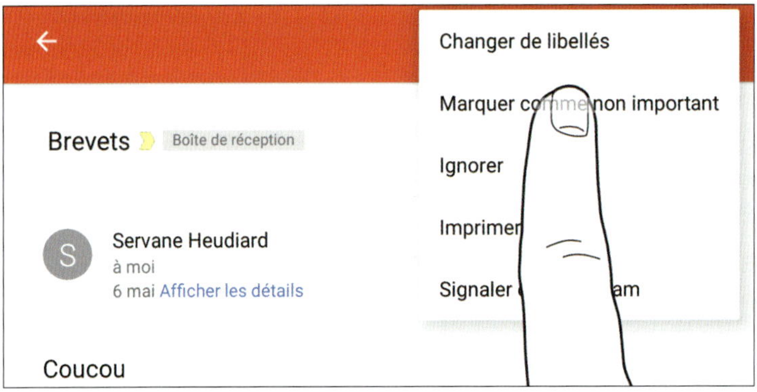

Repérez et éliminez les faux courriels

Pour ne pas mettre en péril les informations stockées sur votre tablette, Gmail estampille automatiquement du libellé **Spam** tout courriel qui lui semble fallacieux et/ou potentiellement dangereux, à l'instar des *spams* (forcément !) et des tentatives d'*hameçonnage*. Sage précaution !

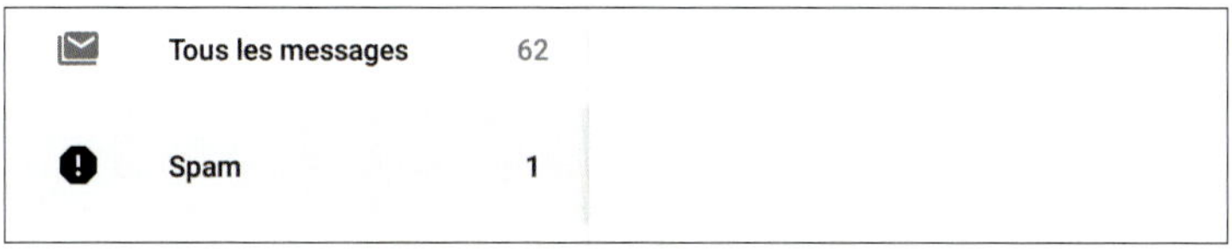

Y a pas plus clair !

Spam

Faux courriel publicitaire qui se révèle, au mieux, juste importun, et, au pire, vraiment dangereux, en tentant d'introduire sur votre tablette des programmes malicieux, comme des virus.

Hameçonnage (*ou* phishing)

Pratique qui consiste à envoyer de faux courriels qui semblent émaner d'un organisme reconnu, comme votre banque, mais qui, en fait, proviennent d'escrocs visant à récupérer des informations confidentielles, telles que des codes confidentiels.

Néanmoins, restez aux aguets, car Gmail se trompe parfois.

- Touchez de temps en temps le libellé **Spam** et vérifiez rapidement son contenu. Si vous trouvez un « vrai » courriel, touchez-le longuement, puis touchez les trois points ⋮ à la fin de la barre d'outils et **Signaler comme non-spam** dans le menu qui se déroule, afin de déplacer le message dans la Boîte de réception.

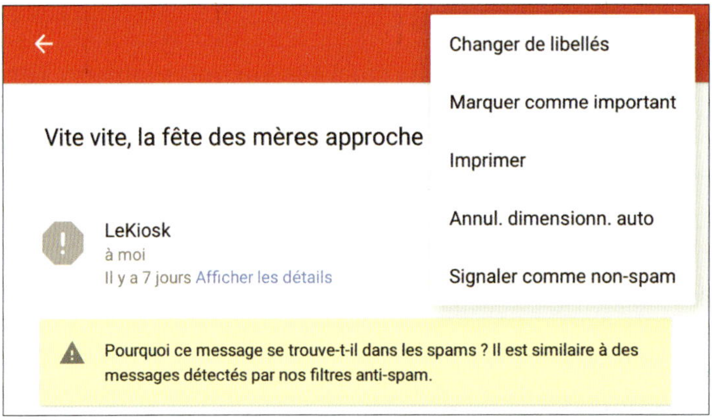

- Lorsque vous repérez un courriel fallacieux dans la Boîte de réception, touchez-le longuement pour le sélectionner, puis brièvement les trois points ⋮ dans la barre d'outils et, selon la nature de la menace, **Signaler comme spam** ou **Signaler comme phishing** dans le menu. Le message se retrouve aussitôt sous le libellé **Spam**, et Gmail enregistre l'expéditeur comme indésirable ; de la sorte, il estampillera automatiquement tous ses futurs courriels comme spams.

Faites le ménage régulièrement

Pas question de conserver tous les courriels que vous recevez ; sinon, votre boîte aux lettres va vite déborder. Sans compter que vous perdrez un temps fou à localiser les messages dont vous avez besoin ! Voici donc trois actions vitales à accomplir très régulièrement.

- **Archiver les courriels à conserver.** Même pas besoin d'ouvrir le message pour l'archiver : depuis la Boîte de réception, balayez-le simplement vers la droite, hors de l'écran. Gmail le retire aussitôt de la Boîte de réception et le classe sous le libellé **Tous les messages**, en conservant néanmoins tout autre libellé que vous lui auriez attribué. Attention, simplement, si quelqu'un répond à un message archivé, Gmail replace celui-ci dans la Boîte de réception.

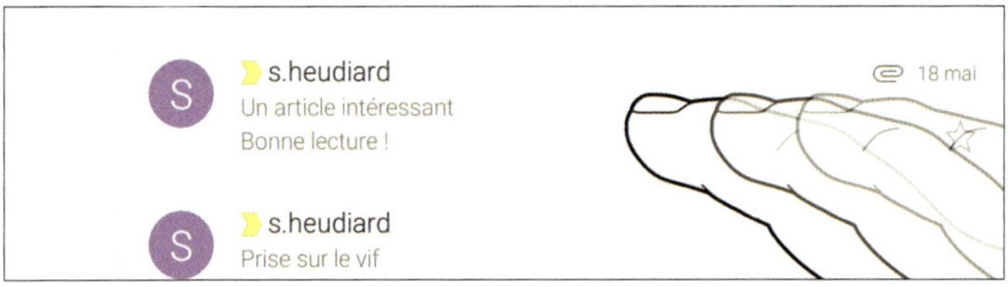

- **Supprimer les courriels sans intérêt.** Touchez d'abord le libellé à « nettoyer ». Ensuite, si le message est déjà ouvert, touchez juste l'icône de poubelle dans la barre d'outils ; sinon, touchez-le d'abord longuement pour le sélectionner et faire apparaître cette icône salutaire.

Le courriel se retrouve aussitôt dans la Corbeille, ce qui vous permet de le récupérer en cas de regret ultérieur : pour ce faire, touchez-le assez longuement dans la Corbeille jusqu'à l'apparition d'un mini bandeau gris indiquant la possibilité de le déplacer, puis faites-le glisser sur le libellé adéquat.

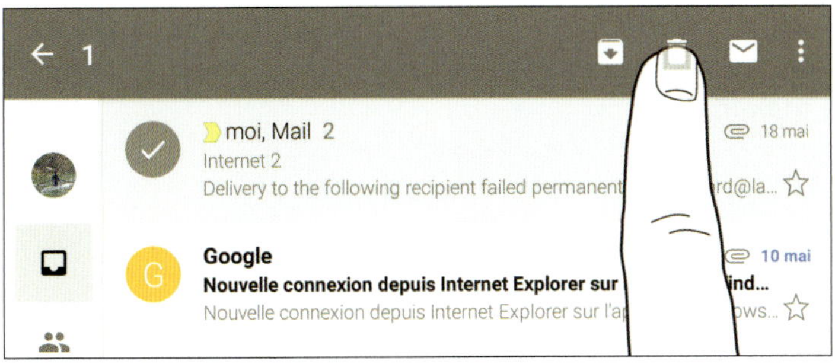

- **Vider la Corbeille et les spams**, afin de ne pas occuper inutilement de l'espace sur votre tablette. Affichez d'abord le libellé **Corbeille**, puis touchez les incontournables trois points ⋮ à la fin de la barre d'outils, **Vider la corbeille** dans le menu qui apparaît et **Supprimer** dans la demande de confirmation. Ensuite, faites de même pour le libellé **Spam** : cela vous évitera de supprimer d'abord individuellement chaque courriel indésirable. Affichez donc ce libellé, puis touchez ⋮ et **Vider les spams**.

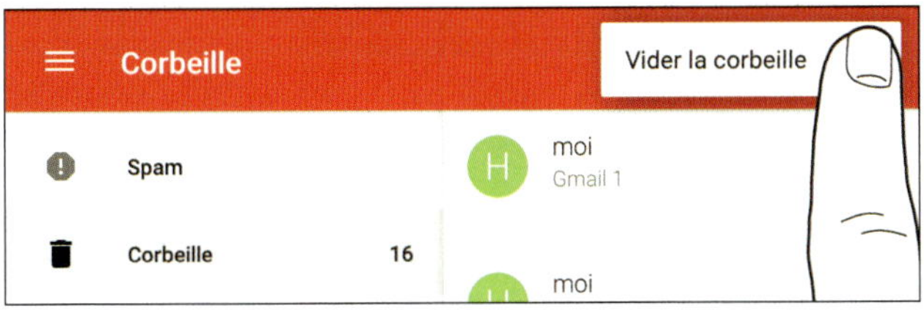

Y a pas plus malin !

Quelques secondes pour faire marche arrière

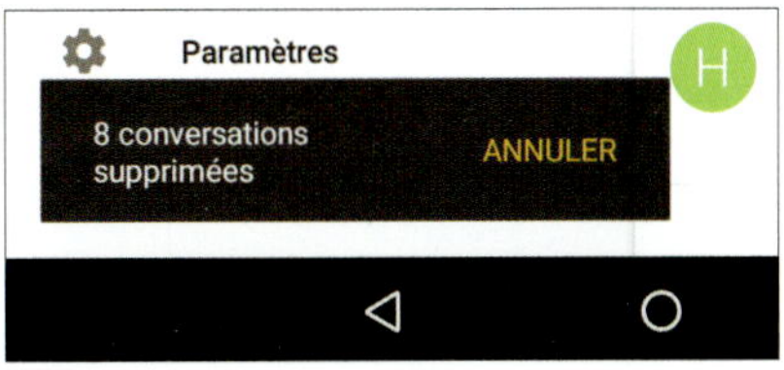

Pour de très nombreuses actions, juste après que vous avez déclenché la commande correspondante, comme **Archiver** ou **Envoyer**, une infobulle ou un encadré s'affiche au bas de l'écran ou à l'endroit même de votre action pour vous prévenir que l'opération est en cours. Et parfois, il inclut une option **Annuler** : en cas de regret, vous disposez alors de quelques secondes pour la toucher et ne plus exécuter la commande. Saisissez votre chance si besoin !

Partager vos plus belles photos

Les courriels ne permettent pas seulement d'échanger des mots : ils peuvent tout à fait servir d'enveloppes pour envoyer et recevoir des photos, des documents ou d'autres types de fichiers. Avec une belle cerise sur le gâteau : quand vous recevez un cliché ou un PDF qui vous plaît beaucoup, vous pouvez le conserver sur votre tablette sans nécessairement garder le courriel auquel il était joint. Efficacité maximale !

Y a pas plus pratique !

Envoyez un fichier

1. Créez un nouveau message comme à l'accoutumée, en indiquant le destinataire et un objet, et en tapant le texte souhaité dans la zone principale. Ensuite, touchez l'icône à la fin de la zone **Objet**, puis **Joindre un fichier** dans le mini menu qui s'affiche.

2. Un panneau **Ouvrir à partir de** listant différents lieux de stockage se déroule dans la partie gauche de la fenêtre : touchez l'emplacement où figure le fichier à envoyer.

3. Si le fichier à joindre au courriel est déjà visible, touchez-le directement ; sinon, naviguez jusqu'à lui en touchant chaque dossier requis pour l'ouvrir.

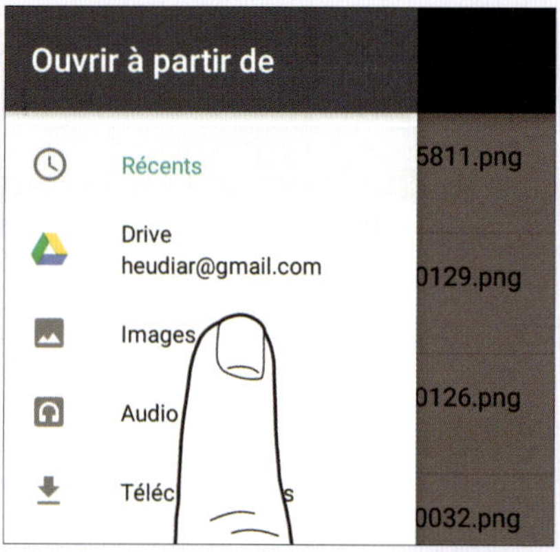

Et si vous voulez en envoyer plusieurs simultanément, touchez longuement le premier d'entre eux, jusqu'à ce qu'il apparaisse sur fond gris ou qu'il se retrouve coché, puis touchez brièvement chaque autre fichier à joindre et **Ouvrir** à la fin de la barre d'outils.

4 Selon la nature de la pièce jointe, une miniature de la photo ou juste un nom apparaît dans le courriel : il ne vous reste plus qu'à expédier le tout en touchant l'icône d'envoi.

Notez tout de même que si vous changez d'avis, vous pouvez retirer n'importe quel fichier joint en touchant la croix dans l'angle inférieur droit de sa vignette.

Y a pas plus pratique !

Recevez un fichier

1 Tous les courriels qui comportent une pièce jointe s'identifient aisément au centre de la fenêtre de Gmail, car une icône de trombone figure à leur droite, en face du nom de l'expéditeur : touchez celui que vous voulez consulter.

2 Le message s'affiche avec, à la suite du texte, une miniature de la photo ou le nom du fichier joint : pour consulter l'une ou l'autre, touchez la vignette ou le nom.

3 Le fichier apparaît dans l'application adaptée, comme Photos pour un cliché, ou dans l'outil de consultation de Gmail. Prenez connaissance du fichier et, après avoir terminé, touchez l'icône **Retour** au bas de l'écran pour revenir à Gmail.

Y a pas plus malin !

Gardez juste l'essentiel

Pour ne pas encombrer inutilement votre boîte aux lettres mais ne pas perdre non plus des clichés, documents importants ou autres que vous avez reçus par courriel, vous pouvez enregistrer ces fichiers, puis supprimer le message associé. Après avoir ouvert celui-ci, agissez depuis le bas de la miniature du fichier.

- Si vous voulez stocker le cliché, document ou autre sur votre tablette, touchez l'icône, afin que Gmail transfère la pièce jointe dans l'application **Téléchargements** (une vieille connaissance depuis la fin du chapitre 6).
- Si vous préférez stocker le fichier sur votre Drive, touchez l'icône.

Pas de bon communicant sans un bon carnet d'adresses

Parfois, il faut savoir perdre quelques minutes au départ pour en gagner une multitude à l'arrivée. Le cas du carnet d'adresses (autrement dit, de l'application **Contacts**) en est une parfaite illustration. En effet, en passant un peu de temps, au début, à y enregistrer les coordonnées de vos correspondants réguliers et/ou importants, vous échappez ensuite à la saisie des adresses de vos interlocuteurs, tout en palliant les risques d'oubli ou de perte. Que des avantages, donc !

Y a pas plus pratique !

Enregistrez un contact

1. Touchez l'icône **Toutes les applications** dans la barre des favoris au bas de l'écran d'accueil, puis la vignette **Contacts** dans la liste complète des applications.

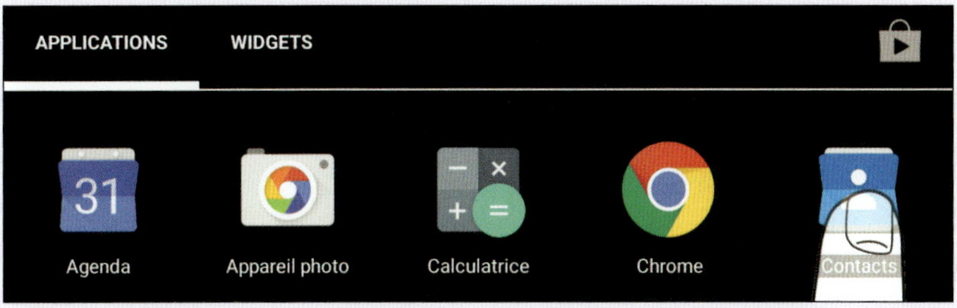

2. L'application Contacts apparaît et présente tout contact que vous auriez déjà enregistré sur votre tablette ou avec votre compte Gmail sur un autre appareil, comme votre ordinateur. Touchez l'icône en bas à droite.

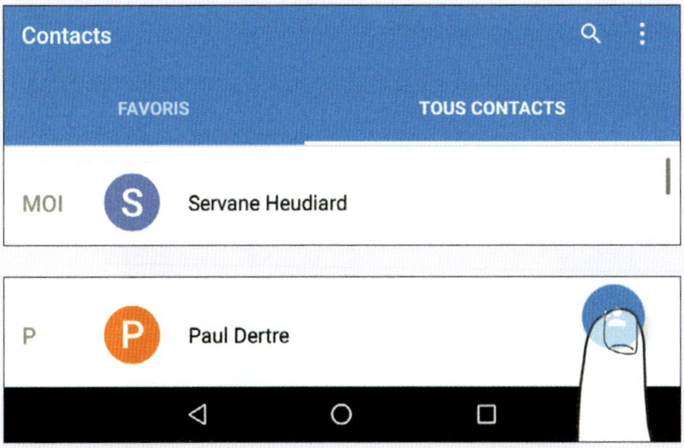

3. Gmail vous informe qu'il va synchroniser votre nouveau correspondant avec votre compte : touchez **OK**. À moins que vous n'ayez défini plusieurs comptes de messagerie sur votre tablette ? Dans ce cas, touchez celui que vous préférez synchroniser.

4. Un formulaire de saisie apparaît : fournissez-y toutes informations qui vous semblent opportunes pour caractériser votre nouveau contact.

Touchez d'abord la zone **Nom** pour afficher le clavier, tapez les nom et prénom de la personne à enregistrer, et poursuivez avec les autres champs. Si besoin, vous pouvez toucher une option associée à une petite flèche orientée vers le bas pour modifier le paramètre correspondant. Par exemple, touchez **Domicile** au-dessous d'**Adresse e-mail**, puis **Bureau** si vous voulez taper une adresse professionnelle.

Et si vous souhaitez enregistrer des renseignements supplémentaires, comme une adresse de site Web, touchez **Autres champ**, tout en bas, puis le type d'information à fournir.

Dernier point : si vous voulez ajouter une photo de la personne, touchez l'énorme image de buste en haut à droite, puis **Sélectionner une photo**. Naviguez jusqu'au cliché souhaité, puis touchez-le et **Ok**, en haut à gauche.

5 Après avoir terminé, touchez la coche ✓ à la fin de la barre d'outils pour enregistrer votre contact : sa fiche finalisée apparaît, et il rejoint aussitôt les autres membres de votre carnet d'adresses, comme vous pouvez le constater en touchant l'icône **Retour** ◁ au bas de l'écran.

Y a pas plus malin !

Évitez les fautes de frappe dans les adresses de messagerie

Saisir une adresse de messagerie est toujours fastidieux, sans compter que vous n'avez pas droit à la moindre erreur ! Heureusement, il existe une manière simple d'échapper à cette tâche : copier l'adresse depuis Gmail.

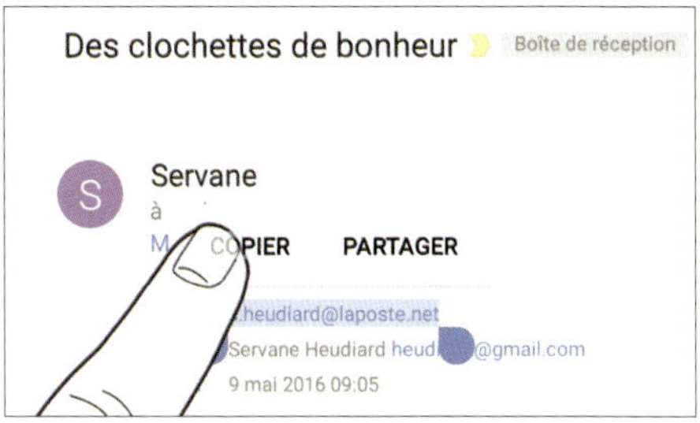

Après y avoir ouvert un courriel de la personne, touchez **Afficher les détails** si l'adresse à copier est masquée, puis touchez longuement cette dernière, et brièvement **Copier** dans le petit panneau qui apparaît.

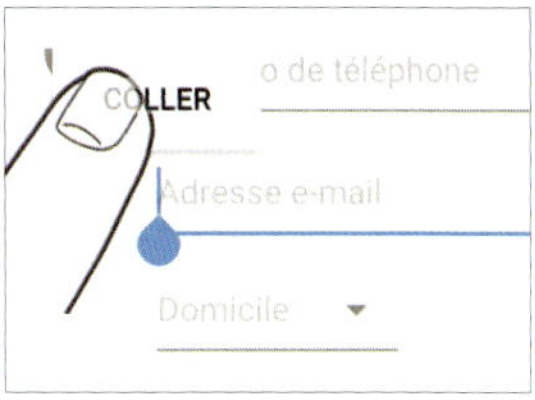

Revenez dans l'application Contacts et commencez à créer le contact comme vous venez de l'apprendre, mais cette fois, touchez longuement la zone **Adresse e-mail**, puis brièvement le mot **Coller** qui s'affiche. L'application insère aussitôt l'adresse copiée : il ne vous reste plus qu'à finaliser et enregistrer la fiche de la personne !

Par la suite, vous pourrez à tout moment agir de nombreuses manières sur vos contacts de nombreuses manières. Voyons les plus utiles.

- Pour **modifier un contact**, touchez-le dans la liste de tous les contacts pour ouvrir sa fiche, puis touchez l'icône de crayon vers la fin de la barre d'outils, apportez les rectifications souhaitées et enregistrez-les en touchant la coche à la fin de la barre d'outils.
- Pour **définir un contact comme favori**, afin de le retrouver plus facilement, ouvrez sa fiche, là aussi, puis touchez l'étoile vide en haut à droite : elle se remplit aussitôt, et ce contact se retrouve listé dans l'onglet **Favoris**. Le

moment venu, vous n'aurez donc plus qu'à toucher ce dernier pour accéder beaucoup plus vite au contact.

- Pour **supprimer un contact**, procédez comme pour le modifier, mais une fois devant son formulaire de saisie, touchez l'icône ⋮ à la fin de la barre d'outils, puis **Supprimer**.
- Pour **exporter vos contacts** et les copier sur un autre appareil ou, à l'inverse, **importer des contacts** d'une autre machine, touchez la traditionnelle icône ⋮ à la fin de la barre d'outils quand vous faites face à la liste de vos contacts, puis **Importer/Exporter**, et agissez en fonction de ce qui apparaît à l'écran.

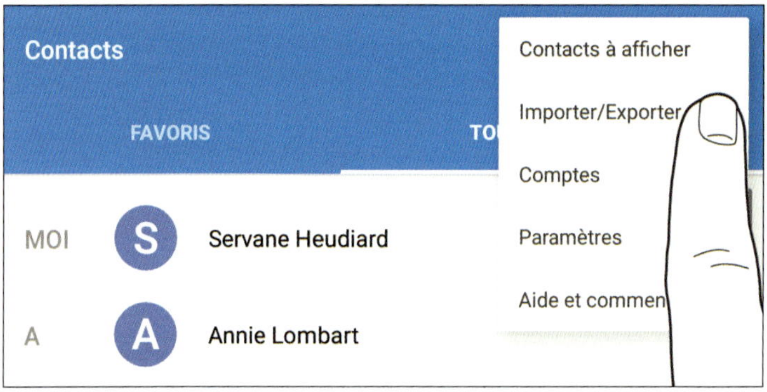

Chapitre 8

Bichonnez votre tablette

Avec tout ce que vous avez appris depuis le début de ce livre, vous devez déjà adorer votre tablette ; et très bientôt, vous ne pourrez carrément plus vous en passer ! D'où l'importance de mettre tout en œuvre dès maintenant pour la garder au meilleur de sa forme.

Rassurez-vous, rien de compliqué : juste de bonnes habitudes à prendre et quelques démarches à accomplir ponctuellement pour, à la fois, protéger le contenu de votre tablette, préserver ses performances et résoudre les dysfonctionnements.

- Empêchez l'accès au contenu de votre tablette
- Gardez votre tablette à jour
- Protégez votre tablette contre les rayures et les saletés
- Dépannez votre tablette

Dressez une barrière de sécurité efficace

Au fil du temps, votre tablette contiendra de plus en plus d'informations personnelles confidentielles et de fichiers que vous ne voudrez surtout pas divulguer. La sécuriser est donc essentiel, et c'est pourquoi toute une section du panneau **Paramètres** est consacrée à cette tâche. Prenez le temps d'en lire toutes les options et d'ajuster si besoin certains réglages. Par exemple, vous pouvez choisir de masquer tous les mots de passe et interdire l'ajout d'applications tierces.

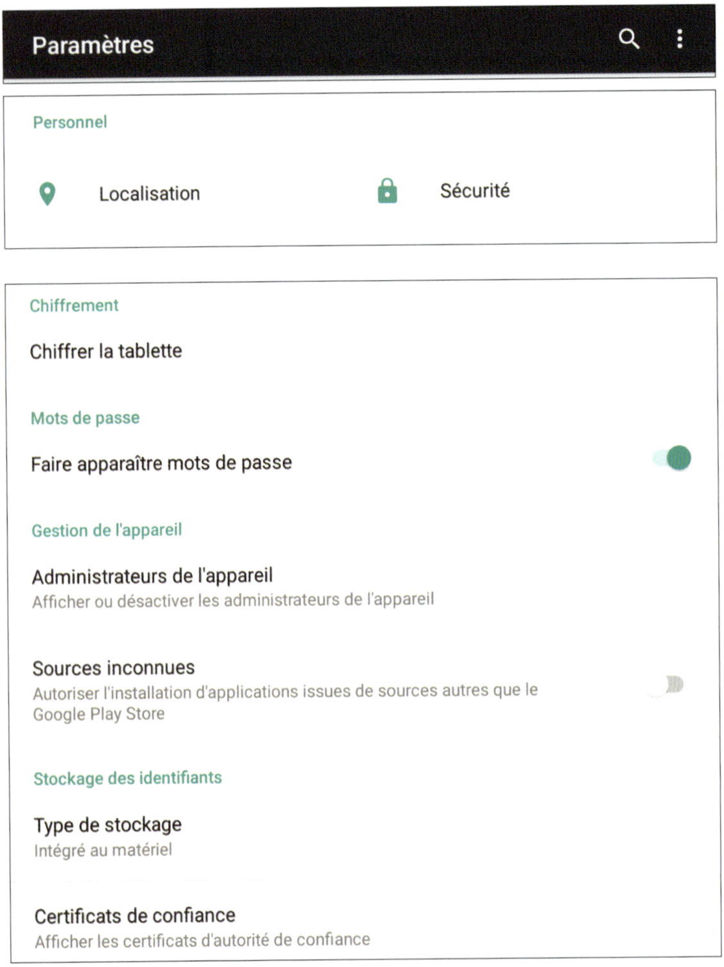

Dans tous les cas, je vous conseille surtout de bloquer l'accès à votre tablette dès que vous l'utilisez hors de chez vous. Car l'écran de verrouillage tel qu'il est configuré au départ est une véritable « passoire ». En effet, tant qu'il suffit d'un simple balayage vertical pour le franchir, n'importe quel utilisateur malintentionné pourrait aisément s'introduire sur votre machine. Donc voyons ensemble comment en faire une vraie barrière de sécurité.

Y a pas plus pratique !

Protégez votre tablette par un mot de passe

1. Touchez l'icône **Toutes les applications** dans la barre des favoris au bas de l'écran d'accueil, puis **Paramètres** dans la liste complète des applications.

2. Le panneau **Paramètres** apparaît : touchez la rubrique **Sécurité**.

3. Dans la section **Sécurité de l'écran**, tout en haut, touchez **Verrouillage de l'écran**.

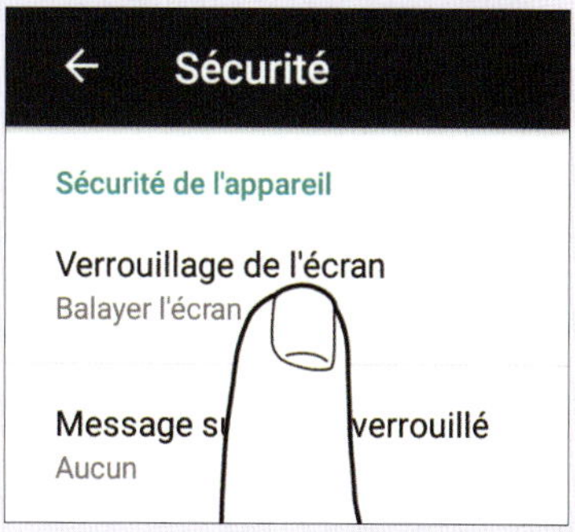

4. Différentes manières de déverrouiller l'écran qui s'affiche au démarrage de votre tablette et après sa mise en veille vous sont proposées, de la moins sûre à la plus sécurisée : touchez **Mot de passe**.

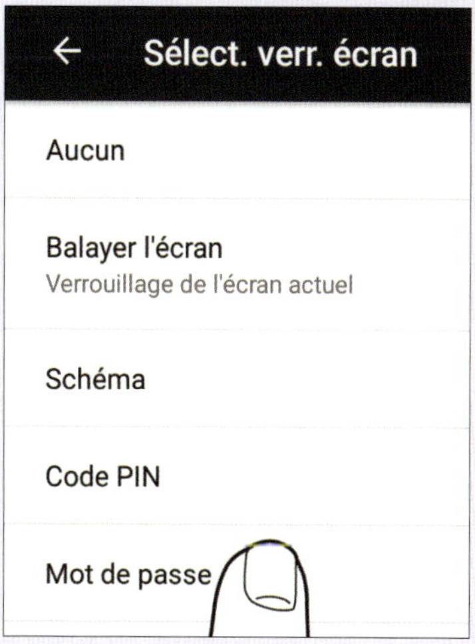

5. La fenêtre **Choisir votre mot de passe** apparaît : tapez le mot de passe souhaité et touchez **Continuer**.

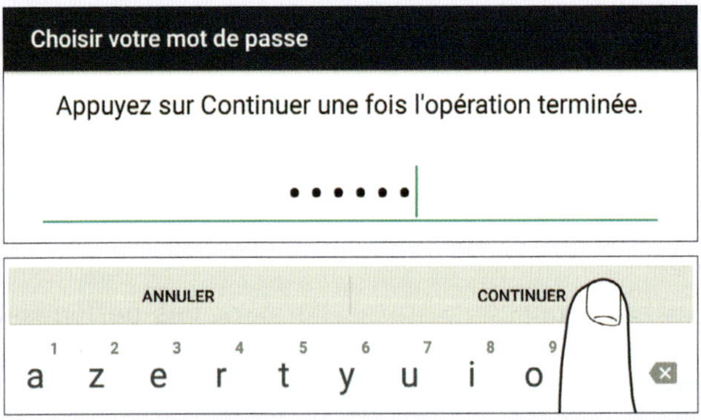

6. Comme toujours pour la définition d'un mot de passe, votre tablette vous demande de le confirmer : alors, retapez-le et touchez **OK**.

7. Votre tablette vous demande maintenant d'indiquer si elle doit toujours afficher les notifications sur l'écran de verrouillage et, le cas échéant, lesquelles : touchez l'option adaptée, puis **OK** en bas à droite.

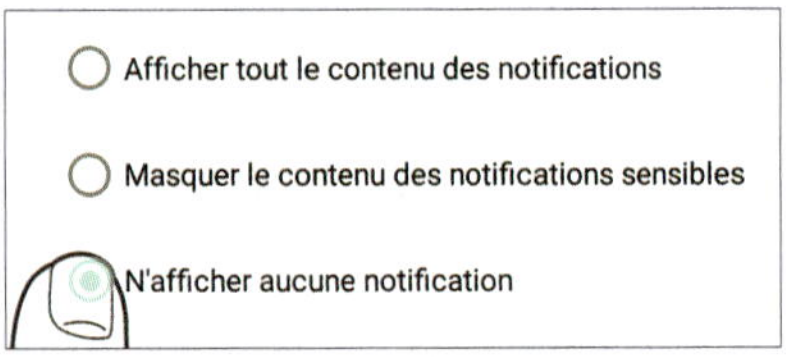

Y a pas plus malin !

Un dessin plutôt qu'un mot

Si vous possédez une mémoire essentiellement visuelle, vous pouvez protéger votre tablette par un dessin plutôt que par un mot de passe. Le niveau de sécurité assuré sera juste un peu moins élevé.

Répétez les étapes 1 à 3 précédentes, puis touchez **Schéma** dans la liste des modes de déverrouillage. Un motif de neuf points apparaît : reliez au moins quatre d'entre eux en faisant glisser votre doigt de l'un à l'autre, et en mémorisant bien l'ordre de votre tracé. Touchez **Continuer**, puis refaites le même parcours gestuel et touchez cette fois **Confirmer**.

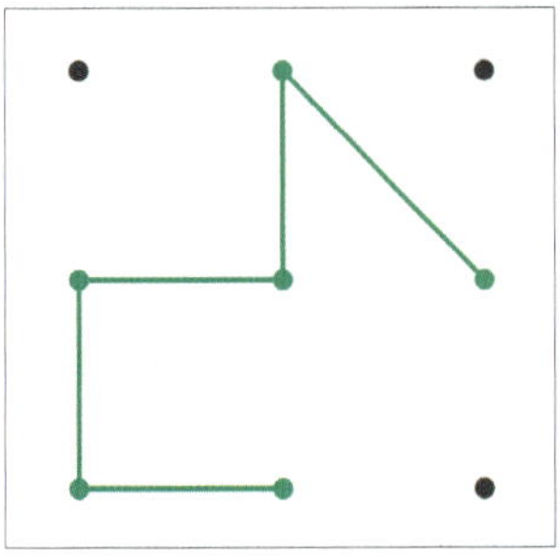

Sitôt votre mot de passe en place, l'écran de verrouillage continuera de disparaître après un balayage vers le haut ; mais ensuite, un panneau vous réclamera votre mot de passe : impossible, alors, d'accéder au contenu de votre tablette sans montrer patte blanche. Tapez ce précieux mot de passe, touchez **Entrée**, et c'est gagné !

Cela étant, autant cette barrière se révèle vitale pendant vos déplacements, autant elle devient presque ennuyeuse quand vous utilisez votre tablette uniquement chez vous pendant plusieurs jours. Pendant ces périodes-là, donc, n'hésitez pas à désactiver votre mot de passe.

Répétez les étapes 1 à 4 précédentes, puis tapez ce mot et touchez **Continuer** dans le panneau **Confirmer le mot de passe** ; ensuite, choisissez de nouveau un mode de déverrouillage basique en touchant **Balayer l'écran**. Dans la mesure où vous réduisez le niveau de sécurité, Android vous demande de confirmer vos intentions : touchez **Oui, supprimer**.

Pas une ride pour votre tablette !

Une autre manière de très efficace de protéger votre tablette consiste à éviter le vieillissement d'Android et de ses applications ; ainsi, ils seront toujours au maximum de leurs performances et armés contre d'éventuelles menaces apparues récemment sur l'Internet. Vaste programme, mais sans aucune difficulté pour vous, puisqu'il suffit de **mettre à jour** votre tablette régulièrement (une opération déjà évoquée aux chapitres 2 et 5). Or Android assure cette lourde tâche pratiquement tout seul !

Néanmoins, vous pouvez à tout moment vérifier que votre tablette est bien à jour. Et si vous êtes resté quelque temps sans l'allumer, n'hésitez pas à forcer sa mise à jour sur-le-champ.

Y a pas plus pratique !

Contrôlez les mises à jour

1. Une fois de plus, ouvrez le panneau **Paramètres** en touchant l'icône **Toutes les applications** dans la barre des favoris au bas de l'écran d'accueil, puis **Paramètres** dans la liste complète des applications.

2 Le panneau **Paramètres** apparaît : tout en bas, touchez la rubrique **À propos de la tablette.**

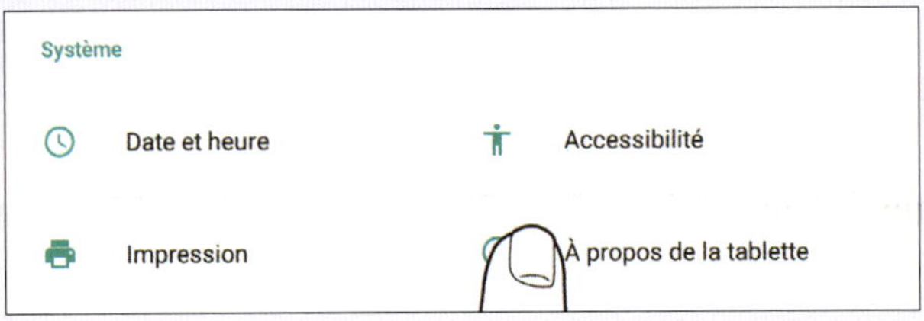

3 Tout en haut, cette fois, du panneau **À propos de la tablette** qui apparaît, touchez **Mises à jour du système.**

4 Un panneau bleu vous indique si votre tablette est effectivement à jour, ainsi que la date ou l'heure de la dernière mise à jour. Si tout est en ordre, vous êtes quitte ; sinon, touchez **Rechercher les mises à jour** en bas à droite.

Concrètement, vous serez essentiellement informé des mises à jour par l'apparition de petites icônes dans la barre d'état, comme ou , ainsi que par des notifications. Mais la plupart du temps, vous n'aurez pas à intervenir. Dans le cas contraire, trois possibilités.

- Un message apparaît au centre de l'écran : acceptez alors sans hésiter le téléchargement et/ou l'installation des mises à jour en touchant la commande requise au bas de l'écran, puis suivez les instructions qui s'affichent.

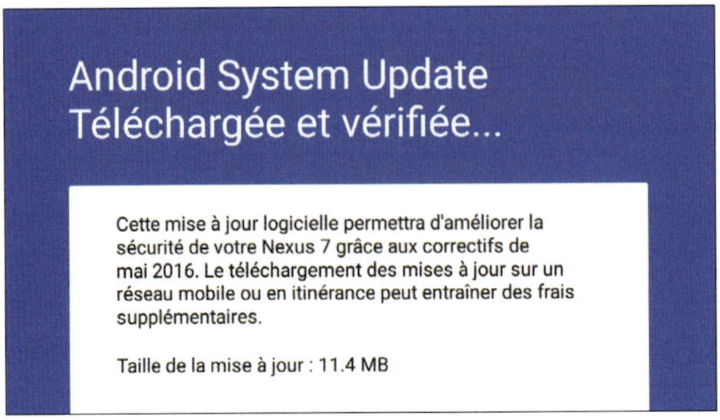

- Une notification figure dans l'écran de verrouillage ou le volet des notifications, notamment pour vous demander d'approuver des mises à jour : dans ce cas, touchez-la et, ici aussi, agissez en fonction de ce qui vous est demandé à l'écran.

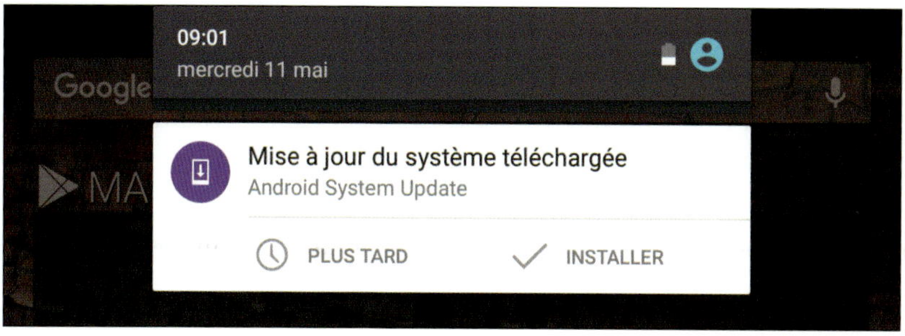

- La mise à jour concerne une application : comme nous l'avons vu au chapitre 5, touchez juste **Mettre à jour** au démarrage de l'application.

Prenez soin de votre tablette

Veiller sur le contenu de votre tablette ne suffit pas : vous devez aussi tout mettre en œuvre pour la garder en bon état malgré ses nombreux voyages.

De plus en plus de fabricants commercialisent à cette fin des articles comme des films protecteurs pour éviter les traces de doigts sur l'écran ou des étuis multifonctions qui protègent l'ensemble de la tablette contre les rayures, tout en pouvant servir de support. Faites une petit recherche sur le Web, afin de comparer les produits et les prix, et de trouver votre bonheur.

Et très régulièrement, briquez l'écran de votre tablette, car il se retrouve sali à la fois par le sébum et la graisse déposés par vos doigts, et par la poussière attirée par l'électricité statique. Après avoir éteint votre machine, humidifiez légèrement un chiffon antistatique non pelucheux (comme celui dont vous vous servez pour nettoyer vos lunettes) avec de l'eau distillée, puis parcourez toute la surface de l'écran en appuyant légèrement et en procédant par mouvements circulaires.

N'utilisez ***jamais*** d'essuie-tout ou de mouchoir en papier, ni de produit nettoyant à l'alcool, et ne grattez ***jamais*** l'écran, car dans les deux cas, vous risqueriez de rayer celui-ci et de l'endommager définitivement.

Sortez la trousse de secours

Même si vous prenez grand soin de votre tablette, elle fera parfois sa mauvaise tête. Le plus souvent, le problème sera bénin et temporaire, mais vous devez savoir comment y faire face.

Problèmes matériels

Sauf à laisser tomber votre tablette ou à la cogner violemment contre un objet dur, les défaillances matérielles sont extrêmement rares. L'écran et la batterie sont, pour ainsi dire, les deux seuls composants qui pourraient un jour vous poser problème.

Concernant la seconde, malheureusement, si elle ne se recharge plus correctement, vous n'avez pas d'autre alternative que la remplacer. En revanche, si l'écran ne réagit plus, vous pouvez tester différentes mesures avant la solution ultime du SAV : vous laver les mains et surtout bien les essuyer, redémarrer votre tablette, et nettoyer l'écran.

Problèmes logiciels

Quand une application refuse de fonctionner ou que votre tablette reste muette à vos sollicitations, vous pouvez souvent les remettre aisément dans le droit chemin.

- Lorsqu'une application comme Appareil Photo refuse d'exécuter la commande demandée, assurez-vous qu'il reste encore de l'espace de stockage. Ouvrez le très familier panneau **Paramètres** en touchant son icône , puis touchez **Stockage** dans la section **Appareil** et voyez combien il reste d'espace disponible.

  S'il manque effectivement, déterminez ce qui occupe le plus de place dans la liste qui occupe presque toute la fenêtre, puis prenez les mesures qui s'imposent (supprimer des photos ou des applications, notamment).

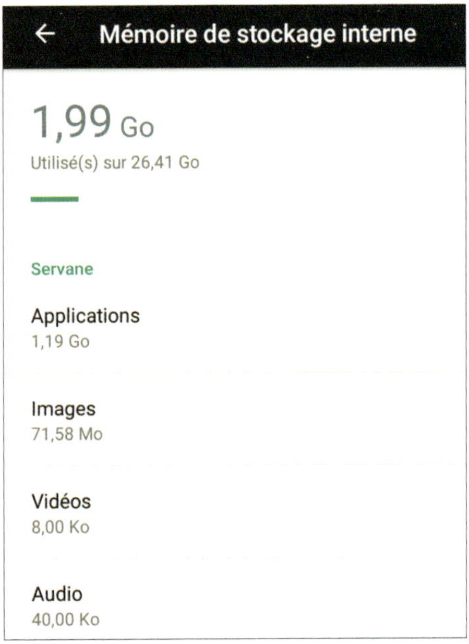

- Quand votre tablette fonctionne de manière aléatoire, allant parfois jusqu'à se bloquer complètement, tentez d'abord un redémarrage forcé en maintenant le bouton de marche/arrêt enfoncé plusieurs secondes.

  Ensuite, si les problèmes deviennent récurrents, mieux vaut la réinitialiser pour qu'elle se retrouve dans le même état qu'au moment de son achat. Souvent très efficace, cette solution est néanmoins radicale, puisqu'elle entraîne notamment la suppression de tous vos fichiers personnels, de votre compte Google, *etc.*, des applications que vous auriez installées et de vos réglages personnalisés.

Y a pas plus pratique !

Réinitialisez votre tablette

1. Une fois de plus, ouvrez le panneau **Paramètres** en touchant sa vignette dans la liste complète des applications.
2. Dans sa section **Personnel**, touchez **Sauvegarde et réinitialisation**.

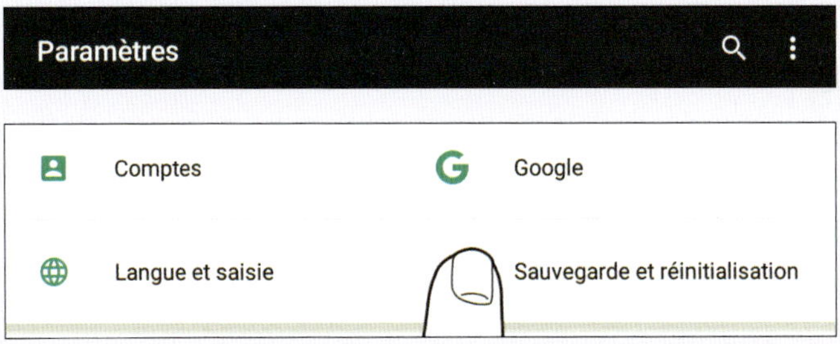

3. Le panneau **Sauvegarder et réinitialiser** s'ouvre : touchez la dernière option : **Rétablir la configuration d'usine**.

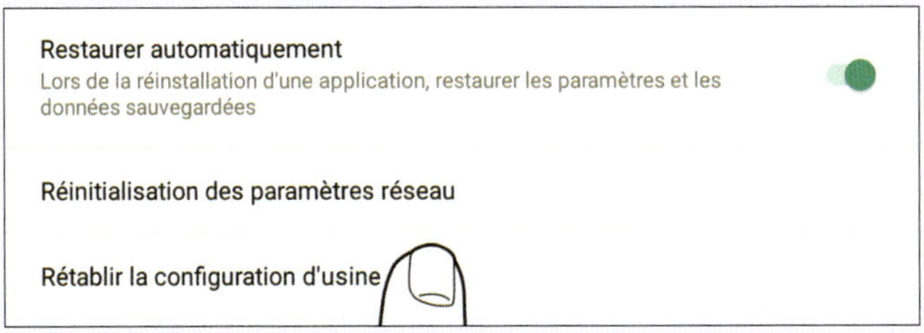

4 Un descriptif des conséquences entraînées par une réinitialisation s'affiche pour que vous ne lanciez pas cette procédure à la légère : si vous êtes bien sûr de vous, touchez **Réinitialiser la tablette**.

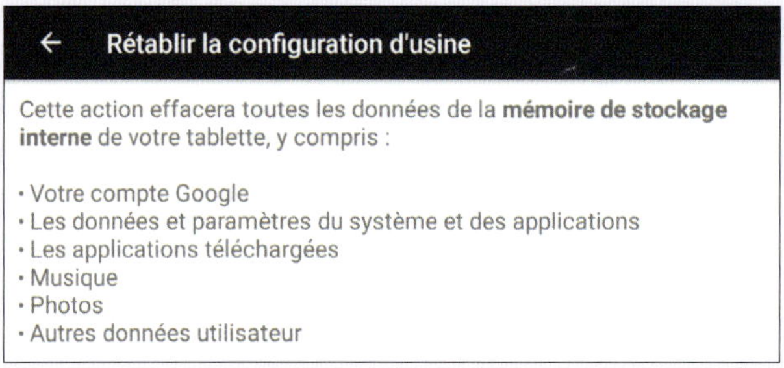

5 Une ultime mise en garde apparaît : démarrez finalement la réinitialisation en touchant **Tout effacer**.

Chapitre 9

Une tablette 100 % pratique

Ce chapitre aurait pu traiter bien d'autres applications prévues par votre tablette pour vous rendre service au quotidien, comme Agenda pour gérer votre emploi du temps, et Calculatrice pour effectuer rapidement toutes sortes de calculs. Mais il fallait bien faire un choix !

C'est pourquoi nous irons à l'essentiel en nous consacrant principalement à la gestion de vos fichiers, car il est important que puissiez y accéder facilement dès que besoin sans pour autant saturer l'espace de stockage de votre tablette. Cela étant, pour commencer en grandes pompes, c'est un assistant personnel exceptionnel, Google Now, qui ouvrira le bal !

- Utilisez Google Now
- Stockez et organisez vos fichiers sur votre Drive
- Copiez des fichiers entre votre tablette et un autre appareil
- Imprimez des fichiers

Facilitez-vous le quotidien avec Google Now

Le chapitre 6 vous a donné un bref aperçu de Google Now au cours d'une recherche sur le Web, mais il a bien d'autres cordes à son arc. Par exemple, il peut vous rappeler vos rendez-vous, vous donner la météo du jour ou vous indiquer les conditions de circulation. Connectez-vous à l'Internet si ce n'est pas déjà fait, et découvrons ensemble cet assistant hors normes !

Y a pas plus pratique !

Utilisez Google Now

1. Si l'écran d'accueil est visible, touchez la barre Google en haut ; sinon, balayez l'icône **Accueil** au bas de l'écran vers le haut.

2. La première fois (et juste celle-là, heureusement !), Google vous propose de faire sa connaissance et d'accomplir quelques réglages de base : touchez le *G* coloré, puis successivement **Configurer** et **Oui, j'accepte**.

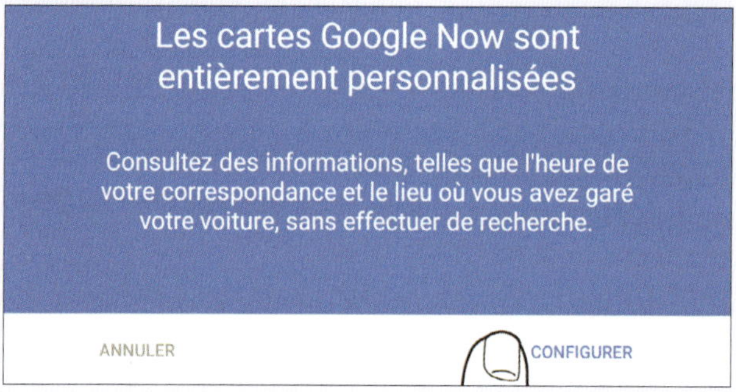

3 La page d'accueil de Google Now s'affiche et propose différents blocs d'information. Trois possibilités s'offrent alors à vous.

- Si vous voulez accéder à un service spécifique ou à l'intégralité d'un article dont vous ne voyez que le début, touchez le bloc correspondant.

- Si vous souhaitez ajuster le réglage d'un service, touchez les trois points ⋮ dans l'angle supérieur droit de son bloc, puis l'option requise. Par exemple, pour les actualités, cela vous permet de ne plus afficher les articles de certaines sources.
- Si vous voulez vous mitonner un Google Now aux petits oignons, touchez les trois points ⋮ dans n'importe quel bloc, puis **Personnaliser Google Now**, et effectuez les réglages qui vous tiennent à cœur parmi tous ceux proposés. Par exemple, si vous indiquez votre mode de transport principal, Google Now le choisira automatiquement quand vous lui demanderez un itinéraire.

Gardez un accès permanent à vos fichiers

Dans la mesure où vous l'avez déjà utilisé aux chapitres 4 et 6, **Drive** ne vous est plus inconnu. Pour autant, vous êtes loin d'avoir exploité toutes ses capacités ! Par exemple, vous pouvez y copier des fichiers actuellement stockés sur votre tablette, afin de pouvoir les consulter et les modifier depuis n'importe quel appareil connecté à l'Internet.

Deux techniques s'offrent à vous.

- **Dupliquer ces fichiers depuis leur application d'origine** *via* la fonction de partage : sélectionnez-les, puis touchez successivement l'icône en haut à droite, et dans le panneau qui apparaît au bas de l'écran. Un nouveau panneau **Enregistrer dans Drive** s'ouvre, listant les fichiers sélectionnés : touchez **Enregistrer**, tout en bas.
- **Importer ces fichiers**. Affaire à suivre dans le prochain « Y a pas plus pratique ! »...

Y a pas plus pratique !

Importez des fichiers sur votre Drive

1. Touchez l'icône **Toutes les applications** dans la barre des favoris au bas de l'écran d'accueil, puis **Drive** dans la liste complète des applications.

2. L'application Drive s'ouvre et affiche le contenu de votre Drive. Pour copier sur celui-ci un fichier de votre tablette, touchez l'icône **Plus** en bas à droite, puis **Importer** dans le panneau qui apparaît.

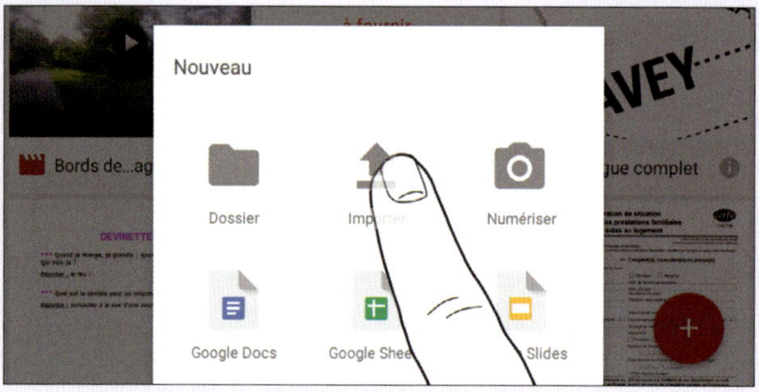

3 Si le menu **Ouvrir à partir de** apparaît automatiquement, touchez directement le lieu où figure le fichier à copier sur votre Drive. Sinon, touchez d'abord l'icône ≡ au début de la barre d'outils et naviguez jusqu'au lieu de stockage du précieux fichier.

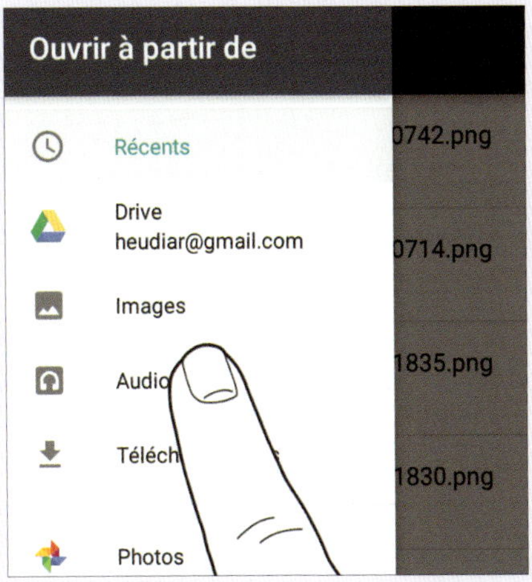

4 Touchez le fichier à copier sur votre Drive (sachant qu'il est possible d'en importer plusieurs à la fois en touchant longuement le premier, puis brièvement les autres et **Ouvrir** dans la barre d'outils). Un bandeau au bas de l'écran indique que l'importation est en cours et, quelques secondes plus tard, le fichier apparaît dans l'application Drive : c'est gagné !

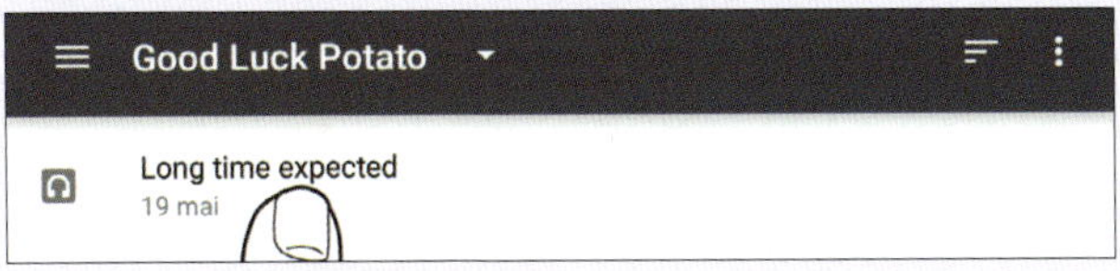

L'application Drive offre toutes les commandes indispensables pour consulter et organiser rigoureusement vos fichiers, et éliminer ceux dont vous n'avez plus besoin. Mais comme elle s'apparente énormément aux explorateurs de fichiers classiques que vous avez l'habitude d'utiliser, je ne me lancerai pas ici dans une description détaillée ni un long catalogage de ses commandes : les deux finiraient assurément par vous lasser !

Je vous propose plutôt de voir ensemble l'essentiel, de façon à vous donner tous les repères indispensables qui vous permettront ensuite d'évoluer seul.

Consultez vos fichiers

À son ouverture, Drive affiche des miniatures de tous les fichiers stockés sur votre espace en ligne. Pour ouvrir l'un d'entre eux, il vous suffit donc de toucher sa vignette. Mais si la liste est très longue, vous pouvez optimiser l'affichage de diverses manières.

- Pour **changer le mode d'affichage**, touchez l'icône ou vers la fin de la barre d'outils, selon celle qui est visible, afin de basculer entre une présentation sous forme de vignettes ou de liste classique.

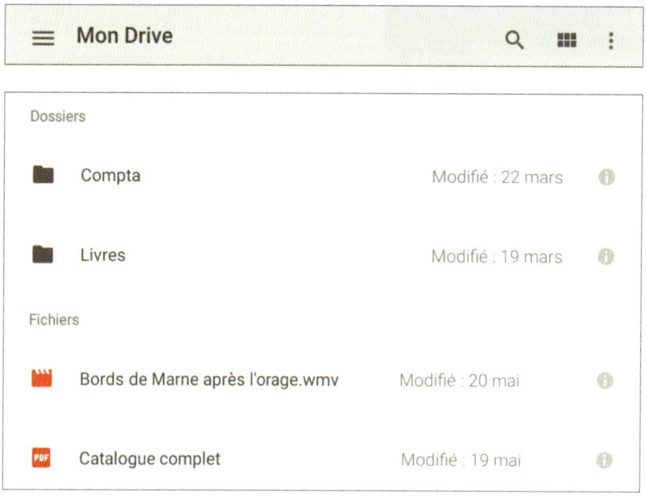

- Pour **afficher uniquement certains fichiers**, par exemple les plus récents ou ceux stockés sur votre tablette, touchez l'icône ≡ au début de la barre d'outils, puis le critère souhaité.
- Pour **classer les fichiers** par ordre alphabétique ou en fonction de la date de dernière modification, par exemple, touchez les trois points ⋮, puis **Filtrer par** et le critère souhaité.

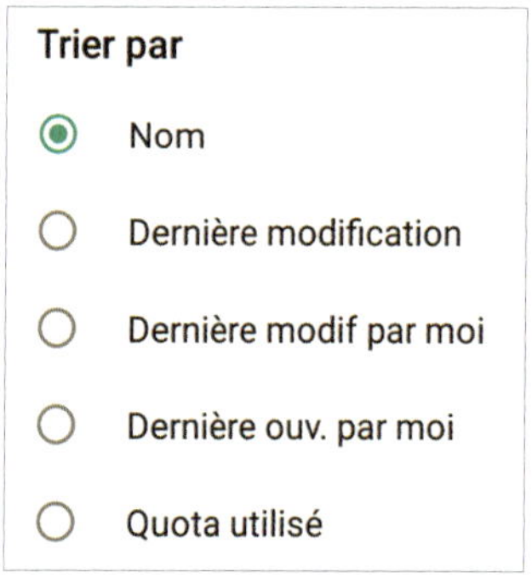

Sélectionnez des fichiers

Que vous vouliez manipuler un seul fichier ou plusieurs, vous devez toujours commencer par le(s) sélectionner : pour cela, touchez longuement le premier d'entre eux, jusqu'à l'apparition d'une coche, puis chaque autre fichier à sélectionner. Facile !

Et si vous en avez sélectionné un à tort, touchez-le, simplement, pour le désélectionner. Sachant tout de même que si vous en avez sélectionné plusieurs, vous pouvez les désélectionner tous simultanément en touchant les trois points ⋮ dans la petite barre d'outils apparue au bas de l'écran, puis **Effacer la sélection**.

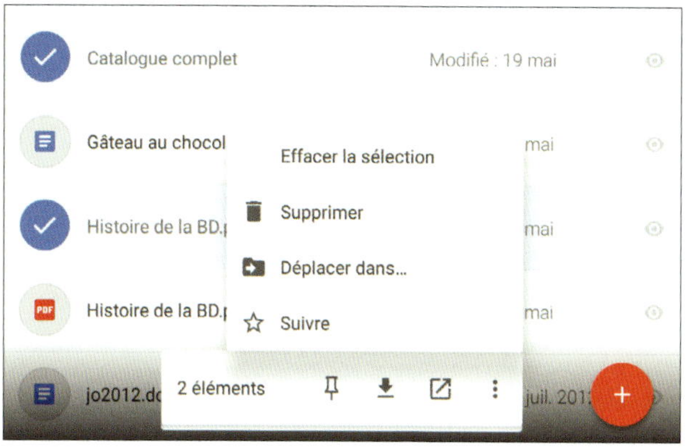

Gérez vos fichiers

Puisque l'application Drive vous offre toutes les commandes requises pour éviter la pagaille, profitez-en ; sinon, quand votre Drive renfermera des dizaines de fichiers, vous n'y retrouverez plus vos petits !

Y a pas plus pratique !

Classez vos fichiers en dossiers

1. Pour ne pas stocker vos fichiers pêle-mêle, prenez quelques instants pour créer des dossiers thématiques et/ou par type de fichiers au sein desquels vous dispatcherez vos photos, documents, *etc.* Comme pour une importation, touchez l'icône **Plus** en bas à droite, mais ensuite **Dossier**, cette fois, dans le panneau qui s'affiche.

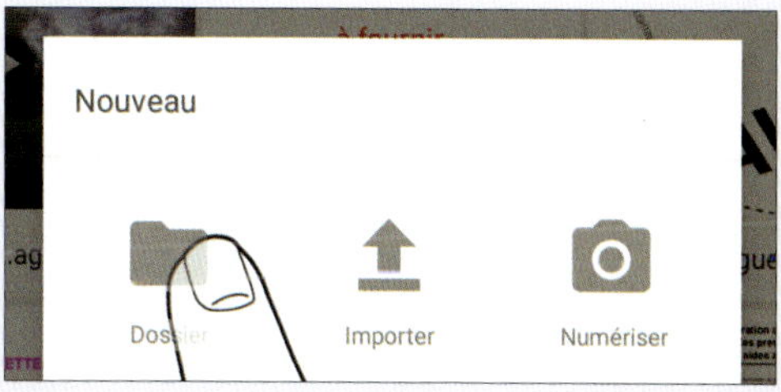

2 Une boîte de dialogue s'ouvre : tapez un nom pour le dossier et touchez **OK**.

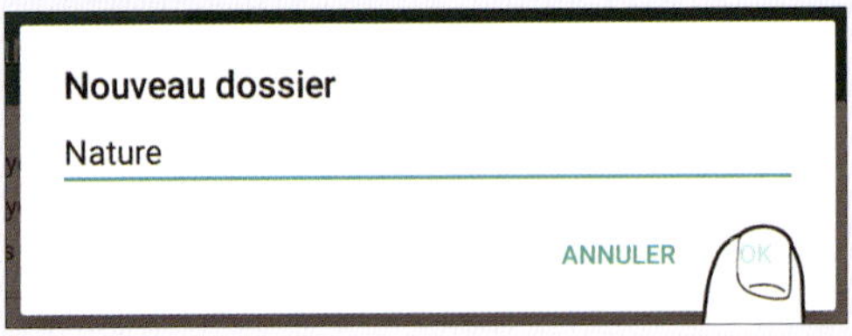

3 Le dossier s'ouvre, prêt à accueillir vos fichiers. Faisons-le pourtant patienter quelques instants, afin d'optimiser votre travail. Ainsi, touchez plutôt l'icône **Retour** ◁ au bas de l'écran, puis répétez les étapes 1 et 2 pour tout autre dossier à créer.

4 Une fois tous vos dossiers et fichiers devant vous, sélectionnez le(s) document(s), cliché(s) ou autre à déplacer dans un même dossier, puis faites-le(s) glisser sur celui-ci ; quand le dossier bleuit, relevez votre doigt.

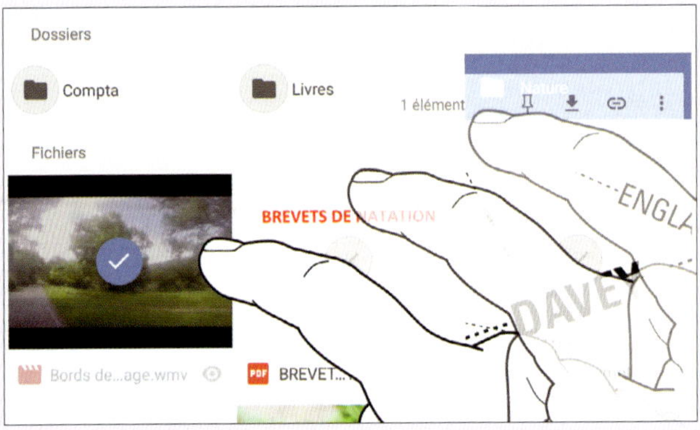

5 Répétez l'étape 4 autant de fois que nécessaires pour répartir les autres fichiers dans les dossiers adaptés.

Après avoir mis en place ce classement salvateur, vous pouvez à tout moment intervenir individuellement sur certains fichiers en fonction de vos besoins : sélectionnez celui concerné et profitez des nombreuses options offertes par la barre d'outils flottante qui apparaît au bas de l'écran.

Outre des commandes aussi explicites et utiles que **Renommer** et **Supprimer**, accessibles en touchant l'icône des trois points ⋮, vous apprécierez assurément les deux icônes suivantes.

- 📌, qui permet de **stocker** le fichier **sur votre tablette** et de pouvoir ainsi l'utiliser même hors connexion. (Après que vous avez touché cette épingle, un message temporaire au bas de l'écran et une notification vous indiquent que le fichier est désormais disponible sur votre machine.)

- ☆, qui permet de **suivre** le fichier et d'y garder ainsi un accès express. En effet, après avoir touché cette étoile, vous pouvez retrouver ce fichier instantanément en touchant l'icône ≡ au début de la barre d'outils, puis **Suivis**.

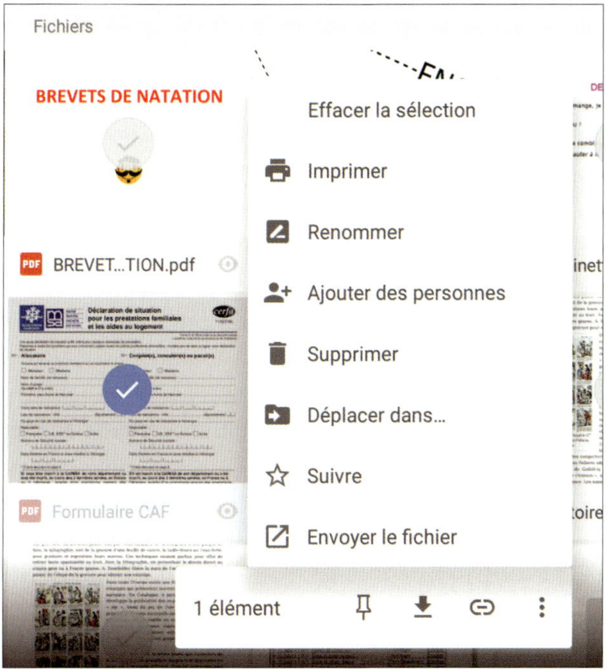

Tablette, ordinateur, smartphone : faites voyager vos fichiers de l'un à l'autre

Si Drive se révèle idéal pour accéder à vos fichiers depuis n'importe quelle machine, il suppose malgré tout que vous soyez connecté à l'Internet. Pour pouvoir utiliser vos documents, regarder vos photos ou écouter vos chansons même quand vous êtes hors ligne, une seule solution : les copier d'un appareil à l'autre.

Mais ce n'est pas tout ! Comme l'espace de stockage de votre tablette est limité, pensez aussi régulièrement à dupliquer vos photos, chansons, vidéos, *etc.* sur votre ordinateur et à les supprimer ensuite de votre Nexus, afin de libérer de la place.

Copiez des fichiers via une connexion Bluetooth

Préférez cette méthode lorsque vous voulez partager des fichiers avec un appareil mobile compatible avec le Bluetooth. Très simple, elle requiert néanmoins d'*appairer* les deux machines pour que celles-ci fassent ami-ami.

Y a pas plus clair !

Appairer

Établir une liaison entre deux appareils pour leur permettre de communiquer entre eux.

Y a pas plus pratique !

Appairez votre tablette et un appareil mobile en Bluetooth

1. Pour commencer, forcément, vérifiez que le Bluetooth est activé sur les deux appareils ; et dans le cas contraire, faites le nécessaire. Sur votre tablette, il suffit d'afficher la fenêtre de configuration rapide en balayant l'écran depuis son bord supérieur vers le bas avec deux doigts et de toucher l'icône si elle apparaît à la place de l'icône .

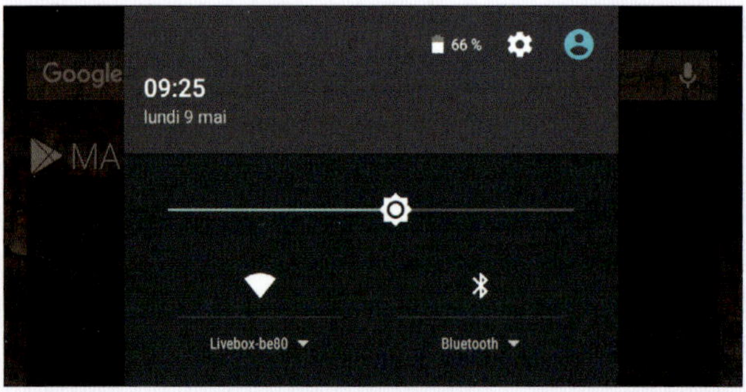

2. Le panneau **Bluetooth** apparaît et liste les appareils Bluetooth à proximité : touchez le vôtre.

3. L'appareil externe vous demande si vous autorisez la connexion Bluetooth : acceptez.

4. Votre tablette indique un mot de passe pour l'appairage, et l'appareil externe vous demande si ce mot de passe est bien celui qui vous a été fourni : confirmez sur l'appareil en question, puis touchez **Associer** sur votre tablette.

5 Sitôt l'appairage réussi, copier des fichiers d'un appareil à l'autre devient un jeu d'enfants.

- Pour dupliquer un cliché depuis votre tablette, par exemple, ouvrez l'application Photos (traitée au chapitre 10), sélectionnez ou affichez la prise de vue, et touchez l'icône de partage, puis **Bluetooth** dans le panneau qui s'ouvre, et, finalement, votre mobile dans la boîte de dialogue **Sélectionner un appareil Bluetooth**. La copie s'effectue sur-le-champ.
- À l'inverse, pour dupliquer une photo sur votre tablette, exécutez les commandes d'envoi requises sur le second appareil, puis touchez **Accepter** dans la demande d'autorisation pour le « fichier entrant » sur votre Nexus. (Si aucun message n'apparaît, affichez le volet des notifications en balayant l'écran depuis son bord supérieur vers le bas, et touchez la notification **Partage Bluetooth**.)

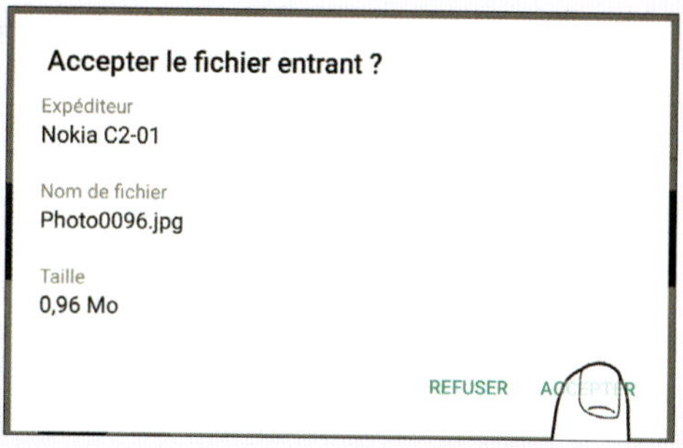

Y a pas plus malin !

Copiez des fichiers par simple contact

Si les deux appareils entre lesquels vous voulez échanger des fichiers sont compatibles avec le NFC, vous pouvez profiter d'**Android Beam** pour les copier de l'un à l'autre en mettant juste vos machines dos à dos !

Vérifiez d'abord que le NFC est activé sur votre tablette, comme vous l'avez appris à la fin du chapitre 3, et que l'option **Android Beam** (juste au-dessous de l'option **NFC** dans la fenêtre **Plus** du panneau **Paramètres**) indique que votre machine est prête pour le partage.

Cela fait, ouvrez ou sélectionnez le fichier à dupliquer, et touchez la commande ou l'icône de partage, puis **Android Beam** dans le panneau de partage qui s'ouvre. La fenêtre de l'application en cours se réduit, et votre tablette vous invite à approcher les deux appareils : allez-y, et le transfert s'effectuera automatiquement !

Y a pas plus clair !

Android Beam

Fonctionnalité du système d'exploitation Android qui permet d'échanger des données entre plusieurs machines par simple contact de stockage grâce à la technologie NFC.

Copiez des fichiers via une connexion USB

Sans conteste la solution idéale pour un échange de fichiers avec un ordinateur !

En effet, il vous suffit de relier celui-ci à votre tablette grâce au câble USB fourni avec cette dernière. La tablette est alors considérée comme un dispositif USB classique par votre ordinateur, et vous n'avez plus qu'à effectuer une copie standard de fichiers grâce au programme que vous utilisez habituellement, comme l'Explorateur sous Windows.

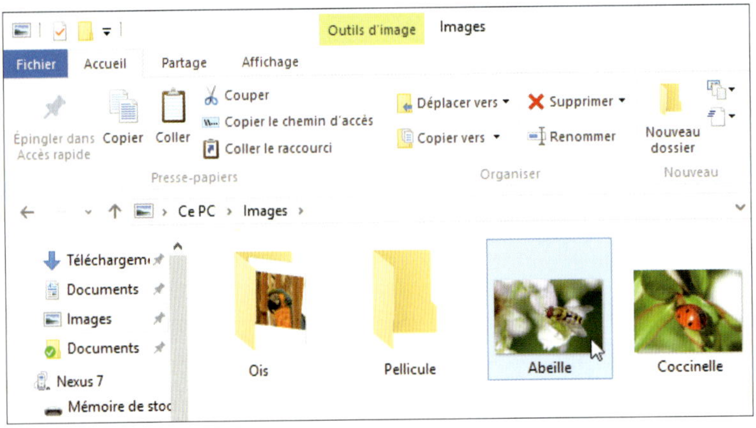

Y a pas plus malin !

Domptez les tablettes trop gourmandes

Quelle déconvenue : le programme de gestion de fichiers de votre ordinateur affiche bien votre tablette parmi ses lecteurs amovibles, mais quand vous cliquez sur Nexus, blanc total à l'antenne. Comme si votre tablette ne contenait absolument rien !

Pas de panique. Observez la fin de la barre d'état de votre Nexus : vous y trouverez assurément l'icône . Celle-ci indique que votre tablette est en train de recharger sa batterie sur votre ordinateur, ce qui la rend indisponible pour toute autre tâche.

Pour pouvoir accomplir le transfert souhaité entre les deux machines, vous devez donc interrompre ce processus et indiquer vos volontés. Balayez le haut de l'écran vers le bas pour afficher le volet des notifications, puis touchez-y la notification **Recharge par USB**.

Un message apparaît, proposant diverses actions réalisables : touchez sans hésiter **Transférer des fichiers**. Quelques secondes plus tard, tout le contenu de votre tablette apparaîtra comme attendu sur votre ordinateur (dans l'Explorateur de Windows sur un PC, par exemple).

De votre tablette au papier

Dans certaines situations (formulaire à remplir, contrat à signer ou photo à envoyer à votre mémé qui n'a pas d'ordinateur, par exemple), vous aurez besoin d'imprimer un fichier depuis votre tablette. Pas de problème si vous possédez une imprimante Wi-Fi ! Simplement, la première fois, tenez-vous prêt à accomplir un certain nombre de réglages... sinon un nombre certain...

Y a pas plus pratique !

Imprimez un fichier

1. Après avoir allumé votre imprimante et activé votre connexion Wi-Fi sur votre tablette, rouvrez l'application Drive en touchant l'icône **Toutes les applications** dans la barre des favoris au bas de l'écran d'accueil, puis **Drive** dans la liste complète des applications.

2. Sélectionnez le fichier à imprimer en le touchant longuement, comme vous l'avez appris plus tôt dans ce chapitre, puis touchez successivement l'icône des trois points ⋮ à la fin de la barre d'outils flottante et **Imprimer**.

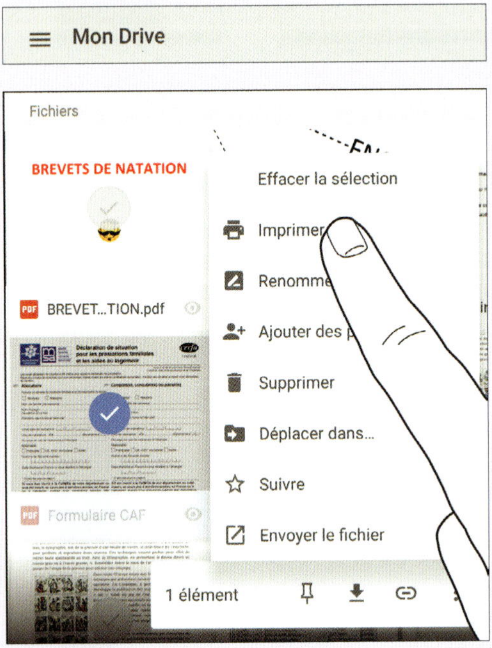

3. La fenêtre d'impression apparaît : touchez l'option visible en haut à gauche pour afficher la liste des différents outils d'impression.

4. Toutes les autres fois, vous pourrez toucher directement le nom de votre imprimante dans le menu qui apparaît et passer à l'étape 9. Mais pour cette première, touchez **Toutes les imprim.**.

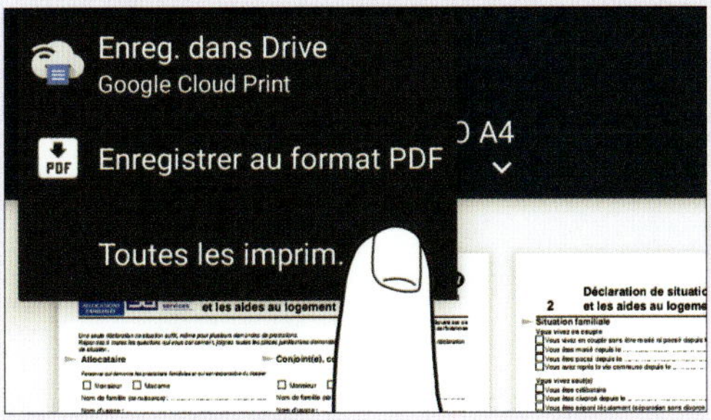

5. La fenêtre **Toutes les imprimantes** s'ouvre : touchez l'icône Plus ⊕ à la fin de la barre d'outils.

6. Le message **Sélectionner le service d'impression** s'affiche : touchez **Ajouter un service**.

7. Votre tablette vous emmène sur le magasin en ligne de Google pour vous permettre de récupérer le précieux programme qui lui permettra de fonctionner avec votre imprimante. Mais rien à payer, rassurez-vous ! Touchez simplement le service correspondant à la marque de votre machine, puis **Installer**, et patientez jusqu'au téléchargement et à l'installation du programme.

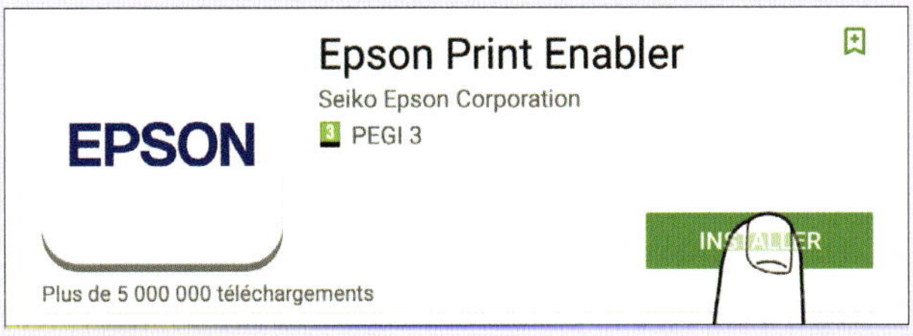

8 Si vous avez de la chance, le programme de votre imprimante s'active automatiquement, et la fenêtre **Impression** apparaît : vous pouvez alors passer directement à l'étape 9.

Sinon, quelques manipulations supplémentaires s'imposent : balayez le haut de l'écran vers le bas pour afficher les notifications et touchez la notification **Service *xxx* installé – Appuyer pour activer**. Dans la fenêtre du service qui apparaît, activez celui-ci en touchant le curseur (qui devient). Cela fait, malheureusement, vous devrez souvent répéter les étapes 2 à 4.

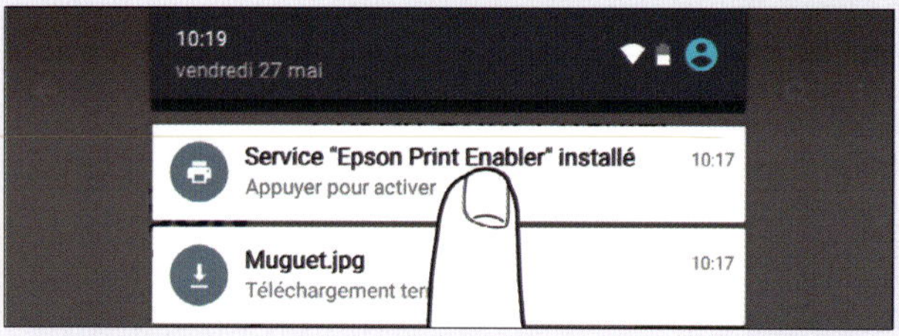

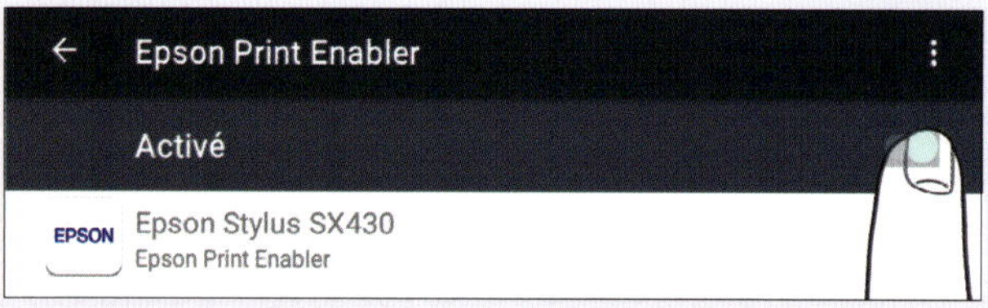

9 Vous voilà enfin opérationnel ! En effet, la fenêtre d'impression indique bien le nom de votre imprimante en haut à gauche : pour vérifier le paramétrage de la future impression, touchez la petite flèche orientée vers le bas au bas de la zone d'options.

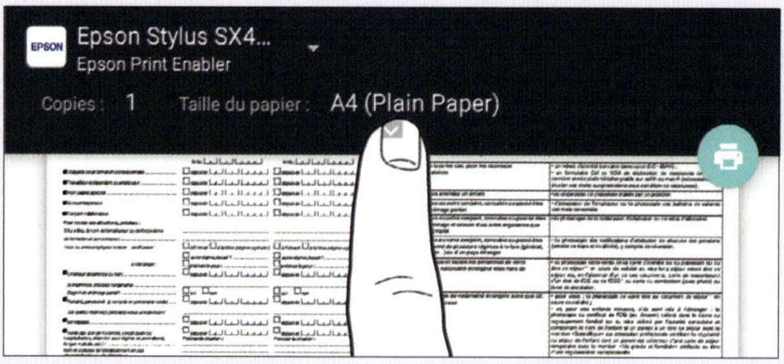

10 De nouveaux réglages apparaissent : si besoin, ajustez certains d'entre eux. Par exemple, si vous préférez imprimer à l'horizontale plutôt qu'à la verticale, touchez **Portrait** sous **Orientation**, puis **Paysage** ; et si vous ne voulez pas imprimer l'intégralité du fichier, touchez **Toutes** sous **Pages**, puis spécifiez les pages requises.

11 Touchez l'icône et, dans quelques instants, votre imprimante vous livrera les épreuves attendues (et bien méritées !).

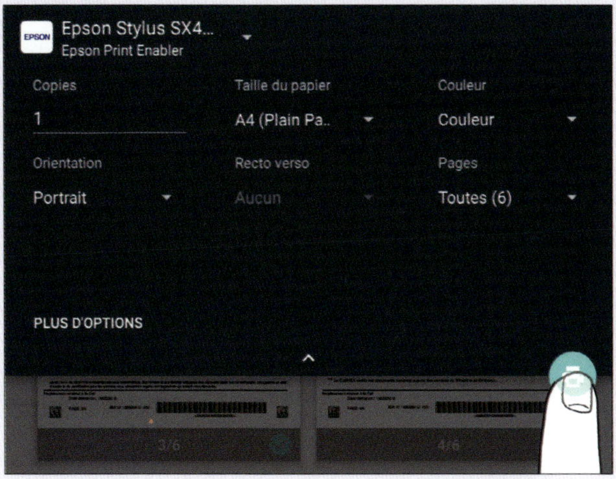

Chapitre

10

Gros plan sur vos photos

Dans notre monde d'images envahi par le numérique, vous possédez assurément déjà un grand nombre de photos personnelles, auxquelles s'ajoutent sans doute des clichés envoyés par vos amis et peut-être des illustrations récupérées sur l'Internet.

Grâce à votre tablette, vous pouvez à la fois savourer et gérer tout ce petit monde, mais aussi enrichir votre stock en prenant des photos, par exemple. Et si le résultat vous déçoit, tout n'est pas perdu, car l'application Photos vous propose une multitude d'outils pour corriger les petits défauts et créer des effets spéciaux !

- Prenez des photos
- Admirez vos clichés grâce à l'application Photos
- Améliorez vos photos imparfaites et éliminez les ratées
- Partagez vos clichés en privé et en public

Souriez, vous êtes photographié !

Bien sûr, jamais l'appareil photo intégré à votre tablette n'arrivera à la cheville d'un authentique APN. Mais ne le boudez pas pour autant, car il vous permettra quand même de réaliser de très jolis clichés, et même des autoportraits ! En effet, en plus d'une qualité d'optique particulièrement bonne, il prévoit diverses fonctionnalités vraiment utiles, comme un retardateur pour éviter le flou de bougé consécutif à l'appui sur l'icône de capture.

Y a pas plus pratique !

Prenez une photo

1. Pas de bouton marche/arrêt pour mettre en route l'appareil photo de votre tablette : juste l'application **Appareil photo** à démarrer. Touchez sa vignette dans la barre des favoris au bas de l'écran d'accueil, voire sur le côté droit si vous optez pour un cadrage à l'horizontale. Si l'écran d'accueil est masqué, vous pouvez aussi appuyer deux fois sur le bouton de marche/arrêt de votre tablette.

2. La première fois, un message vous invite à laisser l'appareil photo identifier votre position géographique : touchez **Autoriser**, afin d'enregistrer les coordonnées du lieu où vous prenez vos clichés conjointement à ceux-ci.

3. L'écran affiche ce qui se trouve devant l'objectif, ainsi qu'une barre d'options très éphémère. Mais peu importe. L'essentiel réside dans la présence des deux icônes suivantes : en bas ou à mi-hauteur de l'écran qui équivaut, en fait, au déclencheur d'un véritable APN, et ou qui dévoile trois icônes fort utiles.

- : touchez-la si vous souhaitez photographier non pas ce qui vous fait face, mais vous-même.
- : touchez-la si vous avez besoin de repères pour cadrer convenablement la scène, car elle affiche un quadrillage qui permet de respecter aisément la *règle des trois tiers*.
- : touchez-la une ou deux fois quand vous redoutez de bouger votre tablette lors de la prise de vue, car elle active le retardateur. Une fois celui-ci déclenché, la capture s'effectue non pas à l'instant où vous touchez l'icône , mais 3 ou 10 secondes après. De la sorte, vous pouvez tenir votre tablette totalement immobile à l'instant fatidique et éviter le flou de bougé.

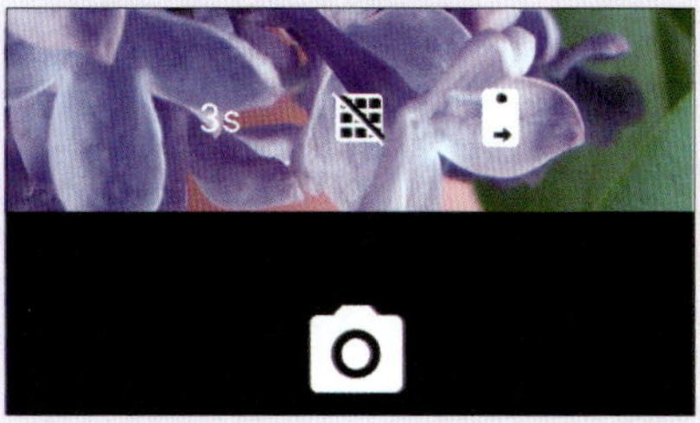

4 Cadrez ce que vous souhaitez capturer.

- Un cercle fin indique l'endroit de la scène sur lequel s'effectuera la mise au point : si vous voulez changer de point de référence, touchez l'emplacement requis.
- Si nécessaire, vous pouvez zoomer en écartant doucement les doigts sur l'écran (et bien sûr ensuite pincer l'écran pour retrouver un affichage normal).

5 Une fois satisfait, touchez l'icône en bas ou sur le côté (si vous avez activé le retardateur, ne bougez plus une fois que le nombre de secondes fatidique est presque écoulé).

Votre tablette enregistre la photo et en affiche une miniature dans un rond en bas ou à droite : vous pouvez alors toucher celui-ci immédiatement pour visionner votre cliché sans attendre, puis agir aussitôt sur la version miniature qui apparaît.

Néanmoins, comme la prise de vue est automatiquement enregistrée dans l'application Photos et que les options proposées se retrouvent dans cette dernière, je vous conseille plutôt d'intervenir depuis l'application : ce sera plus convivial. D'ailleurs, vous pouvez y accéder sur-le-champ en touchant son icône en haut à droite !

Y a pas plus clair !

Règle des trois tiers

Technique qui consiste à découper mentalement la scène en neuf cases de même taille, puis à positionner les éléments importants de cette scène sur les intersections, et la ligne d'horizon (comme la surface de la mer) sur l'un des deux traits horizontaux.

Y a pas plus malin !

Réalisez des photos hors du commun

Les icônes qui apparaissent à gauche au démarrage de l'appareil photo furtivement restent si peu de temps visibles qu'on pourrait les croire sans intérêt et, pis encore, les oublier totalement. Grossière erreur, car les trois premières d'entre elles permettent de doper vos clichés.

Par chance, vous pouvez les réafficher à tout moment en balayant l'écran de son bord gauche vers la droite. Vous découvrez alors...

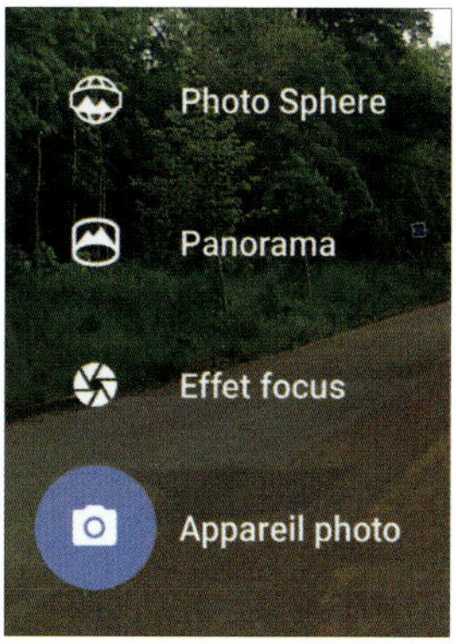

- **Photo Sphère**, qui crée une image panoramique à 360 degrés,
- **Panorama**, qui produit une grande photo composée par assemblage de captures de zones adjacentes,
- **Effet focus**, qui valorise un élément précis en l'affichant très net sur un arrière-plan flou.

Pour utiliser l'une de ces commandes, touchez son icône et suivez les instructions et indications données à l'écran ; quand il y a lieu, touchez la coche à gauche pour prendre la photo. Et par la suite, quand vous aurez terminé et que vous voudrez revenir au mode de prise de vue classique, touchez simplement la quatrième icône, **Appareil photo**.

Ne ratez pas une miette de vos photos

Depuis le début de ce livre, vous avez sans doute stocké sur votre tablette des photos issues de différentes sources, comme des pages Web ou des courriels ; vous venez même d'en réaliser avec l'application Appareil photo ! Il est donc temps de découvrir l'application **Photos** qui vous permettra principalement de les admirer sous tous les angles et de les améliorer si besoin.

Y a pas plus pratique !

Regardez vos photos

1. Touchez l'icône **Toutes les applications** dans la barre des favoris dans la partie droite de l'écran d'accueil, puis **Photos** dans la liste complète des applications.

2. L'application Photos s'ouvre et, la première fois, vous demande votre autorisation pour laisser Google+ accéder aux photos stockées sur votre tablette : à vous de choisir !

3 Des miniatures de toutes vos photos apparaissent, classées de la plus récente à la plus ancienne.

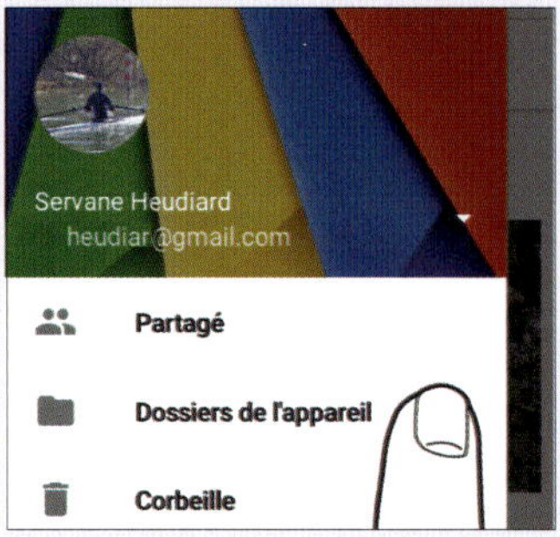

- Si vous voyez déjà celle à consulter, touchez-la directement.
- Sinon, affichez d'abord les clichés dossier par dossier en touchant l'icône ≡ au début de la barre d'outils, puis **Dossiers de l'appareil**. Photos réunit alors les clichés enregistrés à partir d'une page Web ou d'un courriel dans une section **Download**, et les prises de vue réalisées avec la tablette dans un dossier **Appareil photo**.

Dans tous les cas, pour accéder aux photos masquées d'un dossier ou d'un emplacement, touchez la dernière vignette de celui-ci, estompée et marquée d'une flèche orientée vers la droite, précédée du nombre de clichés masqués.

4 Une fois que la photo convoitée a investi tout l'écran, plusieurs possibilités s'offrent à vous pour l'apprécier et regarder les autres.

- Masquer les icônes d'options pour profiter pleinement de la photo : touchez juste celle-ci brièvement (touchez-la ensuite de nouveau pour retrouver ces icônes).
- Zoomer sur une zone spécifique : tapotez deux fois sur cette dernière (il vous suffira ensuite de recommencer pour retrouver l'affichage normal).
- Parcourir les autres clichés : balayez l'écran latéralement.
- Faire défiler automatiquement vos photos : touchez l'icône des trois points ⋮ à la fin de la barre d'outils, puis **Diaporama** dans le menu qui se déroule (ensuite, touchez juste une photo pour revenir au mode de consultation classique).

- Revenir à l'ensemble des photos : touchez la flèche ← orientée vers la gauche en haut à gauche.

5 Au cours de votre séance, vous pouvez également agir sur vos clichés. Ainsi...

- Si vous repérez un cliché qui comporte de légers défauts (ou un auquel vous voulez appliquer des effets spéciaux !), passez au prochain « Y a pas plus pratique ! » pour opérer une petite chirurgie esthétique.
- En revanche, si vous en voyez un complètement raté, n'attendez pas : touchez l'icône des trois points ⋮ à la fin de la barre d'outils, puis **Supprimer copie de l'appareil** dans le menu, et enfin **Supprimer** dans la demande de confirmation.

Y a pas plus pratique !

Retouchez une photo

1 L'application Photos ne vous permettra jamais de sauver une photo totalement floue ou surexposée ; mais si un cliché ne présente que de légers défauts, ou s'il est mal orienté ou mal cadré, elle pourra facilement gommer ces vilains défauts. Et elle va même plus loin ! Car elle vous permet de laisser libre cours à vos talents créatifs en appliquant des effets spéciaux.

Dans tous les cas, après avoir affiché la photo à retoucher comme vous venez de l'apprendre, touchez l'icône **Modifier** au bas de la fenêtre.

2 Toute une série d'icônes apparaissent au bas de la fenêtre. Touchez celle de la retouche à apporter ou de l'effet à produire.

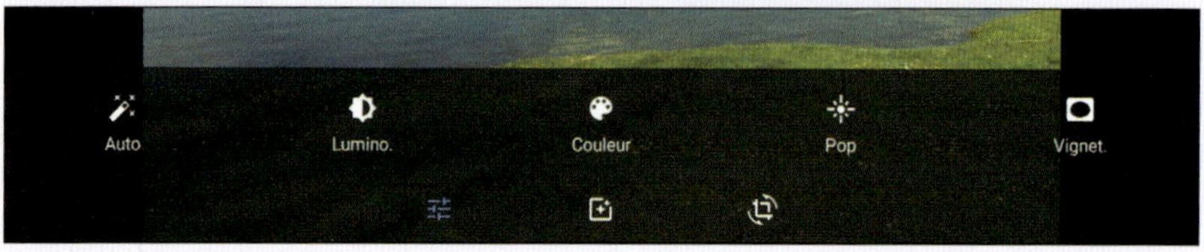

3 Ce qui apparaît ensuite varie en fonction de votre choix, forcément : rien à voir entre la rotation d'un cliché orienté à tort à l'horizontale et la transformation d'une prise de vue couleurs en photo noir et blanc ! Donc agissez en fonction de ce qui apparaît à l'écran, sachant que presque toujours, la plupart des réglages et/ou options sont regroupés dans une barre au bas de la fenêtre.

Deux exemples. Si vous touchez , vous devez ensuite faire glisser les symboles apparus sur les côtés et dans les angles du cliché pour que le nouveau cadre entoure finalement juste la zone de l'image à conserver. (Notez à cette occasion que c'est aussi depuis cette fenêtre que vous pouvez faire pivoter un cliché mal orienté en touchant l'icône , en bas à droite.)

En revanche, si vous choisissez un réglage, il faut d'abord choisir l'aspect à modifier (comme les couleurs ou le contraste) en touchant l'icône, puis celle de l'option requise, et finalement faire glisser votre doigt sur la barre au bas de l'écran pour choisir le bon paramétrage.

4 Après avoir terminé, deux possibilités.

- Si le résultat vous convient, validez-le en touchant la coche à la fin de la barre d'options, en bas, puis **Enregistrer** en haut à gauche.
- Sinon, faites de suite marche arrière en touchant l'icône **Retour** au bas de l'écran. Et si vous avez déjà touché la coche, pas d'inquiétude : touchez l'icône des trois points en haut à droite, puis **Annuler les modifications**.

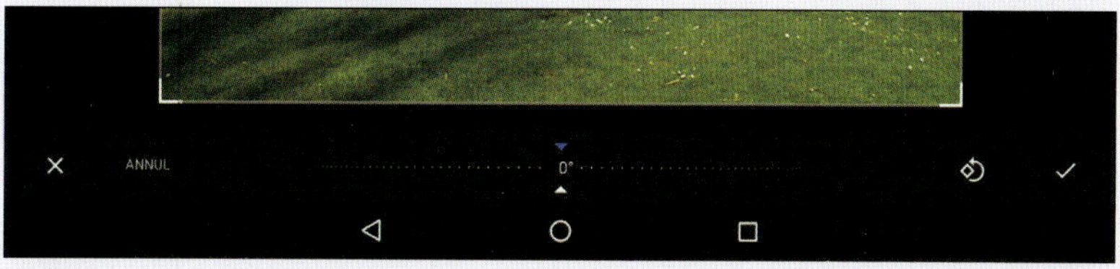

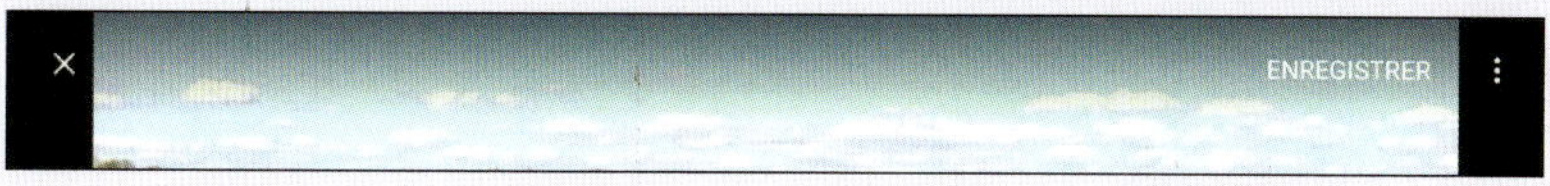

Y a pas plus clair !

Recadrer (ou rogner)

Supprimer les parties périphériques superflues d'une photo pour améliorer la composition générale.

Y a pas plus pratique !

Sélectionner des photos

1 Pour certaines actions, comme une suppression ou une publication sur Google+, vous pouvez agir sans ouvrir la photo au préalable

et/ou traiter plusieurs clichés simultanément : il suffit de la ou les sélectionner au départ. Imaginez un peu le temps gagné si vous voulez effacer ou publier 15 clichés, par exemple !

Pour sélectionner la seule photo à manipuler ou l'une du lot à traiter, touchez longuement sa vignette, jusqu'à ce qu'une coche apparaisse.

2 Si vous ne vouliez sélectionner qu'un seul cliché, vous êtes quitte ! Sinon, touchez chaque autre photo à sélectionner, afin de les cocher également. Et comme l'erreur est humaine (!), sachez que vous pouvez à tout moment désélectionner un cliché sélectionné à tort en le touchant de nouveau.

Montrez vos photos au monde entier

Que vous ayez réussi de magnifiques photos dès la prise de vue ou que vous obteniez de superbes clichés après quelques retouches, peu importe : vous aurez sans doute très envie d'en faire profiter vos proches, voire un maximum d'internautes que vous ne connaissez même pas. Selon le public visé et la quantité de photos, vous n'utiliserez pas le même outil de diffusion.

Par exemple, Gmail constitue le partenaire idéal pour partager un petit nombre avec quelques personnes de votre entourage (parents ou amis).

En revanche, si vous voulez diffuser plusieurs dizaines de photos et/ou les montrer à un maximum de gens, mieux vaut opter pour une publication sur l'Internet, par exemple *via* un réseau social comme Google+. Simple, rapide et gratuit, celui-ci vous donne en plus la possibilité d'indiquer précisément les personnes autorisées à consulter vos clichés : confidentialité garantie, donc !

Y a pas plus pratique !

Partagez vos photos

1. Mettez immédiatement en pratique vos nouvelles compétences en sélectionnant le(s) cliché(s) à partager dans l'application Photos.

2. Touchez l'icône de partage vers la fin de la barre d'outils.

3. Un grand panneau apparaît au bas de la fenêtre, proposant plusieurs outils pour partager votre ou vos photos : touchez celui que vous voulez utiliser, comme pour envoyer vos clichés par courriel avec Gmail ou pour les publier sur Google+.

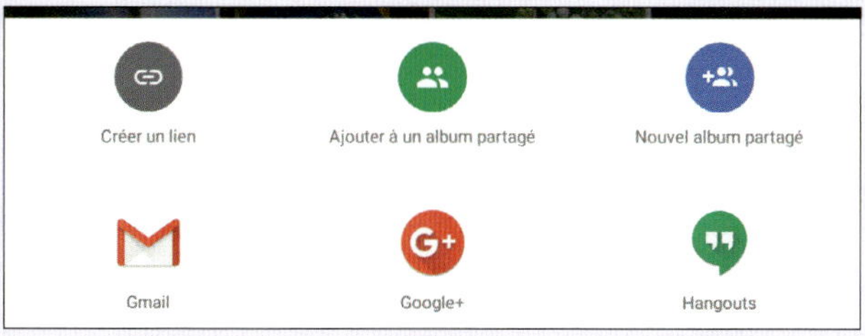

4. Les étapes à franchir ensuite dépendant évidemment de votre choix à l'étape 3.

   - Si vous avez choisi Gmail, un nouveau courriel s'ouvre, avec vo(s) cliché(s) en pièce jointe : il ne vous reste plus qu'à finaliser et envoyer le message comme vous l'avez appris au chapitre 7.

- Si vous avez choisi Google+, une fenêtre de publication s'affiche : touchez **Saisissez un commentaire** et tapez le texte souhaité. Si vous souhaitez limiter la consultation de vos photos certaines personnes, touchez la mention en bleu sous votre nom, puis les cercles ou personnes concernées dans la nouvelle fenêtre qui s'ouvre, et la coche à la fin de la barre d'outils. Touchez finalement l'icône de publication ➤ en haut à droite.

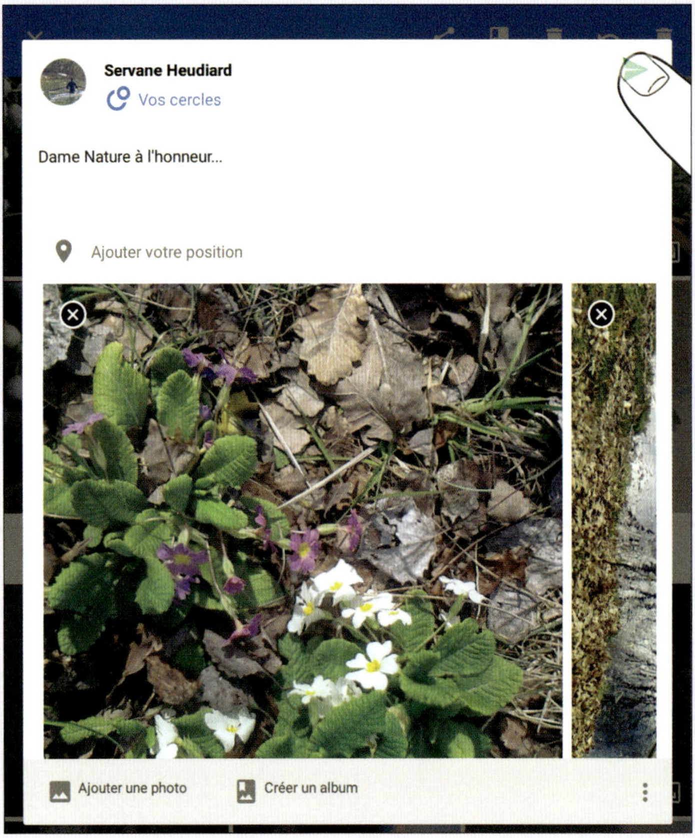

Chapitre 11

Divertissez-vous pendant la pause

Le côté nomade de votre tablette ne vous sert pas qu'à garder un accès permanent à l'Internet et à vos courriels : vous pouvez aussi en profiter pour regarder un film pendant un voyage en train ou emporter une dizaine de livres numériques avec vous en vacances sans alourdir vos valises d'un gramme.

Et si vous êtes plus un mélomane qu'un petit rat de bibliothèque, vous ne serez pas lésé, car là encore, votre tablette a tout prévu. Elle vous permet même de lâcher totalement prise en jouant, tout simplement !

- Réalisez des petites vidéos
- Achetez et regardez des films
- Achetez, écoutez et compilez de la musique
- Lisez des livres numériques et la presse
- Jouez

Devant et derrière la caméra

Si vous aimez les vidéos, votre tablette va vous combler, car elle a vraiment prévu tous les scénarios.

- D'abord, elle vous permet d'en **réaliser** vous-même (évidemment pas de grandes œuvres, mais des petits films sympathiques d'événements personnels, comme une fête d'anniversaire) et de vous filmer lors d'une conversation par messagerie instantanée, notamment.
- Ensuite, elle intègre tout le nécessaire pour **visionner** des vidéos issues de différentes sources : celles que vous avez tournées avec votre tablette ou avec votre caméra GoPro, par exemple, mais aussi des gags publiés sur YouTube, des vidéos reçues par courriel, des longs-métrages téléchargés depuis l'Internet, *etc.*
- Enfin, en vous rendant sur le magasin en ligne de Google, comme vous l'apprendrez dans une prochaine section de ce chapitre, vous pouvez **acheter** toutes sortes de films, documentaires ou autres.

Y a pas plus pratique !

Tournez une petite vidéo personnelle

1. Cette procédure ne va pas vous dépayser, car elle repose sur l'application qui vous a déjà servi à prendre des photos au chapitre 10 : dans la barre des favoris au bas ou sur le côté de l'écran d'accueil, donc (selon l'orientation de votre tablette), touchez l'icône Appareil photo.

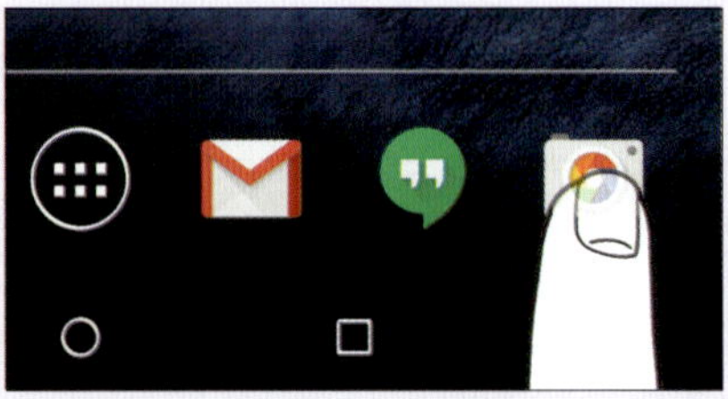

2. Balayez l'écran depuis son bord gauche vers la droite pour afficher les cinq icônes de commande découvertes au chapitre 10, puis touchez la dernière d'entre elles, , afin d'activer le mode vidéo.

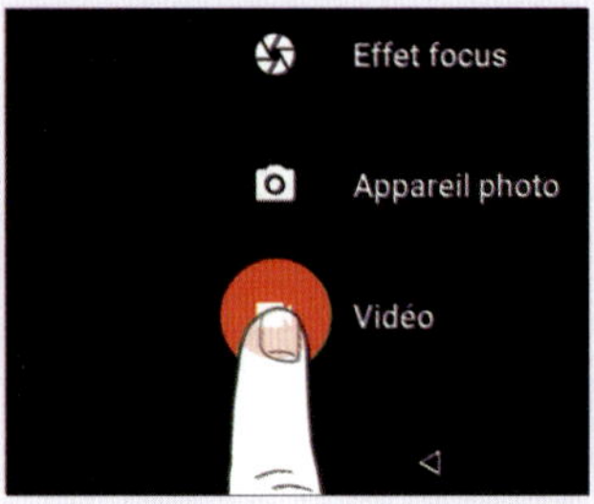

3 Comme avec la fonction Appareil photo, vous pouvez toucher l'icône des trois points ou en bas ou en haut à droite, puis l'icône pour basculer entre l'objectif frontal et arrière, ou pour afficher le quadrillage des trois tiers, mais aussi zoomer en écartant les doigts sur l'écran.

Une fois prêt, démarrez le tournage en touchant l'icône en bas ou sur le côté, selon l'orientation de votre tablette.

4 Le tournage démarre, comme l'indique le chronomètre en haut à gauche : filmez la scène souhaitée et, le moment venu, touchez l'icône pour arrêter le tournage.

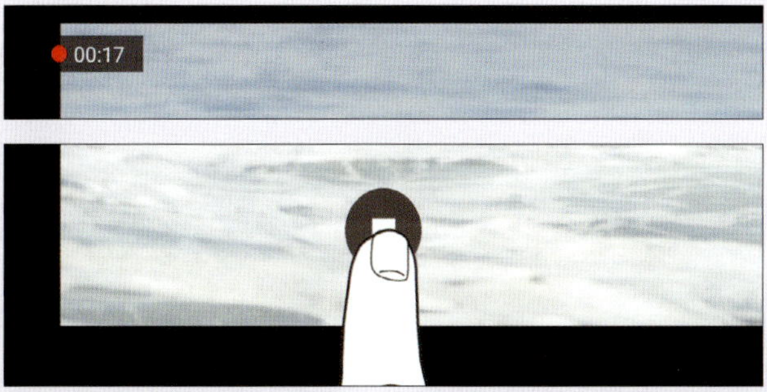

5 Votre tablette enregistre la vidéo dans l'application Photos. Si vous êtes très impatient, vous pouvez la visionner de suite en balayant l'écran de droite à gauche et en touchant l'icône au centre de la version réduite du premier plan de la vidéo.

Y a pas plus pratique !

Regardez une vidéo stockée sur votre tablette

1. Démarrez l'application où se trouve la vidéo que vous voulez visionner, comme Drive, Photos ou Téléchargements, puis naviguez jusqu'à elle.

2. Selon l'application choisie, touchez le nom ou la vignette de la vidéo pour démarrer sa lecture (dans l'application Photos, les vidéos sont identifiées par le traditionnel symbole de lecture ▶ au centre).

3. La vidéo démarre. Savourez le spectacle ! Et si vous avez besoin d'intervenir sur la diffusion, touchez l'écran pour afficher quelques icônes de contrôle.

Par exemple, ⏸, au centre, vous permet d'interrompre momentanément la diffusion (touchez ensuite ▶ pour la reprendre), tandis que ⓘ, en haut à droite, déroule un panneau plein d'options : recourez-y quand vous voulez supprimer ou partager votre vidéo, notamment.

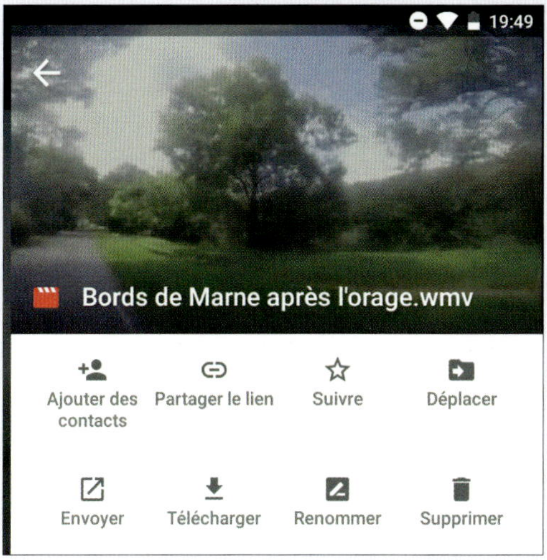

Y a pas plus malin !

YouTube le roi des vidéos

Outre les petits films que vous réalisez vous-même, impossible d'évoquer le visionnage de vidéos sans penser à **YouTube** : ce site en propose tellement ! Quel que soit le genre qui vous intéresse (humour, sport, informatique, animaux ou que sais-je), vous êtes sûr de trouver votre bonheur. Et si vous possédez un compte YouTube, vous pouvez même publier vos propres films !

Ce site étant étroitement lié à Google, votre tablette vous y offre un accès direct depuis l'écran d'accueil : touchez l'icône ▶ dans la barre des favoris.

YouTube s'ouvre et, si vous possédiez déjà un compte, il l'active automatiquement ; sinon, vous pouvez en créer un immédiatement en indiquant votre compte Google.

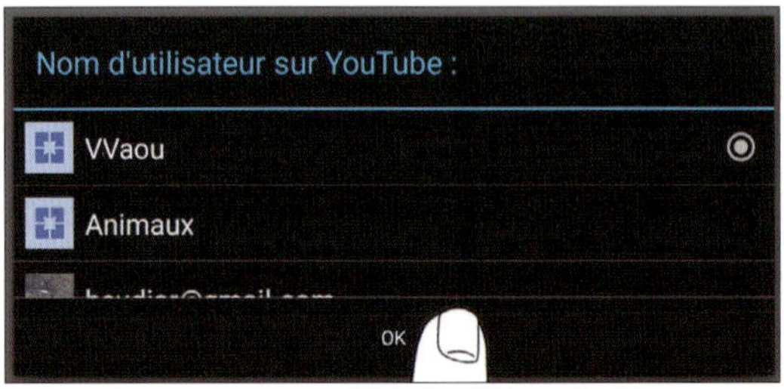

Dans les deux cas, vous disposez alors de toutes les fonctionnalités habituelles du site YouTube. Par exemple, vous pouvez rechercher une vidéo en touchant l'icône de loupe à la fin de la barre d'outils, en regarder une en touchant sa miniature, et vous abonner à une chaîne en touchant le lien correspondant, afin de pouvoir accéder illico presto à ses vidéos.

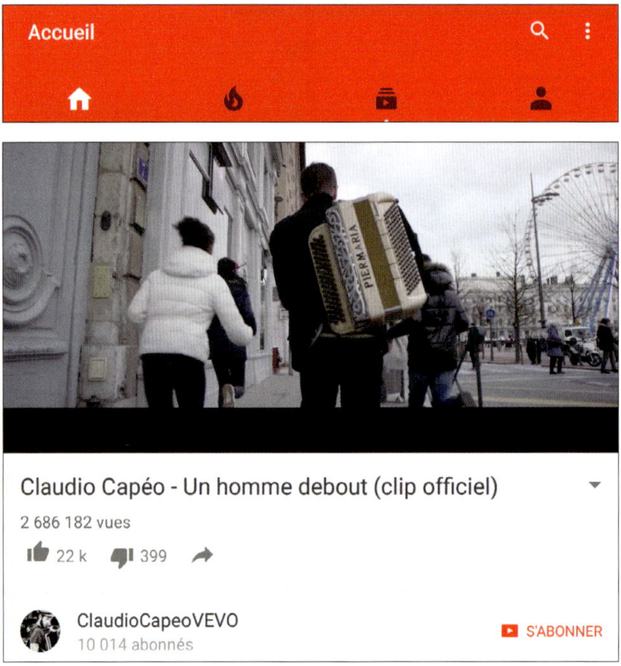

Des petites romances aux grandes symphonies

Grâce à l'application **Play Musique**, rien de plus simple que de transformer votre tablette en chaîne hi-fi extra plate !

En effet, vous pouvez vous constituer une solide « musicothèque » en copiant vos chansons préférées sur votre Nexus depuis un ordinateur, par exemple, ou en téléchargeant de nombreux titres depuis l'Internet, soit gratuitement, soit moyennant paiement. Cela fait, à vous les heures d'écoute dans votre salon, sur votre terrasse ou dans votre gîte de vacances, par exemple !

Y a pas plus pratique !

Écoutez un morceau de musique

1 Touchez l'icône du dossier d'applications Google vers le bas de l'écran d'accueil, puis Play Musique dans la liste complète des applications.

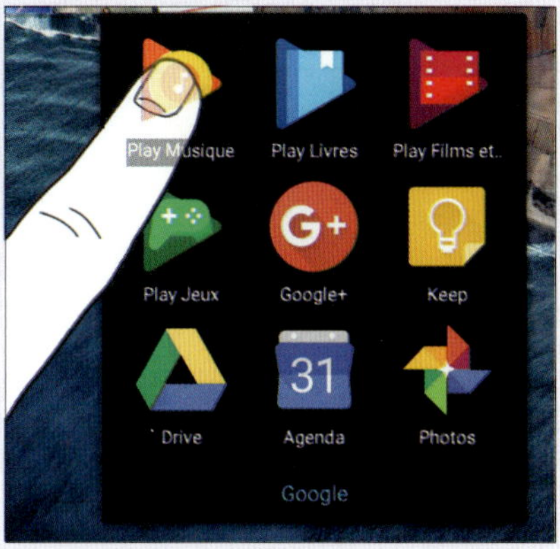

2 L'application Play Musique s'ouvre et vous propose notamment de profiter de ses services gratuitement pendant un mois. Sympa ! Mais pour ne pas gaspiller la moindre minute de ces trente jours, je vous conseille de ne souscrire à ce service qu'une fois familiarisé avec l'application.

Seulement, comme s'il voulait vous pousser à la dépense (!), Google fait tout pour que vous vous abonniez dès maintenant. Résistez et touchez d'abord l'option inscrite en tout petit **Non**, merci en bas à gauche dans l'écran de bienvenue, puis **OK** au centre de la fenêtre suivante.

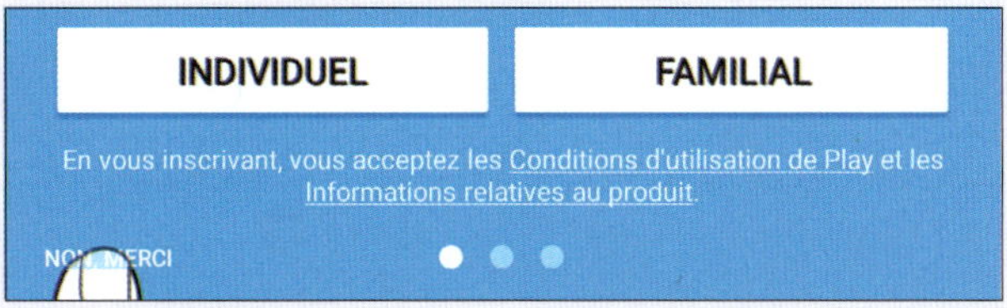

3 L'application vous accueille dans sa section **À écouter**, qui réunit des morceaux diffusables sur-le-champ.

- Si vous souhaitez en écouter un dès maintenant, touchez-le directement.
- Sinon, touchez d'abord l'icône  au début de la barre d'outils, puis **Ma bibliothèque**, afin d'accéder à l'ensemble de vos morceaux.

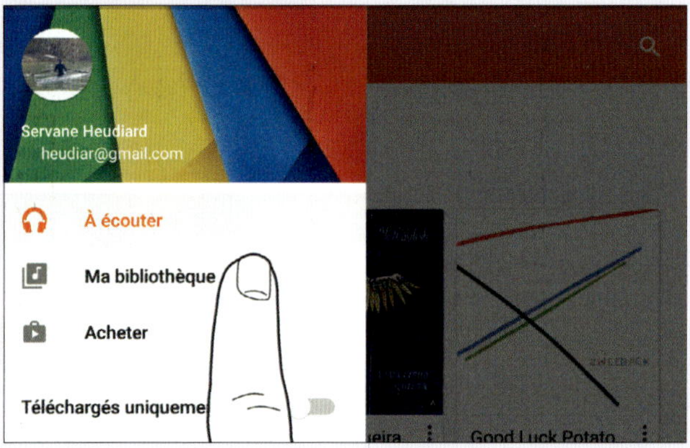

En effet, l'application se charge seule de regrouper tous vos titres, quelle que soit leur source (téléchargement depuis un site Web, copie depuis un ordinateur, *etc.*) : génial ! D'ailleurs, une fois dans votre bibliothèque musicale, vous pouvez toucher dans sa partie supérieure le critère qui vous semble le plus opportun pour trouver le titre à écouter, comme **Artistes** ou **Albums**.

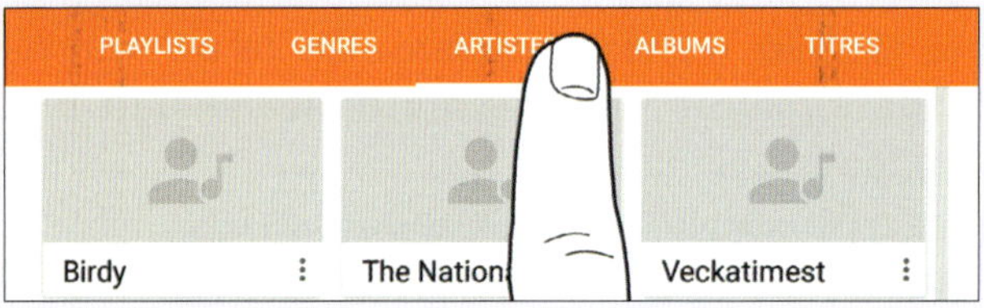

4 Le morceau choisit apparaît dans sa propre fenêtre : démarrez sa diffusion en touchant son icône de lecture .

5 Les premières notes s'égrènent : laissez-vous charmer ! Si besoin, vous pouvez intervenir sur la lecture depuis la barre de contrôles au bas de la fenêtre. Et si vous voulez poursuivre en musique vos activités dans une autre application, basculez simplement dans cette dernière : Musique continuera de diffuser votre morceau. Super !

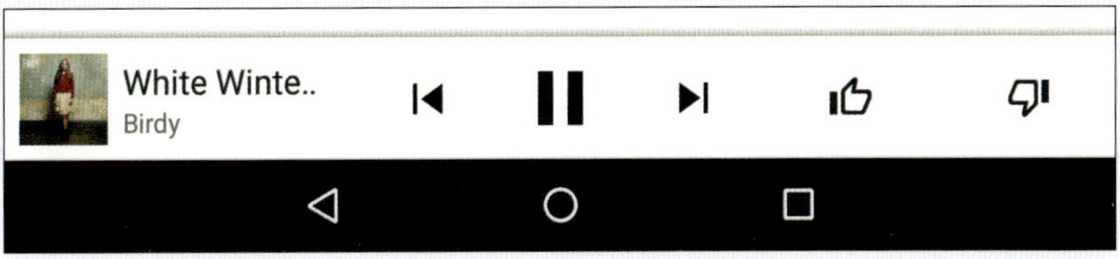

Y a pas plus malin !

Créez vos propres compilations musicales

Plutôt que de naviguer systématiquement dans votre bibliothèque pour aller y toucher un morceau à écouter, vous pouvez en réunir plusieurs dans un **mix instantané** ou une **playlist**. Ainsi, il vous suffira ensuite de démarrer l'un ou l'autre pour que l'application diffuse tous les titres successivement. Le premier s'apparente un peu à un « pot-pourri » musical, tandis que la seconde constitue plutôt une sorte de best-of, mais tous deux sont très faciles à créer.

Après avoir affiché un morceau ou un album à intégrer à l'un ou l'autre, touchez l'icône des trois points ⋮ à côté de l'album ou du morceau, puis **Démarrer un mix instantané** ou **Ajouter à une playlist**. Cette seconde option vous servira aussi par la suite à intégrer des titres dans une playlist existante : il vous suffira de la sélectionner. Mais la première fois, vous devez en définir une nouvelle en tapant le nom souhaité et **Créer une playlist**.

Quant au mix instantané, même si l'application choisit elle-même les morceaux, vous pouvez tout de même l'aiguiller en lui indiquant les morceaux que vous aimez : quand l'un d'eux est en cours de lecture, touchez juste l'icône de petite main dans la barre des contrôles au bas de la fenêtre pour la noircir complètement.

Par la suite, vous pourrez démarrer n'importe quel mix ou playlist en touchant l'icône au début de la barre d'outils, puis **Mix instantanés** ou **Playlists**, respectivement, et le mix ou la liste souhaité(e).

Y a pas plus clair !

Mix instantané

Ensemble de morceaux que l'application Musique réunit en fonction de celui que vous choisissez au départ et qu'elle utilise comme référence pour sélectionner ensuite d'autres titres du même genre ou du même artiste, par exemple.

Playlist

Ensemble de morceaux que vous réunissez et que l'application Musique traitera ensuite comme un album, diffusant les titres successivement.

Enrichissez votre médiathèque grâce à Google Play

Dotée d'une connexion Internet et de votre compte Google, votre tablette vous livre sur un plateau un immense univers musical et cinématographique, sans cesse actualisé, grâce à **Google Play**. Autant dire que vous n'en atteindrez jamais les limites !

Seule ombre au tableau : pour obtenir des chansons ou des films, vous serez presque toujours obligé de mettre la main au porte-monnaie. Pour ne pas vous forcer à la dépense, je me contenterai donc ici de vous emmener dans les « cyber rayons » ; mais à vous, ensuite, de faire librement votre shopping !

Y a pas plus pratique !

Achetez de la musique ou des films

1. Pour vous permettre de profiter facilement de Google Play, votre tablette intègre l'application Play Store et vous y offre un accès express, puisque son icône figure dans la partie inférieure droite de l'écran d'accueil : touchez-la.

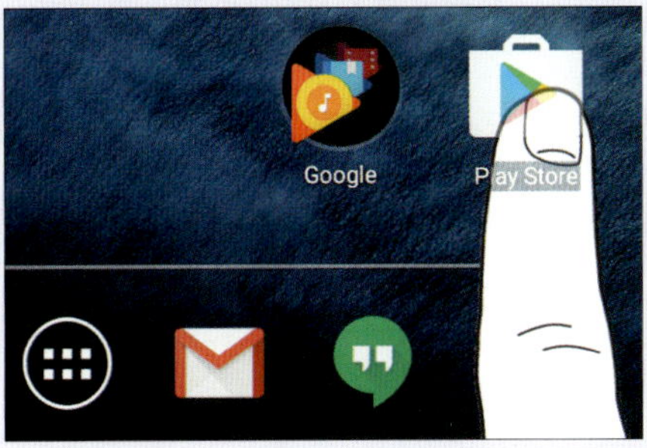

2. Bienvenue dans Google Play ! Vers le milieu de la fenêtre, touchez Divertissement, afin d'accéder aux rayons multimédias.

3. Selon ce que vous souhaitez acheter, touchez le bouton **Films et séries** ou **Musique**.

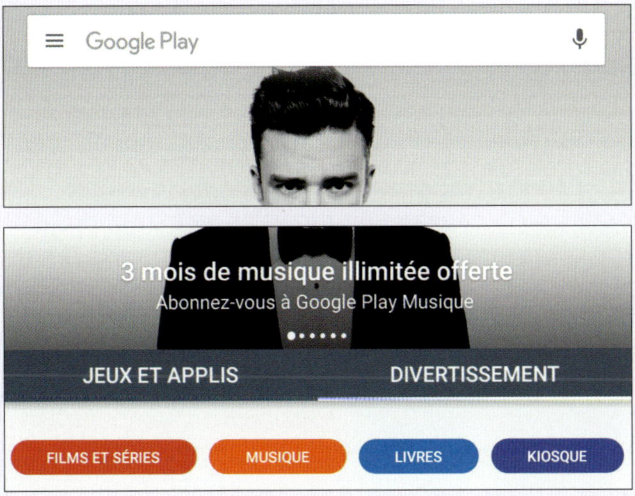

4 De nombreuses vignettes d'albums, de chansons et de films apparaissent, classées par catégories. Parcourez-les, soit en balayant directement le contenu de la fenêtre vers le haut, soit en balayant d'abord la barre en haut de la fenêtre latéralement et en y touchant la catégorie souhaitée.

Dans les deux cas, vous pouvez ensuite explorer une catégorie spécifique en touchant son bouton **Plus**. Et si vous avez déjà un titre ou un film en tête, allez droit au but en menant une recherche via l'icône de loupe à la fin de la barre d'outils.

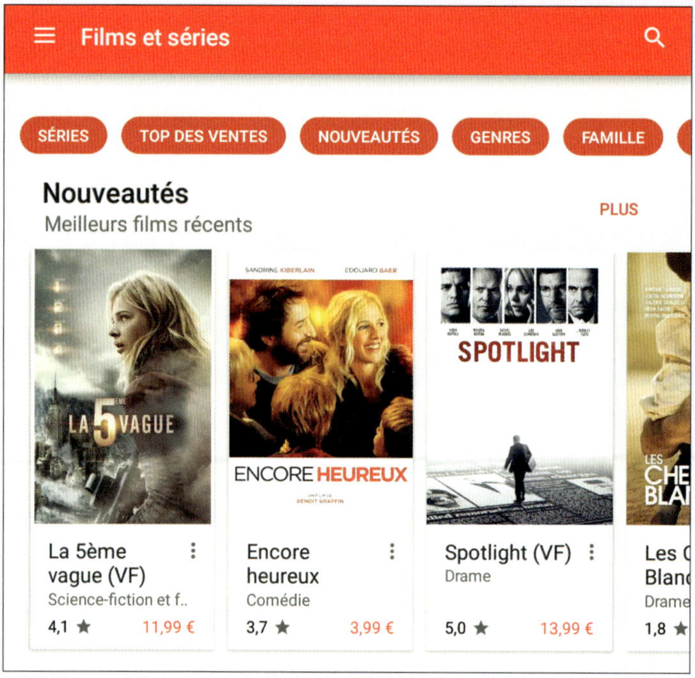

5 Lorsque vous trouvez un morceau de musique ou un film qui vous intéresse, touchez sa vignette pour accéder à sa fiche descriptive.

6 Plusieurs options s'offrent alors à vous.

- Si vous souhaitez écouter gratuitement quelques dizaines de secondes de la chanson ou regarder un extrait du film, touchez l'icône de lecture dans la photo en haut de la fenêtre.
- Si vous voulez acheter ou louer (si l'option est proposée) le morceau ou le film, touchez le bouton correspondant.

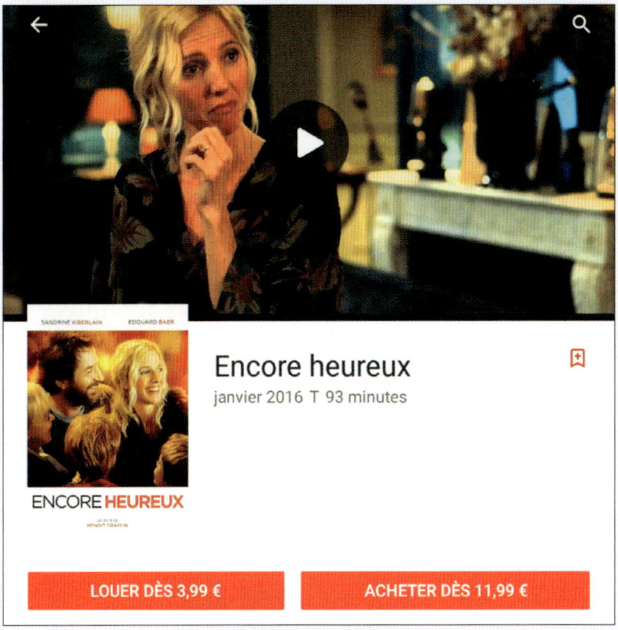

7 Selon votre choix à l'étape 6, écoutez ou regardez l'extrait, ou finalisez la procédure d'achat ou de location en suivant les instructions à l'écran.

Ouvrez votre salon de lecture

Étant donné sa légèreté et sa taille de guêpe, votre tablette constitue évidemment un support de lecture idéal lors de vos déplacements. Mais ses atouts physiques ne sont pas les seuls à entrer en jeu, loin de là ! Que vous soyez plutôt amateur de littérature ou de presse, elle intègre également deux applications pour combler toutes vos envies : **Play Livres** et **Play Kiosque**.

La première vous permet d'obtenir et de lire des livres numériques gratuits ou payants en tous genres (romans, livres pratiques, blagues, *etc.*), et la seconde, de vous abonner (moyennant paiement...) à toutes sortes de magazines et de quotidiens, mais aussi de consulter certains articles gratuitement. Les deux font la paire !

Des livres

Pour ouvrir Play Livres, touchez son icône dans le dossier d'applications Google accessible depuis le bas de l'écran d'accueil ou depuis la liste complète des applications. Vous accédez alors à votre bibliothèque.

Si vous y voyez d'ores et déjà la miniature d'un ouvrage que vous voulez lire, touchez-la pour entamer la lecture. Sinon, touchez l'icône au début de la barre d'outils, puis **Boutique**, et procédez selon le même principe que pour de la musique ou des films pour ouvrir la fiche d'un ouvrage qui vous tente.

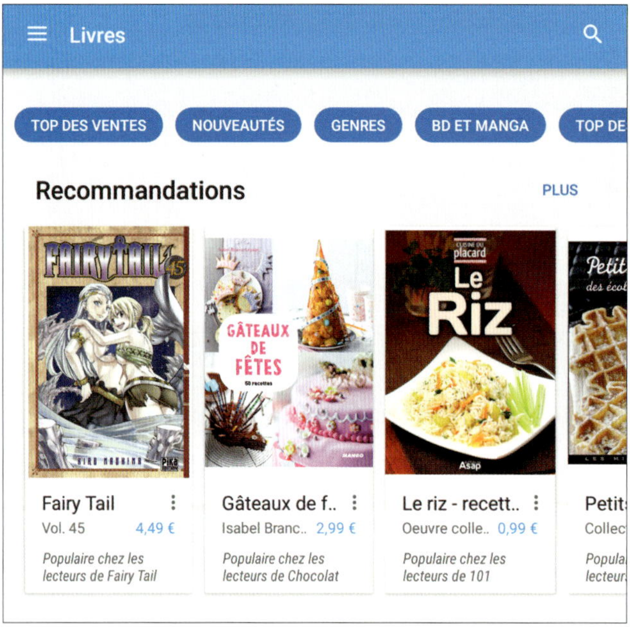

Si celle-ci propose une option **Extrait gratuit**, touchez cette dernière pour vous faire une idée du contenu du livre. Si celui-ci vous plaît, vous pouvez alors l'acquérir directement s'il est gratuit ou l'acheter s'il est payant en touchant respectivement **Ajouter à la bibliothèque** ou **Acheter**. Dans les deux cas, néanmoins, suivez ensuite les étapes qui défilent à l'écran, car même pour un livre à zéro euro, vous devez indiquer un moyen de paiement !

Une fois votre roman, essai, BD ou autre stocké sur votre tablette, c'est aussi Play Livres qui vous permet de le lire dans des conditions idéales. Affichez d'abord votre bibliothèque en touchant l'icône ☰, puis **Livres**, naviguez jusqu'au dossier qui contient l'ouvrage convoité et touchez la vignette de celui-ci.

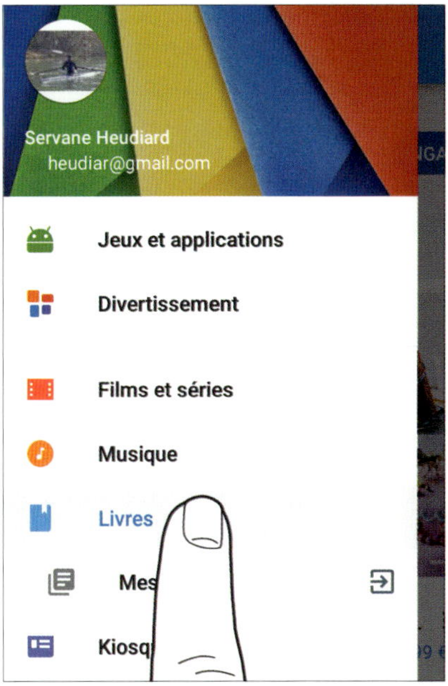

Le livre s'ouvre. Au-delà du traditionnel balayage latéral pour passer d'une page à l'autre et du fait de pouvoir agrandir l'affichage en écartant les doigts sur l'écran, diverses options très intéressantes s'offrent à vous. Pour les faire sortir de l'ombre, deux solutions.

- La première : balayer l'écran depuis son bord supérieur vers le bas. Ensuite...

  - Pour **modifier la présentation du texte** et, par exemple, changer le style de caractères ou augmenter l'interlignage en vue d'améliorer votre confort de lecture, touchez l'icône Aa à la fin de la barre d'outils, puis réglez les différents aspects proposés à votre convenance.

  - Pour **afficher la table des matières**, afin de naviguer facilement dans l'ouvrage, touchez l'icône ☰, puis l'élément auquel vous voulez accéder directement.

  - Pour **marquer une page** et pouvoir ainsi reprendre facilement où vous en étiez resté lorsque vous reprenez la lecture d'un ouvrage après une interruption, touchez l'icône des trois points ⋮, puis **Ajouter un Marque-page** dans le menu. Un signet apparaît en haut de la page. Lorsque vous souhaiterez revenir sur cette dernière, touchez l'icône ☰, puis **Favoris**, en haut, et la page à atteindre.

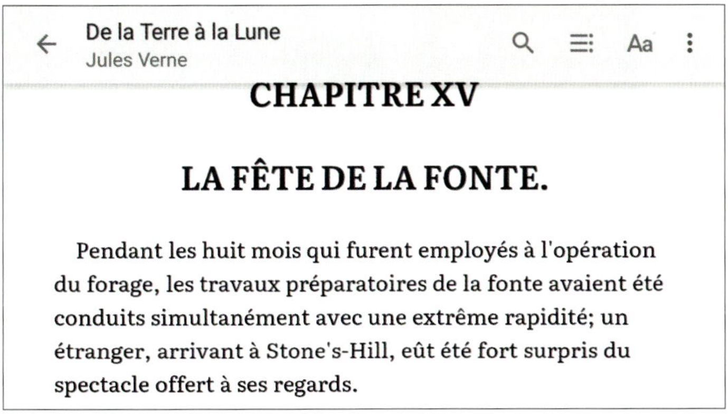
De la Terre à la Lune
Jules Verne

CHAPITRE XV

LA FÊTE DE LA FONTE.

Pendant les huit mois qui furent employés à l'opération du forage, les travaux préparatoires de la fonte avaient été conduits simultanément avec une extrême rapidité; un étranger, arrivant à Stone's-Hill, eût été fort surpris du spectacle offert à ses regards.

- La seconde : toucher longuement un terme. Cette action affiche, d'une part, la **définition** de ce mot au bas de la fenêtre, et d'autre part, une barre d'options qui vous permet notamment de **copier** le texte en touchant l'icône ou de le **surligner** en touchant le rond de la couleur souhaitée.

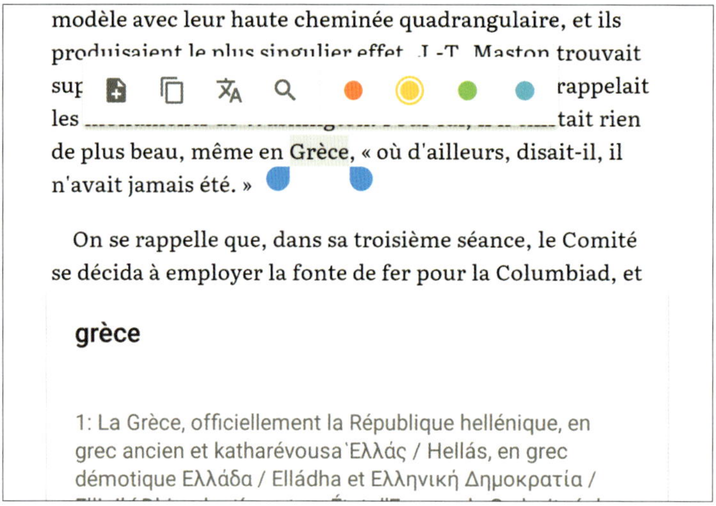

La presse

Que vous ayez envie de suivre l'actualité économique, de consulter le dernier numéro d'un mensuel sportif ou de vous abonner à un hebdomadaire généraliste, tout est possible avec Play Kiosque. Et à ce stade, vous y trouverez très vite vos marques tant son mode de fonctionnement est proche de celui des autres applications liées à Google Play.

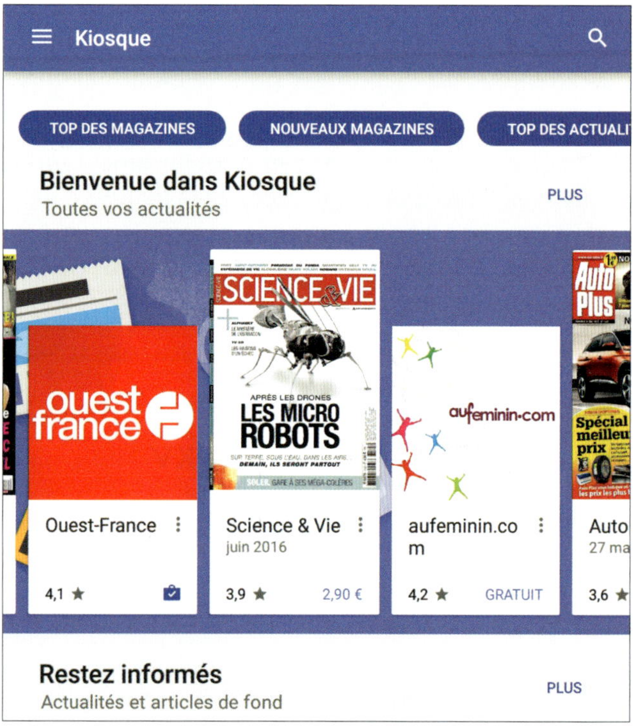

Dès son ouverture *via* son icône dans la liste complète des applications, Play Kiosque vous propose toute une série d'articles issus de l'actualité brûlante et que vous pouvez lire gratuitement en touchant leur vignette, simplement.

Mais pour accéder à toute la presse, touchez l'icône ☰ au début de la barre d'outils, puis **Découvrir**, et la vignette **Boutique**. Comme d'habitude, parcourez les rubriques qui vous intéressent et touchez la vignette du journal ou magazine que vous voulez obtenir pour afficher sa page.

Souvent, vous pouvez ensuite en lire un extrait. Et presque toujours, vous avez le choix entre acheter uniquement un numéro ou vous abonner, avec généralement, dans ce dernier cas, une période d'essai gratuite : génial ! Touchez alors l'option requise... et passez à la caisse.

Au final, tout ce petit monde se retrouve dans votre bibliothèque, accessible en touchant l'icône ☰, puis **Ma bibliothèque**. La première fois, vous découvrirez que Play Kiosque y a déjà stocké des vignettes de publications susceptibles de vous intéresser.

Pour commencer une lecture, touchez la vignette du magazine, journal ou autre qui vous intéresse. S'il n'est pas encore stocké sur votre tablette, un message vous en informe : revenez alors à sa vignette et touchez les trois points ⋮ de celle-ci, puis **Télécharger**.

Y a pas plus malin !

L'actualité brûlante même hors connexion

Si vous trouvez un article qui vous intéresse, mais si vous n'avez pas le temps de le lire immédiatement, enregistrez-le dans les favoris pour le savourer tranquillement à un moment opportun. Si la barre d'outils est toujours visible, touchez directement l'icône à la fin (elle devient) ; sinon, balayez d'abord l'écran verticalement pour réafficher cette précieuse barre.

Plus tard, quand vous voudrez lire l'article, même si vous n'êtes pas connecté à l'Internet, touchez l'icône ☰ au début de la barre d'outils, puis **Mon kiosque** dans le menu. Au début de la barre d'outils de la nouvelle fenêtre, touchez de nouveau l'icône ☰, puis **Favoris** dans le menu, et finalement la vignette de l'article.

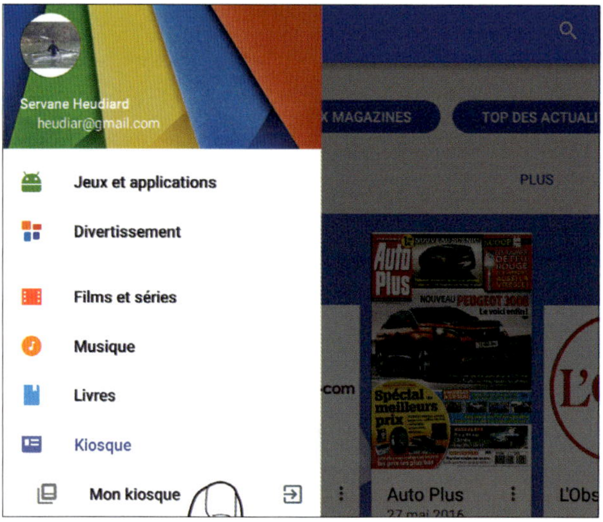

Jouez seul ou à plusieurs

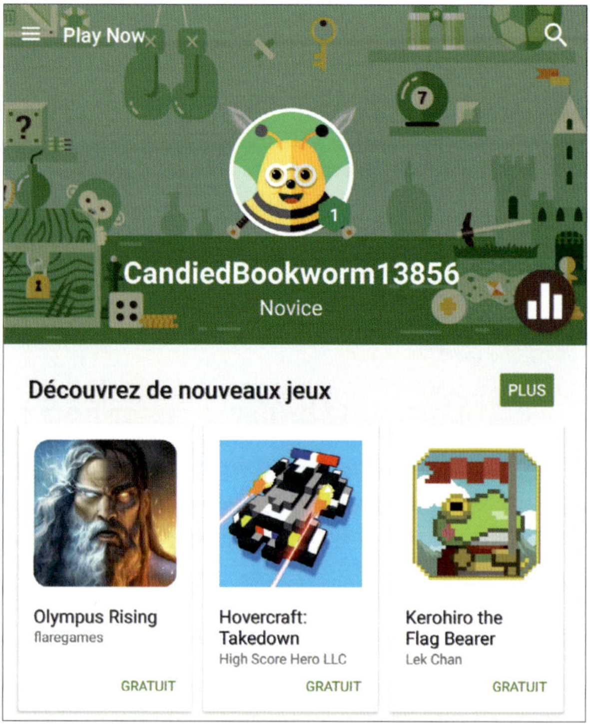

Si vous ne parvenez pas à vous concentrer sur une lecture dans une salle d'attente ou si vous ne pouvez pas écouter votre musique favorite pendant un trajet en métro, pourquoi ne pas faire un solitaire ou une partie de Mah-jong ? Pour cela, démarrez **Play Jeux** en touchant son icône ▶ dans la liste complète des applications et créez votre profil de futur gagnant (!) pour accéder à une multitude de jeux, certains gratuits, d'autres payants.

Une fois dans Play Jeux, vous constaterez que cette application s'organise et fonctionne globalement comme Play Livres et Play Kiosque, notamment. Donc je vous épargnerai des explications redondantes. Un seul mot d'ordre : amusez-vous !

Chapitre 12

Adaptez votre tablette à vos besoins et vos envies

Au cours des chapitres précédents, vous avez appris à exploiter l'essentiel des richesses de votre tablette à des fins aussi bien pratiques et utiles que divertissantes. Et jusque-là, vous avez sans doute été comblé.

Seulement, au fil du temps, et au fur et à mesure que vous voudrez étendre vos activités sur votre machine, vous déplorerez sûrement quelques manques ou certains aspects un peu contraignants. Ne restez pas sur votre faim : vous pouvez intervenir de nombreuses manières pour vous concocter la tablette idéale, notamment ajouter de nouvelles applications et vous ménager un accès express à celles que vous utilisez sans cesse.

- Installez et supprimez des applications
- Réorganisez les icônes d'applications dans l'écran d'accueil
- Changez le fond de l'écran d'accueil
- Créez des profils utilisateurs

Enrichissez votre tablette

Malgré la diversité des applications présentes sur votre tablette au départ, un jour viendra où vous n'en trouverez aucune pour accomplir la tâche souhaitée. Dans ce cas, dirigez-vous sans hésiter vers celui qui vous a déjà permis d'alimenter votre médiathèque au chapitre 11 : **Google Play**. En effet, celui-ci propose aussi une multitude d'applications dans des domaines très variés ; et par chance, bon nombre d'entre elles sont gratuites.

Y a pas plus pratique !

Procurez-vous des applications sur Google Play

1. Poussez la porte de Google Play en touchant l'icône Play Store au bas de l'écran d'accueil.

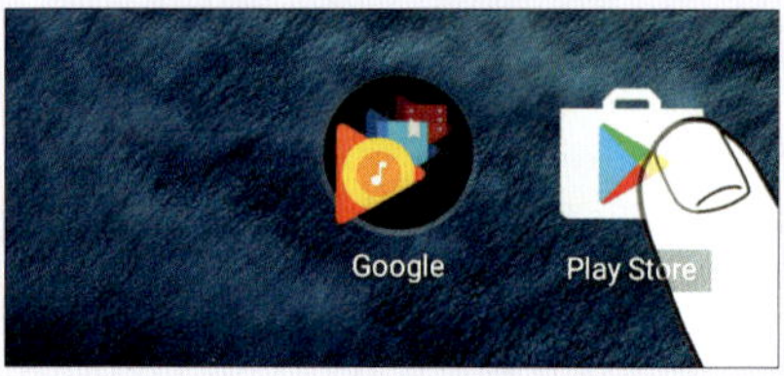

2. Vous revoici dans Google Play ! Touchez sa section **Jeux et applis** vers le milieu de la fenêtre si elle n'est pas déjà affichée.

3. Pour ne pas vous perdre tant Google Play propose d'applications, touchez le bouton **Catégories**, puis le type d'application que vous recherchez.

4. De très nombreuses vignettes d'applications apparaissent ; selon la catégorie choisie, vous pouvez en afficher d'autres soit en touchant **Plus** dans la rubrique qui vous intéresse, soit en

parcourant les types proposés en haut de la fenêtre, comme **Les plus rentables**. Mais bien sûr, si vous recherchez une application spécifique, le mieux est de toucher la loupe à la fin de la barre d'outils et de taper le nom de l'application en question.

Après avoir déniché la perle rare, touchez sa vignette.

5 La fiche de l'application apparaît : parcourez sa présentation (pour certaines d'entre elles, vous pouvez même obtenir un aperçu « en live » en touchant l'icône dans dans son bandeau supérieur !).

- Si elle vous convient et si vous voulez effectivement l'obtenir, deux alternatives : si elle est gratuite, touchez **Installer**, puis **Accepter** si un message vous demande votre feu vert sur divers aspects ; en revanche, si elle est payante, touchez son prix et procédez comme pour un achat classique.
- Sinon, touchez la flèche orientée vers la gauche en haut à gauche pour revenir aux vignettes des applications et poursuivez vos investigations.

6. Votre tablette télécharge et installe l'application, puis ajoute son icône dans l'écran d'accueil et dans la liste complète des applications. Si vous voulez démarrer de suite la nouvelle venue, touchez **Ouvrir**.

Y a pas plus pratique !

Ne gardez pas les applications sans intérêt

1. Si vous repérez une application dont vous ne vous servez pas, inutile de la garder ! Cela libérera des ressources de votre tablette et allégera la liste complète des applications. Seulement, vous ne pouvez pas en faire qu'à votre tête.

En effet, si vous aviez installé l'application vous-même, vous pouvez effectivement la supprimer complètement de votre machine. Mais s'il s'agit d'une application intégrée à votre tablette, vous ne pouvez que la désactiver (ce qui est toujours mieux que rien !).

Dans les deux cas, ouvrez le traditionnel panneau des paramètres en touchant l'icône au bas de l'écran d'accueil, puis l'icône dans la liste complète des applications.

2. Le panneau **Paramètres** s'ouvre : dans sa section **Appareil**, touchez **Applications**.

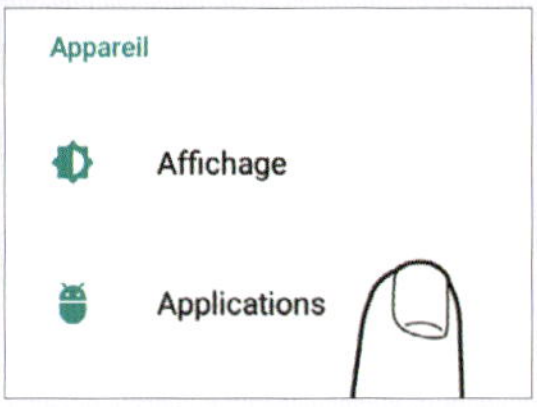

3. La liste des applications présentes sur votre tablette s'affiche : touchez celle à retirer.

4. Selon la nature de l'application, touchez **Désinstaller** ou **Désactiver**, et confirmez vos intentions dans les demandes qui se succèdent ensuite. Lors d'une désactivation, ne vous laissez pas impressionner par le message qui vous demande si vous souhaitez rétablir la configuration d'usine : touchez **OK**.

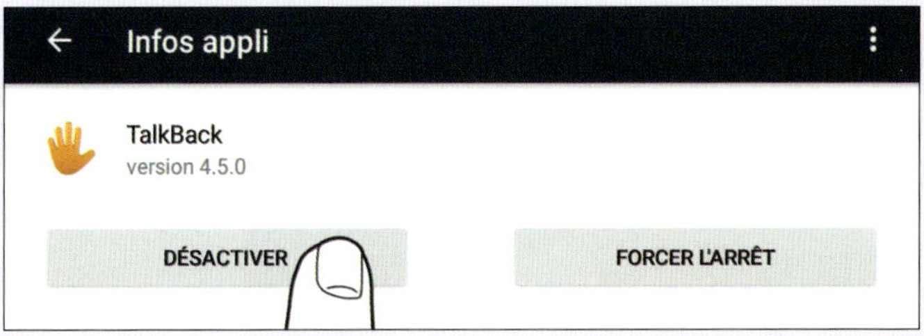

Par la suite, vous pourrez remettre au travail n'importe quelle application désactivée en répétant les étapes 1 et 2, puis en touchant **Activer**.

Déroulez le tapis rouge pour l'écran d'accueil

Comme vous avez pu le constater en installant de nouvelles applications sur votre tablette au début de ce chapitre et en manipulant des widgets au chapitre 5, notamment, l'écran d'accueil n'est pas du tout figé. Donc profitez-en pour l'optimiser en fonction de vos besoins.

Par exemple, ajoutez-y les applications que vous utilisez très souvent pour vous épargner trop de détours par la liste complète des applications. Et après avoir réglé ces aspects opérationnels, apportez la touche finale à l'écran d'accueil en le relookant !

- Pour **ajouter une application sur l'écran d'accueil**, touchez-la longuement dans la liste des applications et, quand l'écran d'accueil s'affiche, déposez-la à l'endroit souhaité.

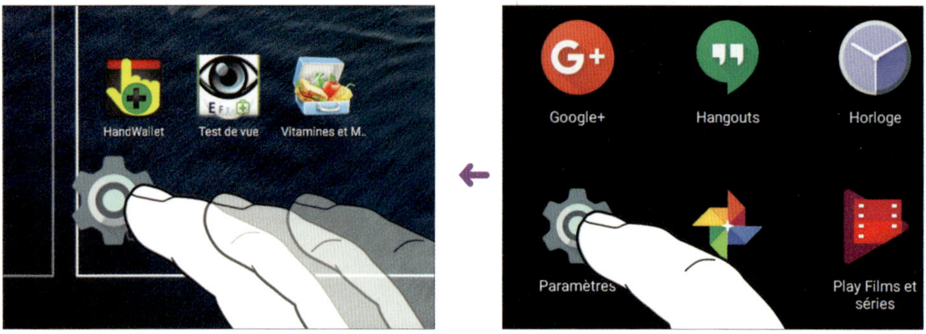

- Pour **déplacer une icône d'application sur l'écran d'accueil**, touchez-la longuement, puis faites-la glisser à l'endroit souhaité. Et comme cela vaut aussi bien pour la partie principale de l'écran que pour la barre des favoris, vous pouvez en profiter pour retirer de cette dernière une application que vous utilisez peu pour la remplacer par l'une de vos applications préférées : génial !
- Pour **retirer une application de l'écran d'accueil**, touchez-la longuement, puis faites-la glisser sur le mot **Supprimer** qui apparaît en haut de l'écran ; quand celui-ci rougit, relâchez tout.

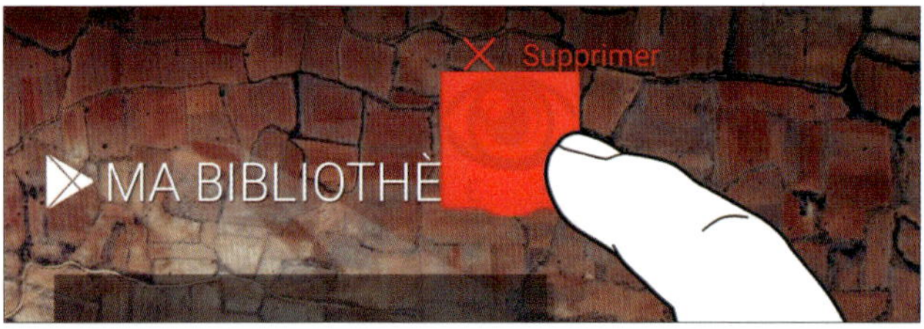

- Pour **regrouper des applications sur l'écran d'accueil** (à l'instar du dossier Google, accessible depuis l'icône), afin de désencombrer cet écran tout en gardant un accès express auxdites applications, touchez longuement l'icône de l'une d'elles et faites-la glisser sur un autre icône à intégrer au même groupe. Quand un rond épais apparaît autour de cette dernière, relâchez tout.

Android crée le dossier automatiquement : répétez l'action effectuée à l'instant pour toute autre application à intégrer à ce groupe. Après avoir terminé, touchez le dossier brièvement, puis **Dossier sans nom**, tapez l'appellation souhaitée pour le groupe et touchez **Entrée** ↩. Vous êtes fin prêt ! Désormais pour démarrer l'une des applications de ce dossier, vous n'avez plus qu'à toucher l'icône de celui-ci, puis celle de l'application en question.

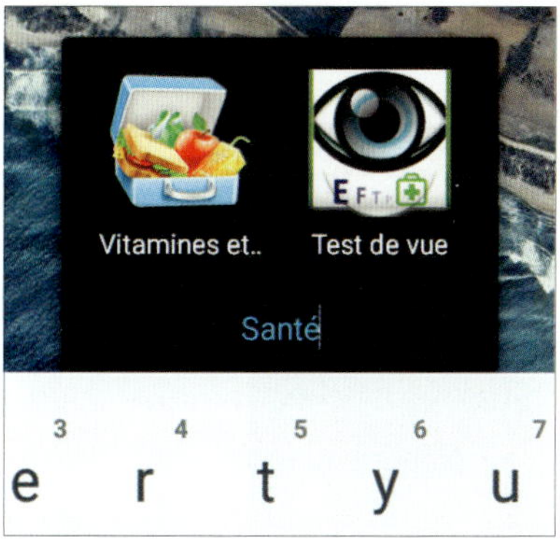

→

Y a pas plus pratique !

Changez l'arrière-plan de l'écran d'accueil

1. Pour ajouter une touche de gaieté, vous pouvez doter votre écran d'accueil d'un fond plus coloré, voire animé, ou d'une photo personnelle. Touchez longuement une zone vide de cet écran, puis le type de décor souhaité parmi les trois options qui apparaissent tout en bas.

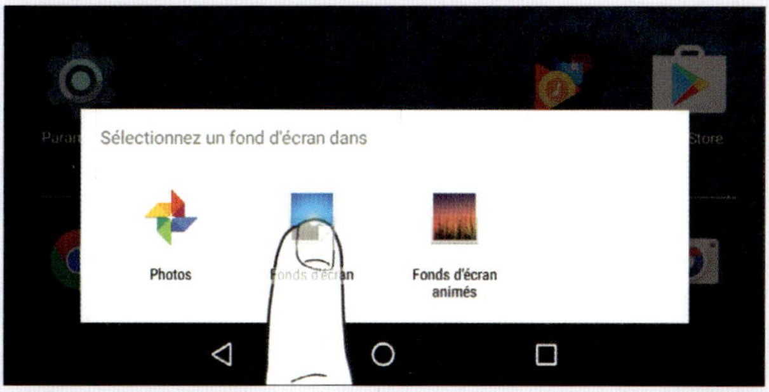

2. Agissez en fonction de ce qui vous est proposé.

- Si vous avez choisi d'appliquer un **fond prédéfini fixe ou animé**, touchez la miniature souhaitée : Android l'active aussitôt pour que vous puissiez apprécier le résultat. Sympa ! Si vous êtes satisfait, touchez **Sélectionner** ; sinon, testez un autre fond.

- Si vous avez choisi d'utiliser une **photo personnelle**, naviguez jusqu'au cliché en question dans l'application Photos et touchez-le. Là encore, Android l'applique aussitôt pour vous donner un aperçu. Si cela vous convient, touchez **Définir comme fond d'écran** ; sinon, poursuivez vos investigations.

Une seule tablette, mais chacun chez soi !

Si plusieurs personnes de votre foyer utilisent votre tablette, il y a fort à parier que chacune dispose de son propre compte de messagerie électronique et que toutes n'aient pas besoin des mêmes applications. Sans parler des préférences esthétiques des unes et des autres pour le fond de l'écran d'accueil, par exemple !

Par chance, grâce aux **profils utilisateurs**, vous pouvez décliner votre tablette en plusieurs machines, en quelque sorte, ce qui permettra à chaque de disposer d'une tablette adaptée à ses goûts et ses besoins.

Y a pas plus clair !

Profil utilisateur

Ensemble d'informations et de paramètres personnels, relatifs à des fonctionnalités et composants spécifiques de votre tablette, comme les comptes, les applications et l'écran d'accueil, et propres à une personne.

Y a pas plus pratique !

Ajoutez un profil utilisateur

1. Une fois de plus, touchez l'icône **Toutes les applications** dans la barre des favoris au bas de l'écran d'accueil, puis **Paramètres** dans la liste complète des applications.

2. Dans la section **Appareil** du panneau **Paramètres** qui apparaît, touchez **Utilisateurs**.

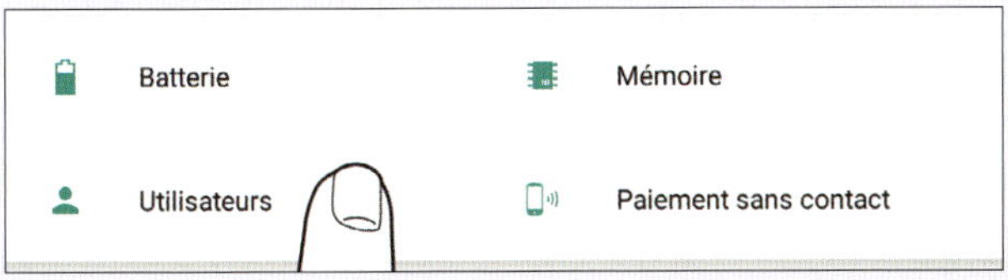

3. La fenêtre **Utilisateurs** s'ouvre et liste les utilisateurs définis sur votre tablette : touchez **Ajouter un utilisateur ou un profil**.

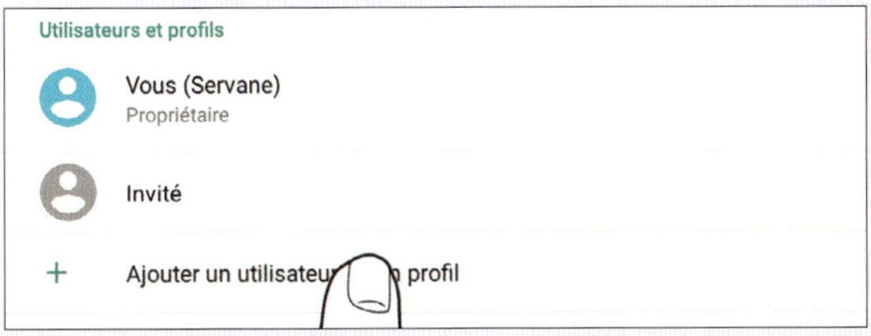

4. La boîte de dialogue **Ajouter** apparaît et vous invite à choisir entre un compte « normal » et un compte aux fonctionnalités réduites : touchez **Utilisateur** pour créer un « vrai » profil.

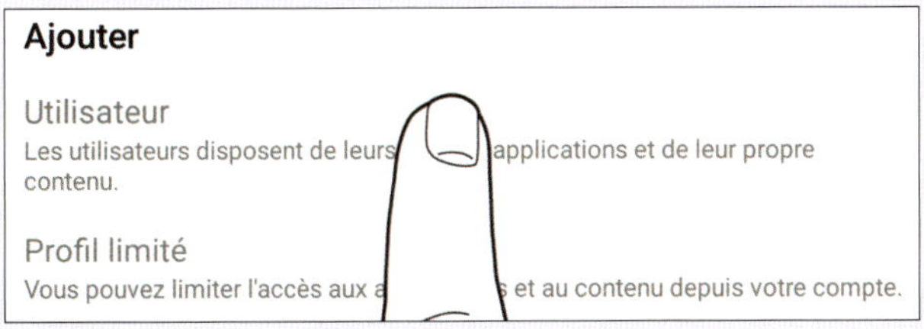

5. Le message d'information **Ajouter un utilisateur** s'affiche : touchez **OK**.

6 Touchez **Configurer** dans la boîte de dialogue **Configurer l'utilisateur** qui s'ouvre, puis franchissez toutes les étapes qui se succèdent ensuite pour paramétrer le nouveau profil : aucune difficulté, car elles correspondent à celles que vous avez dû accomplir au premier démarrage de votre tablette.

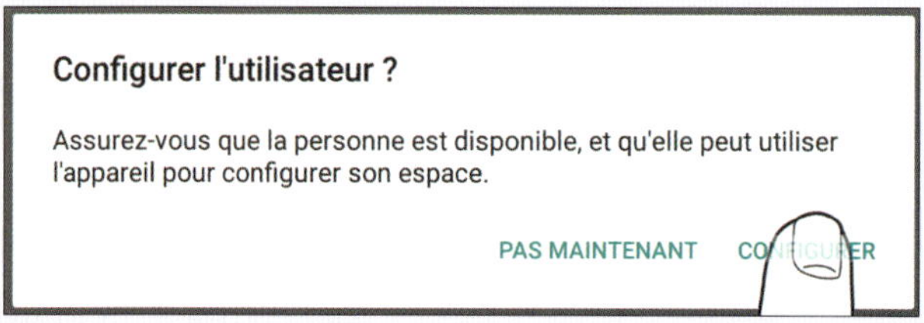

Au final, vous vous retrouvez devant un écran de verrouillage puis un écran d'accueil avec un fond particulier et les paramétrages initiaux de votre tablette (c'est-à-dire, notamment, uniquement les applications incluses dans celle-ci au départ). Désormais, chaque utilisateur peut accéder à son profil en touchant l'icône dans l'angle supérieur droit de l'écran de verrouillage, puis son nom.

Y a pas plus malin !

Un compte pour les utilisateurs occasionnels

Si vous êtes amené à prêter votre tablette à quelqu'un de manière très ponctuelle, je vous conseille d'activer le **profil Invité**. Ainsi, la personne ne pourra accéder ni à vos informations personnelles, ni aux réglages sensibles et, si vous le souhaitez, elle sera même privée de certaines fonctionnalités, comme le téléphone. Cela vous permet donc de sécuriser votre machine sans vous imposer les nombreuses étapes de création d'un vrai profil complet.

Car pour profiter de cette fonctionnalité, il vous suffit de toucher **Invité** à l'étape 3 du « Y a pas plus pratique ! » qui précède. Ce profil est activé aussitôt. Dès lors, vous pouvez basculer entre celui-ci et le profil d'un autre utilisateur par le biais de l'icône  dans l'angle supérieur droit de l'écran de verrouillage.

Bien que les profils utilisateurs soient faciles à créer et très pratiques, vous ne devez pas tomber dans l'excès, car chacun monopolise évidemment des ressources de votre tablette. Donc dès que l'un d'eux devient inutile, supprimez-le (cela vaut également pour le profil Invité).

Réaffichez la section **Utilisateurs** du panneau **Paramètres** et touchez juste l'icône de corbeille  à côté du profil à effacer, puis **Supprimer** dans la demande de confirmation.

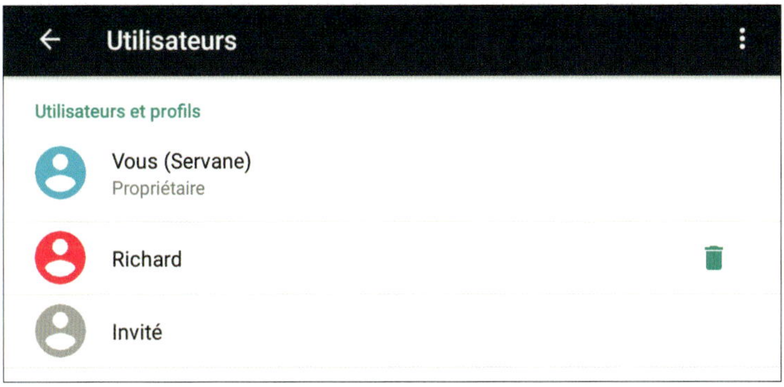

Index

Chiffres et caractères spéciaux

A

B

C

D

E

F

G - H

I - J

L

M